Christian Ude

Die Alternative
oder:
Macht endlich Politik!

KNAUS

Der Verlag weist ausdrücklich darauf hin, dass im Text enthaltene externe Links nur bis zum Zeitpunkt der Buchveröffentlichung eingesehen werden konnten. Auf spätere Veränderungen hat der Verlag keinerlei Einfluss. Eine Haftung des Verlags für externe Links ist stets ausgeschlossen.

Dieses Buch ist auch als E-Book erhältlich.

Verlagsgruppe Random House FSC® N001967

1. Auflage
Copyright © der Originalausgabe 2017
beim Albrecht Knaus Verlag, München,
in der Verlagsgruppe Random House GmbH,
Neumarkter Straße 28, 81673 München
Vermittelt durch Stefan Linde, München
Satz: Buch-Werkstatt GmbH, Bad Aibling
Druck und Einband: CPI books GmbH, Leck
Printed in the Czech Republic
ISBN 978-3-8135-0774-4

www.knaus-verlag.de

»Politik machen heißt, es nicht anderen zu überlassen, wie man morgen leben wird.«

Für Edith, voller Dank für Jahrzehnte gemeinsamen Engagements

Inhalt

Kapitel 1
Warum dieses Buch:
Macht die Politik nicht schlecht, sondern besser!   9

Kapitel 2
Plötzlich leben wir in zwei verschiedenen Welten   19

Kapitel 3
Lauter Goldene Zeitalter – oder:
Die geplatzten Verheißungen   30

Kapitel 4
Nieder mit Sachzwang und Alternativlosigkeit –
oder: Die Rückkehr zur Politik   43

Kapitel 5
»Demobilisierung« als Ziel,
»Selbstentkernung« als Folge   51

Kapitel 6
Parlament und Parteien auf der Flucht vor Politik   60

Kapitel 7
»Ich bin der Bürger«, »Wir sind das Volk« 73

Kapitel 8
Volksverräter gegen Neonazis – oder:
Wie das Flüchtlingsthema spaltet 98

Kapitel 9
Rolle rückwärts – oder:
Wir sind bunt und wagen weniger Demokratie 147

Kapitel 10
Türkei – oder: Krise ohne Ende 173

Kapitel 11
Griechenland – oder: Trugbilder als Markenkern 194

Kapitel 12
Alle Wahlkampfjahre wieder:
Es geht um Gerechtigkeit! 210

Kapitel 13
Zum Schluss:
Wie souverän ist eigentlich der Souverän? 225

Kapitel 1

Warum dieses Buch:
Macht die Politik nicht schlecht, sondern besser!

Hätte ich lieber Ruhe geben sollen? Leute, die mich noch nie leiden konnten, halten das sicher für eine gute Idee. Ich nicht. Denn hier geht es nicht darum, dass ein Ruheständler keinen Ausgang aus seinem Politikbetrieb finden kann. Ich will nicht meine 50 Jahre Mitgliedschaft in der SPD als Lustreise durch die Zeitgeschichte verkaufen und schon gar nicht meine 24 Amtsjahre im Münchner Rathaus vergolden. Mir geht es in diesem Buch um die quälende Frage, ob uns nach Jahren der politischen Farblosigkeit der politischen Parteien und der gähnenden Langeweile im Publikum, nach einer nicht enden wollenden Serie geplatzter Versprechungen und gescheiterter Verheißungen, nach unaufhörlichen Profil-, Mitglieder-, Wähler- und Vertrauensverlusten, nach wachsender Politikmüdigkeit und -verdrossenheit, bei zunehmenden Aversionen und Aggressionen die Fähigkeit abhandengekommen ist, uns überhaupt noch seriös zu informieren und Argumente auszutauschen, Analysen anzufertigen und Konzepte zu entwickeln, Alternativen zu erkennen und Richtungsentscheidungen zu treffen, kurz: nicht nur die eigene Befindlichkeit zu pflegen, sondern im Sinne der Aufklärung Politik zu machen und damit Probleme zu lösen und Zukunft zu gestalten.

Noch zum Jahreswechsel 2016/2017 hätte jeder missgelaunte Beobachter des Zeitgeschehens diese Frage bejaht: Ja, diese Fähigkeit haben wir eingebüßt, und die Folge ist fast überall auf der Welt ein Vormarsch der Rechten. In deutschen Landen wurde die SPD abgestraft wie noch nie, teilweise sogar schon hinter der »Alternative für Deutschland« eingereiht. In Polen und Ungarn regieren die Rechten bereits, in Österreich müssen wir uns freuen, dass die beiden einstmals großen Volksparteien mit einem grünen Kandidaten (!) und in höchster Not gerade noch einen aggressiven rechten Präsidenten verhindern konnten. In Frankreich wurden beide (!) einstmals großen Parteien vernichtend geschlagen, während die Rechtsradikale Marine Le Pen auf ein Drittel kam und sich Europas Hoffnungsträger Emmanuel Macron zwar auf überwältigende Sympathien, aber nicht einmal auf eine eigene Partei stützen kann. In Großbritannien wurde der Brexit beschlossen, nachdem die großen Parteien vorher auch kein klares Ja zu Europa zustandegebracht hatten, und in Amerika sind die Auswirkungen der Wahl von Donald Trump auf das politische Klima, auf die politische Kultur, auf den Umgang mit Minderheiten im Inneren und auf den Welthandel, vielleicht sogar auf den Frieden in der Welt, unabsehbar, wahrscheinlich aber äußerst negativ. Das könnte einen schon depressiv stimmen.

Doch dann kam schon ein bisschen nach dem Brexit und massiv nach Donald Trumps Triumph plötzlich das Bedürfnis auf, endlich etwas gegen die alarmierende Entwicklung zu tun, nicht nur nörgelnd im Abseits zu stehen. Bei der SPD geschah so Unglaubliches, dass sie es erst gar nicht fassen konnte und dann in Entzücken verfiel: Es gab tatsächlich Leute, die eintreten wollten! Wer hätte das jemals gedacht in den Jahren zuvor? Eintreten! Freiwillig! Obwohl das sogar einen Beitrag kostet! Und trotz der Agenda 2010! Nur weil die Partei versprach, jetzt das soziale Thema zu entdecken, was ihr nach eigener Einschätzung wohl in den letzten 153 Jahren noch nicht wirklich gelungen war! Danach schien der Groll verflogen und der kurze Marsch zum Kanzleramt nicht mehr aufzuhalten. Wir sind gut drauf – das muss reichen! Doch dann sorgten gleich drei Landtagswahlen für herbe Ernüchterung, ja neue Verzweiflung. Sogar für die Depression, alles sei alternativlos.

Die Begeisterungswelle, die mit der Kanzlerkandidatur von Martin Schulz ausgelöst wurde, stellte nur kurze Zeit eine Chance dar: Für die SPD die Chance, wieder Gehör zu finden und nicht von vornherein abgewiesen zu werden, für die Union die Chance, sich am Riemen reißen zu müssen und nicht länger lustlos dahinzudösen, für die kleinen Parteien die Chance, in einem wieder interessant gewordenen politischen Diskurs Themen einbringen und Korrekturen vornehmen zu können, für den Wähler die Chance, doch noch Alternativen geboten zu bekommen und über die Richtung entscheiden zu dürfen. Inzwischen ist die SPD verzagter als zuvor, die Kanzlerin mehr denn je in Versuchung, sich alternativlos zu finden, manche kleine Partei noch mutloser und der Wähler auf der Suche nach Alternativen noch ratloser geworden.

Wie vor einem halben Jahrhundert – und ganz anders

Die Situation heute erinnert mich an die Sechzigerjahre. Auch damals herrschten schon lange Stillstand und Resignation. Da hat 1961 ein von Martin Walser herausgegebener Bestseller für Zündstoff gesorgt: »Die Alternative oder Brauchen wir eine neue Regierung?« Damit traten liberale und linke Intellektuelle gegen die Restauration der Adenauerzeit an, gegen deren Anspruch, »alternativlos« zu sein!

Vier Jahre später – in Zeiten einer sichtlich erschöpften großen Koalition genau wie jetzt – folgte der von Hans Werner Richter herausgegebene Band »Plädoyer für eine neue Regierung oder Keine Alternative«. Ein bemerkenswerter Wandel: erst eine Sehnsucht nach einer Alternative zum Gewohnten, dann sogar schon der Anspruch der Alternative, alternativlos zu sein!

Dieser geistige Aufbruch proklamierte einen politischen Wechsel, der dann auch tatsächlich eintrat – mit gesellschaftlicher Öffnung und Liberalisierung, mit Willy Brandts Vorsatz »mehr Demokratie zu wagen«, mit grundlegenden sozialen Korrekturen, mit einer kühnen neuen Ostpolitik und erstmals auch mit Umweltschutz.

Heute – über ein halbes Jahrhundert später – ist vieles ganz ähnlich wie damals, nicht nur die große Koalition, sondern auch die Ohnmachtsgefühle außerhalb des Parlaments, die in ein großes Aufbegehren münden. Aber vieles ist auch ganz anders: Die Bevölkerung ist gespaltener als das Parlament, vor allem in der zentralen Flüchtlingsfrage. Verdrossenheit gilt immer öfter nicht nur dem Regierungslager, sondern dem politischen Betrieb insgesamt einschließlich der Medien, der Kirchen und der Gewerkschaften, und die demokratische Linke, die damals zum Aufbruch blies und Morgenluft schnupperte, erlebt fast weltweit einen Horror nach dem anderen und muss sich ernsthaft fragen lassen, welchen Anteil sie selber am Vormarsch der Rechten hat. Und das ausgerechnet, weil sie, die sich stets als Entdeckerin und Erfinderin der sozialen Frage präsentieren wollte, diese uralte Frage lange Jahre aus den Augen verloren hat, in strukturschwachen Gebieten Deutschlands ebenso wie in den Bezirken Frankreichs, in denen der Anteil der Sozialhilfeempfänger genauso herausragt wie der Anteil der Wähler des Front National. Das gilt auch für die von Margaret Thatcher und Tony Blair gleichermaßen vernachlässigten ehemaligen Industrieregionen des Vereinigten Königreichs und die deindustrialisierten in den Vereinigten Staaten. Dies alles ist nicht dadurch aufgearbeitet, dass jetzt das Arbeitslosengeld I in bestimmten Fällen länger ausbezahlt werden soll. Symbolpolitik ist gerade nicht das Gebot der Stunde, auch wenn es schon sehr reizvoll erscheint, komplexe Probleme beängstigenden Ausmaßes nicht wirklich anzupacken, sondern stattdessen einfach »ein Zeichen zu setzen«, ein »richtiges Signal zu geben«, ein »symbolkräftiges Bild zu schaffen«.

Die Erschütterung des linken Lagers reicht tiefer: Bei einigen Themen war man unter den verschärften Bedingungen des globalen Wettbewerbs glücklicherweise auf der Höhe der Zeit und hat Sozialsysteme und Unternehmen konkurrenzfähig gemacht. Aber allzu oft ist man ohne eigenen Kompass den wirtschaftsradikalen Kräften einfach hinterhergelaufen, mit Steuergeschenken und Schlupflöchern für internationale Konzerne, mit Senkung des Spitzensteuersatzes und explodierenden Managergehältern, denen in den Aufsichtsräten und ihren Präsidialausschüssen ja stets auch die Gewerkschaftsvertreter zugestimmt haben (und es immer noch tun)!

Immer mehr Teile der Bevölkerung haben das fatale Gefühl, die Politik wolle, auch wenn sie täglich von Partizipation spricht und immer mehr Workshops für die Gestaltung von Bushaltestellen anbietet, in den wirklich wesentlichen Fragen der Politik lieber Bevormundung praktizieren. Schließlich meine größte Sorge: Könnte es nicht sein, dass ausgerechnet die Progressiven, die eigentlich Freiheit und Gleichheit immer weiter vorantreiben wollen, im Zeichen multikultureller Aufgeschlossenheit erschreckende »Rollen rückwärts« (siehe Kapitel 9) vollziehen: im Umgang mit religiös begründeten Machtansprüchen, mit dem Import von Frauenfeindlichkeit, Homophobie und Antisemitismus, überraschenderweise auch im Umgang mit aufsteigendem Nationalismus, wenn er nur aus dem Ausland kommt, im schlimmsten Fall auch mit Gewaltverherrlichung und Gewaltbereitschaft, wenn sie nur angeblich hehren Zielen in fernen Befreiungskämpfen dient? Bunt sein – und weniger Demokratie wagen? Das hätte mit dem geistigen Aufbruch vor gut einem halben Jahrhundert in der Tat nur wenig zu tun.

Jetzt rächt es sich, dass etliche Jahre lang der politische Diskurs sträflich vernachlässigt worden ist, weil die großen Parteien im Kampf um einen Platz in der Mitte sich selbst entkernt haben, sich in der zentralen Flüchtlingsfrage in moralische Überlegenheit oder Symbolpolitik geflüchtet haben, die Diskussion neuer Herausforderungen (von der Bankenrettung über Griechenland und die Türkei bis zu Auslandseinsätzen der Bundeswehr) im Parlament ebenso verweigert haben wie an der eigenen Basis, vor der großen Politik davongelaufen sind und lieber »kleine Fluchten« angetreten haben, ins Klein-Klein örtlicher Interessensvertretung oder in die Vergangenheit, in der sich Rechte und Linke auf gegensätzliche Weise plötzlich gleichermaßen wohler fühlten als in der strapaziösen Gegenwart.

Ein großer Teil der Versäumnisse geht auch darauf zurück, dass es für die Wähler immer vermeidbarer wurde, unbequeme Tatsachen und abweichende Meinungen überhaupt zur Kenntnis zu nehmen, und immer einfacher, auch für den größten Unfug Zustimmung zu ernten. Das Netz macht's möglich. Man kann sich dort darauf beschränken, nur Gleichgesinnte zu »liken«, zu lesen oder anzuhören, schon erfährt die eigene Einstellung eine unfassbare Bestätigung, und den Rest der Welt hat man schon vergessen. So führt die beste Informationstechnologie der Weltgeschichte auf Wunsch der User zur schlimmsten Verengung des Horizonts und lädt zur Radikalisierung ein, weil alles, was ohne Widerspruch bleibt, doch absolut richtig sein muss.

Der Realität kann man aber viel einfacher auch dadurch entgehen, dass man auf Fakten, Normen, Argumente generell verzichtet und die eigene Befindlichkeit, eigene Sympathien und Aversionen oder eine abstrakte »Moral« zur obersten Norm erhebt. »Mein Bauchgefühl sagt mir«, heißt es dann, oder: »Ich empfinde es aber so ...«

Wenn es eh nur auf Gefühle und Befindlichkeiten ankommt, wird Erfahrung zum Vorwurf, während Ahnungslosigkeit den Kandidaten adelt. Vielleicht lassen Sie sich ja gerne von einem Chirurgen operieren, der garantiert noch keinen OP betreten hat und dem medizinischen Establishment fernsteht – mir aber macht dieser Gedanke eher Angst. Wie Donald Trump halt. Deshalb werbe ich für politisches Denken, für politische Einsichten, für politische Regeln und Erfahrungen, für politischen Austausch, ja: auch für politischen Streit, für politisches Engagement, das offen zugibt, politisch zu sein und auf Interessen zu basieren – und nicht behauptet, moralisch weit darüber zu schweben, wie es viele allzeit politisierende Medienvertreter, Wissenschaftler, Juristen tun.

Macht die Politik nicht schlecht, sondern besser!

Ich setze ganz anachronistisch auf handfeste Politik mit Analysen, Konzepten, Alternativen und Richtungsentscheidungen. In politischen Parteien, in Kommunen, in Gewerkschaften und Verbänden, genauso in Bürgerinitiativen, in kirchlichen Gremien oder in der Flüchtlingsbetreuung, in Studentengruppen oder Nachbarschaftshilfen – und ohne den Anspruch, etwas »Besseres« zu sein, nur weil man »etabliert« ist oder aber weil man »nicht etabliert« ist und »sich nicht mit Parteipolitik schmutzig macht«.

In diesem Sinne: Macht endlich Politik! Macht sie nicht schlecht, sondern besser! Sie entscheidet immerhin darüber, wie wir morgen leben werden. Wie kann das bedeutungslos oder uninteressant sein? Oder so strapaziös, dass man es lieber anderen überlässt? Wohlgemerkt: das eigene Leben. Mischt euch ein in die Niederungen der Politik, verschwindet nicht im Abseits und steigt nicht gleich aufs hohe moralisch-abstrakte Ross!

Zugegeben: Dieses Buch enthüllt keine unbekannten Fakten, ist keine wissenschaftliche Studie, auch kein politisches Programm. Es will Anstöße geben, sich nicht in Frust, Resignation oder modische Verdrossenheit zu stürzen und sich auch nicht mit Befindlichkeiten oder althergebrachten Meinungen zufriedenzugeben, sondern die atemberaubenden Entwicklungen der letzten Jahre nochmals unvoreingenommen zu reflektieren und darüber nachzudenken, was wir auch am eigenen Credo und am eigenen Verhalten korrigieren müssen, um die Herausforderungen zu meistern.

Nach Jahrzehnten aktiver Politik will ich auch einige Erfahrungen einbringen, selbst wenn sie auf manchen Kritiker der politischen Klasse wie Ratlosigkeit wirken:

Ich weiß keine Zeit und kein anderes Land, in dem es Menschen besser gegangen wäre als uns heute in Deutschland, sodass es doch trotz aller Ungerechtigkeiten und Skandale, die kein Mensch leugnen kann, reichlich peinlich wäre, in Selbstmitleid zu schwelgen.

Ich weiß kein Programm, das alle Erfahrungen dieses Kontinents besser zusammenfassen würde als unser Grundgesetz mit den Grundrechten und der Rechtsstaatsgarantie, sodass wir diese Bastion gemeinsam verteidigen sollten.

Ich weiß keinen Grund, kein Ziel und keine Lehre, die es rechtfertigen könnte, in Hass, Fanatismus oder Gewaltbereitschaft zu verfallen.

Und ich weiß kein besseres als das europäische Projekt, um den Frieden und die Völkerfreundschaft auf diesem Kontinent zu bewahren, den Ausgleich zwischen armen und reichen Regionen zu organisieren und in Zeiten der Globalisierung überhaupt noch eine selbstbestimmte europäische Rolle zu spielen.

Vor allem aber weiß ich keine geeignetere Methode, das Leben der Menschen zu verbessern, als im demokratischen Diskurs den Menschen Alternativen anzubieten, damit sie selber Richtungsentscheidungen darüber treffen können, wie sie leben wollen.

Nichts Neues also? Mag sein. Denn all dies wurde schon einmal erkannt und verkündet. Aber in den letzten Jahren hatte es nicht gerade Hochkonjunktur. In den wirtschaftsradikalen Zeiten war »weniger Staat« angesagt, in Angela Merkels Amtszeit »Alternativlosigkeit«, also Einschläferung des Wahlvolks. Politikverdrossenheit machte sich breit, Wahlmüdigkeit und Selbstmitleid. Und zunehmend Hass und Fanatismus. Und Europamüdigkeit. Raffen wir uns doch einmal auf, wieder politisch zu denken, zu argumentieren, zu handeln und tatsächlich mögliche Veränderungen herbeizuführen.

Die Probleme, die der rasante technologische Wandel und die Globalisierung der Wirtschaft, die instabile Weltpolitik und die Verschärfung sozialer Konflikte sowie die internationalen Flüchtlingsströme mit sich bringen, sind so gewaltig, dass wir uns endlich daranmachen müssen, sie wirklich zu verstehen. Nur auf dieser Basis können und sollten wir zu mehrheitsfähigen Auffassungen gelangen, wie die Probleme gelöst werden sollen. Das wird in unserer Vielparteienlandschaft, die niemand anderes als das Wahlvolk geschaffen hat, viele Nerven kosten und Zugeständnisse verlangen – aber was wäre die Alternative? Augen zu und hoffen, dass nichts Schlimmes passiert? Oder zurück in die Vergangenheit fliehen, die garantiert für die Gestaltung der Zukunft keine

Lösungen bereithält? Oder zufrieden damit sein, dass man allen anderen moralisch überlegen ist, auch wenn man nichts bewegt? Oder Sündenböcke suchen, die man wieder richtig hassen kann?

Die wirkliche Alternative heißt: zurück zur Sachpolitik. Probleme benennen, unterschiedliche Vorschläge zu ihrer Lösung unterbreiten und zur Abstimmung stellen. Niemand kann Heilslehren aus dem Ärmel schütteln. Zum Glück würde auch kaum jemand daran glauben. Aber sachbezogene Alternativen können wir uns erarbeiten, über die wir ohne Unfehlbarkeitsanspruch streiten und dann besten Wissens und Gewissens in Wahlen und Abstimmungen entscheiden sollten. Das wäre das Gegenstück zu einem Politikbetrieb der angeblichen Alternativlosigkeit, des Sachzwangs, der moralisch behaupteten Überlegenheit, der bloßen Gefühle und Symbole oder der längst historisch widerlegten Irrlehren.

Kapitel 2

Plötzlich leben wir in zwei verschiedenen Welten

»Einstein«. Ein schöner Name für ein Zentrum der Erwachsenenbildung. Die Münchner Volkshochschule hat diesen Namen für ihren Neubau gewählt, der in der Einsteinstraße liegt. Ich leite dort seit meiner Versetzung in den Ruhestand den Kurs »Politik der Woche«, in dem ich mich jedes Mal aufs Neue wundere, wie groß das politische Interesse, das Informationsbedürfnis und die Diskussionsfreude vieler Leute sind, wenn zu aktuellen Themen kontroverse Debatten geboten werden. Genauso wie in Theatern und Konzertsälen, in Universitäten, in katholischen und evangelischen Akademien, in kulturellen Vereinigungen und sogar in kleinen Instituten: volle Säle, große Neugier.

Spannende, beunruhigende, bestürzende Themen gab und gibt es ja genug: die Nahostkrise, die Griechenlandkrisen, die Euro-Rettung, der Islamische Staat, die Rolle der Bundeswehr, die steigenden Flüchtlingszahlen, die Probleme offener Grenzen, die Krim, Russland und die Ukraine, die Präsidentschaftswahlen im Nachbarland Österreich, der Brexit mit unabsehbaren Folgen für Europa, die Wahlen in den Niederlanden, die dramatische und alarmierende Entwicklung der Türkei, die Wahlkämpfe in den USA und Frankreich – niemand hatte dies vorhergesehen, jeder musste an Erklärungen basteln, konnte sich nur wundern, wer sich alles nachträglich durch die Entwicklung bestätigt fühlte, wollte über die eigene Position nachdenken.

Wie gesagt: volle Säle, große Neugier. Aber nicht in den politischen Parteien. Dort ging es in vergleichsweise kleinem Kreis bevorzugt um alte Gewissheiten. Man kann ja im Netz studieren, zu welchen Themen in den vergangenen Jahren eingeladen wurde. Die großen Fragen, die jetzt nach Jahren der Abstinenz wieder für eine beachtliche Politisierung sorgen, sind kaum dabei. Ein erstaunlicher Verzicht auf Mitwirkung an der politischen Willensbildung, die den Parteien sogar im Grundgesetz verbürgt ist. Jetzt, im Frühjahr 2017, überlassen sie sogar ihr größtes und umstrittenstes Projekt, ihr Ja zu Europa, auf den Straßen und Plätzen der Republik einer kleinen sympathischen Bürgerinitiative, die aber kaum mehr als Sympathie äußern kann. Die Parteien könnten es, tun es aber nicht. Ich verstehe das nicht, denn eigentlich bin ich vor 50 Jahren aus politischem Interesse einer politischen Partei beigetreten, was ja keineswegs originell, sondern ziemlich naheliegend war.

Kein Grund zur Dankbarkeit?

Im neuen »Einstein« ging es im März 2017 allerdings nicht um die große Politik, sondern zur Eröffnung des neuen Bildungszentrums um eine Münchner Geschichtsstunde mit den beiden Altoberbürgermeistern, mit Hans-Jochen Vogel und mir. Wir sollten aus dem Nähkästchen plaudern, was wir uns beim Start ins Amt vorgenommen hatten – und was daraus geworden ist. Doch dann brachte jemand aus dem Publikum den aktuellen europaweiten Rechtsruck zur Sprache und damit den 91-jährigen Hans-Jochen Vogel so richtig in Fahrt. Mit knappen Strichen skizzierte er, wie trostlos und vor allem perspektivlos seine Lebenssituation in Kriegsgefangenschaft zu sein schien. Deutschland hatte mit Nationalismus und Rassenwahn ganz Europa in einen verheerenden Krieg gestürzt, die Städte in eine Ruinenlandschaft verwandelt. Der millionenfache Judenmord hatte Deutschland gebrandmarkt. Niemals hätte er sich damals vorstellen können, dass schon einige Jahre später die Städte wieder weitestgehend aufgebaut sein würden. Dass sich die Wirtschaft wieder erholen könnte, ja stärker denn je werden würde. Dass er und seine Mitgefangenen schon bald in den von deutschen Armeen überfallenen und zerstörten Ländern den Urlaub verbringen könnten. Dass schon 1972 die ehemalige »Hauptstadt der Bewegung« Olympische Spiele veranstalten dürfte und dass die Jugend der Welt auch tatsächlich kommen würde. Dass dieses Deutschland mit all seiner Schuld Mitglied der Vereinten Nationen werden könnte, der Europäischen Wirtschaftsgemeinschaft und später der Europäischen Union. Dass ein deutscher Bundeskanzler den Friedensnobelpreis erhalten würde. Dass wir eine friedliche Wiedervereinigung erleben dürften, bei der kein einziger Schuss fallen würde. Dass wir heute, 70 Jahre nach Kriegsende, als Demokratie, als Rechtsstaat und wirtschaftlich starkes Land weltweit so geachtet und geschätzt sein würden, dass Menschen aus anderen Kontinenten hier Zuflucht suchen und finden würden. Und dann – Herrgott noch mal – sollen die Politiker alles nur falsch gemacht haben!? Sollen wir keinen Grund haben, für diese Entwicklung dankbar zu sein, die wir trotz unserer Vergangenheit erleben durften, statt immer nur nörgeln und schimpfen? Nein, sagte Vogel mit zorniger Stimme, wir sollten die Demokratie und die Grundrechte verteidigen, »die wir seit 70 Jahren genießen dürfen«. Das Auditorium applaudierte wie befreit: Man muss ja gar nicht nörgeln, um als mündiger Bürger anerkannt zu werden. Man darf auch stolz sein auf das eigene Gemeinwesen!

Menschen, die in der DDR noch in den Achtzigerjahren Unfreiheit und Unrecht am eigenen Leib erlitten haben, müssten eigentlich wenigstens seit der schmerzlich späten Wiedervereinigung – so möchte man als ahnungsloser Wessi meinen – auch das Gefühl haben, jetzt endlich mehr Demokratie und Rechtsstaat, mehr Freiheit und Sicherheit zu genießen, als sie sich vor der historischen Zäsur vorstellen konnten, und auch mehr Wohlstand, als sie vorher hatten und manche anderen Völker in Europa auch heute noch vorweisen können. Offensichtlich ist es aber nicht so, dass alle diese Vergleiche anstellen und daraus Konsequenzen ziehen.

Einen ähnlichen Temperamentsausbruch habe ich erlebt, als der CSU-Ehrenvorsitzende Theo Waigel als ehemaliger Bundesminister der Finanzen die Irrungen und Wirrungen der Euro-Debatte schilderte und dabei auf manches Kopfschütteln wegen währungspolitischer Details stieß, sodass er plötzlich grundsätzlich wurde: Er und die Generation seines Vaters könnten sich durchaus noch an die Zeiten erinnern, als das Verhältnis der europäischen Völker geprägt worden sei durch Sprüche wie »jeder Schuss ein Russ, jeder Tritt ein Britt, jeder Stoß ein Franzos«. Eine ganze Generation junger Männer sei mit der Lehre aufgezogen worden, in den Franzosen oder umgekehrt in den Deutschen den »Erbfeind« zu sehen, der vernichtend geschlagen werden müsse. Unendlich viele dieser jungen Männer seien auf den Schlachtfeldern liegen geblieben. Und jetzt, nach 70 Jahren in Frieden, Freiheit und Wohlstand, sollen nur noch währungspolitische Unstimmigkeiten zählen, die es bei der D-Mark in viel größerem Ausmaß, aber unbemerkt von einer desinteressierten Öffentlichkeit gegeben habe? Und das größte Friedensprojekt der Geschichte dieses Kontinents, die europäische Einigung nach Jahrhunderten der Kriege, des Tötens und Sterbens, soll daneben nicht mehr ins Gewicht fallen? Auch da reagierten die Teilnehmer sehr ergriffen und bewegt.

Diese Einsichten ins Wesentliche sind also vorhanden, aber sie schützen offenbar nicht mehr allgemein verbindlich vor wachsender Unzufriedenheit und zunehmendem Unmut, vor schlechter politischer Laune, vor Missgunst und Misstrauen bis hin zu Hassgefühlen.

Die Wirtschaftsdaten sind gut – und irrelevant

Auch die Wirtschaftsdaten, die Deutschlands Bürger vom Beginn des Wirtschaftswunders an bis zum Scheitern des Marktradikalismus in der Finanzkrise so ernst genommen und zum Maßstab ihres Befindens erklärt haben, spielen keine bedeutende Rolle mehr. Die Wirtschaftsdaten sind gut, sehr gut sogar. Die Arbeitslosigkeit ist aktuell die geringste sei der deutschen Einheit. Selbst die regionalen Unterschiede innerhalb Deutschlands, die es immer gegeben hat, treten in den Hintergrund, wenn man sich Vergleichszahlen in Europa anschaut. Da gibt es Länder und Regionen, in denen ein Drittel der Bevölkerung arbeitslos ist und über die Hälfte der jungen Menschen – nicht nur in Griechenland, auch in Süditalien und Spanien.

Wenn in früheren Jahrzehnten die Arbeitslosigkeit auch nur geringfügig gestiegen ist, gab es plötzlich kein anderes Thema mehr als die Frage: Wie wollen Sie Arbeitsplätze schaffen? Wie kann man Betriebe ansiedeln? Wie die Wirtschaft endlich wieder ankurbeln? Aber jetzt, wo das Ausland zunehmend nervös wird, weil Deutschland bereits annähernd den Zustand der Vollbeschäftigung erreicht hat und Jahr für Jahr Exportüberschüsse verzeichnet, ist die Arbeitslosigkeit, die wir in früher unvorstellbarem Ausmaß nicht haben, einfach kein Thema, kein Maßstab mehr. Ebenso die Preisstabilität. Was ist Willy Brandt damals noch getadelt worden, weil die Preise in seiner Regierungszeit weltwirtschaftlich bedingt kräftig gestiegen sind! Heute haben wir uns an winzige Steigerungsraten gewöhnt, die damals kein Mensch zu versprechen gewagt hätte. Aber diese niedrige Inflationsrate wird ignoriert, keineswegs mit Beifall bedacht. Und die Zinsen? Gerade die linken Studenten haben in den APO-Zeiten Zinsen als das »Krebsübel des Kapitalismus« angeprangert, weil sie die Reichen reicher machen und die Armen noch mehr ausplündern. Heute grübelt selbst Die Linke, wie man das Zinsniveau wieder heben könnte, obwohl es doch für Häuslebauer eine feine Sache ist, an billiges Geld zu kommen und für den Staat eine große Entlastung, seine Schulden abtragen zu können, statt sie durch hohe Zinsen und noch höhere Zinseszinsen laufend erhöht zu bekommen. In der Zwischenzeit hat man wohl gelernt, dass Zinseinnahmen für Sparer, von denen es offenbar überraschend viele gibt, für Versicherungen aller Art, deren zahlreiche Kundschaft sowie für wohltätige Stiftungen eine feine Sache sind. Deshalb würdigen wir früher herbeigesehnte niedrige Zinsen und stabile Preise genauso wenig wie sichere Arbeitsplätze.

Und auch für den Sozialetat des Bundes spielt es keine Rolle, dass er höher ist als jemals in der deutschen Geschichte und im Verhältnis zur Bevölkerungszahl höher als in jedem anderen europäischen Land. Es zählt nur, dass bestimmte Sozialleistungen gekürzt oder nicht ausreichend erhöht worden sind, was gerade in einem Land mit permanent beschworenem wirtschaftlichem Erfolg schwerer zu verstehen und zu ertragen ist als in Regionen, in denen das Elend vermeintlich alle trifft.

Entscheidend ist für immer mehr Menschen nicht das, was die Wirtschaftsdaten aussagen, sondern das, was man selbst erlebt beziehungsweise »fühlt«, und zwar im Vergleich zu anderen, die entweder mit ihren Spitzengehältern attraktive Wohnungen wegschnappen (das ist die großstädtische Variante), einen mit ihren Profiten oder Boni bis aufs Blut reizen (die sozialkritische Variante) oder mehr Sozialleistungen kassieren, als man selbst je erhalten hat (das ist die sozialneidische und flüchtlingsfeindliche Variante).

Benachteiligt – aber im Vergleich zu wem?

Das Gefühl, benachteiligt zu sein, richtet sich nicht mehr zwingend gegen die Reichen und Allzureichen mit dem Ziel eines sozialen Ausgleichs, sondern vermehrt ausgerechnet gegen die Ärmsten der Armen, deren Armut unter Hinweis auf die hohen Schlepperkosten (nicht immer abwegig) in Zweifel gezogen wird und die nicht als ebenfalls unterprivilegierte Schicksalsgenossen, sondern als Konkurrenten um Sozialleistungen, um Sozialwohnungen, um Jobs mit niedrigem Anforderungsprofil und um die soziokulturelle Dominanz im eigenen Viertel sowie als Sicherheitsrisiko erlebt und empfunden werden. Wer wegen Benachteiligung oder fehlender Gerechtigkeit Empörungslawinen lostreten will, muss plötzlich aufpassen, was er damit bewirkt: Druck, soziale Reformen durchzuführen, oder Hass auf Flüchtlinge? Einsicht in ökonomische Ungerechtigkeiten oder pauschale Ablehnung von »allen da oben«, ohne die ja tatsächlich die Verhältnisse nicht so wären, wie sie sind?

Wir merken zunehmend, dass wir zwar in einem Land, aber in zwei verschiedenen Welten leben. Das war einerseits schon immer so, aber andererseits anders als heute. Immer schon haben Hilfeempfänger in einer anderen Welt gelebt als Spitzenverdiener, Mietskasernenbewohner in einer anderen Welt als Villenbesitzer, Menschen in abgehängten Regionen in einer anderen Welt als begehrte Fachkräfte in der Boomtown. Aber neu ist für die Bundesrepublik nach 1945, dass die Benachteiligten nicht mehr auf sozialen Fortschritt und sozialen Ausgleich setzen, wie ihn seit Beginn der Industrialisierung die Linke verspricht und erkämpfen will, sondern plötzlich auch Resonanzboden sind für ausgesprochen rechte Kräfte und rechte Stimmungen.

Die alte Rechte – und ein neuer Resonanzboden

Nationalistische, ausländerfeindliche, auch antisemitische Stimmungen gibt es in Deutschland – wie auch sonst in Europa – seit Langem. In meiner Schulzeit in den Sechzigerjahren ist die NPD bereits als bedrohliche Kraft empfunden worden, in den Neunzigerjahren galt das für die Republikaner, und zwischendrin gab es immer Studien, die aufs Neue bestätigten, dass bis zu 15 Prozent der Bevölkerung ein geschlossenes rechtsradikales Weltbild haben sollen. Aus diesem gesellschaftlich vorhandenen, politisch aber nicht wirkungsvoll organisierten Revier ist früher indes kaum ein Funke in die politische Mitte übergesprungen. Das ist jetzt nicht mehr so. Die Rechte hat ihren Resonanzboden gefunden, seit sie nicht mehr mit Reichskriegsflagge und Springerstiefeln herumläuft und die Bürgerschaft erschreckt, sondern in der Pose des »besorgten Bürgers« Ängste aufgreift, die es tatsächlich gibt, die aber im öffentlichen Leben lieber gebrandmarkt als angehört werden: Ängste vor einer Überfremdung, die schnell aufkommen, wenn man die im eigenen Treppenhaus und im Bus zur Arbeit gesprochenen Sprachen nicht mehr versteht. Ängste vor einem

Islam, den man lange Zeit gar nicht wahrgenommen hatte, als er die Religion friedlicher Nachbarn war, der jetzt aber in Verbindung gebracht wird mit radikalisierten Massen in islamischen Ländern und islamistischen Anschlägen in Europa. Ängste vor dem Verlust von finanziellen Mitteln, die jetzt tatsächlich in wachsendem Ausmaß für die Unterbringung, Ausbildung, Gesundheitsversorgung usw. von Flüchtlingen in Anspruch genommen werden. Plötzlich fügt sich dies zu einem geschlossenen Weltbild auch bei Leuten, die sich vehement dagegen wehren würden, in die rechte Ecke gestellt zu werden: Die Migrantenströme sind die Ursache dafür, dass Geld fehlt, dass man Wohnungen, Arbeitsplätze und Sicherheit vermissen muss. Wer »Flüchtlinge hereinlässt«, ist an alledem schuld, also die Regierung, das Parlament, aber auch alle, die dies aus rechtlichen oder humanitären Gründen unterstützen, seien es die Medien, die Kirchen oder die Gewerkschaften. So entledigt man sich aller Informationen und aller Autoritäten, die Einhalt gebieten könnten. Wer als Feind geoutet ist, kann nicht mehr verunsichern. Wie groß die Reichweite dieser Einstellung auch in einem mitteleuropäischen Land sein kann, hat Marine Le Pen in Frankreich bewiesen.

Diese Entwicklung, die es der Rechten ermöglicht hat, auch mit »linken Themen« wie unzulänglichen Sozialleistungen, fehlenden Wohnungen und Arbeitsplätzen mit beachtlicher Zustimmung zu agitieren, hat die Linke in Ratlosigkeit gestürzt: Soll sie jetzt – wie einst die Konservativen in den Sechzigerjahren – sagen, dass das nur eine »kleine, radikale Minderheit« sei? Den Gegner kleinreden? Etwa mit der Frage: Sind nicht die Pegida-Demonstrationen außerhalb Dresdens nur ein armseliges Häuflein, das man vergessen kann? Das wäre nach den rechten Erfolgen in Polen und Ungarn, in Österreich, in den Niederlanden und Frankreich und vor allem in den Vereinigten Staaten grob fahrlässig. Es stünde auch in krassem Gegensatz zum eigenen Verhalten, das jede fünfköpfige rechte Mahnwache aufgeregt und mit großem Aufwand bekämpft, als würde der Faschismus wieder sein Haupt erheben und nach der Macht im Staate greifen. Umgekehrt will man aber auch nicht zugeben, dass es tatsächlich bereits ein Kampf aller Demokraten gemeinsam gegen ihre rechten Widersacher um die Mehrheit im Lande ist, denn damit würde man ja ungewollt und indirekt einräumen, dass es innerhalb des demokratischen Spektrums keine alternativen Konstellationen für die parlamentarische Mehrheitsfindung mehr gibt.

Also tröstet man sich mit den schlechten Umfragewerten der sich selbst demontierenden »Alternative für Deutschland«, die ja vielleicht tatsächlich hinter früheren Umfragen weit zurückbleibt und, während ich dieses Buch schreibe, in den Umfragen um die zehn Prozent schwankt. Aber ist deshalb der Resonanzboden plötzlich verschwunden? Spielt er keine Rolle mehr? Kann man ihn ignorieren wie in den vergangenen Jahren die ersten Warnzeichen? Ist unsere liberale demokratische Ordnung wieder in Sicherheit, weil alle demokratischen Parteien zusammen eine Bundestagswahl vermutlich ganz gut überstehen? Ich meine: nein! Die Erfahrung, dass wir neuerdings in zwei verschiedenen Welten leben, die wenig voneinander wissen und am liebsten nichts voneinander wissen wollen, sollte nicht gleich wieder verdrängt werden. Wie schnell dies politisch relevant werden kann, sollten wir gelernt haben, als wir vor einem rechten Sieg in Österreich, in den Niederlanden oder in Frankreich, also durchaus vergleichbaren Demokratien, gezittert haben oder in den USA von einem Wahlsieg überrascht worden sind, den in ganz Europa kaum jemand vorhergesagt hat, weil uns der siegreiche Kandidat dazu viel zu rüpelhaft, chauvinistisch, nationalistisch, frauen- und minderheitenfeindlich vorkam. Aber wenn ein Multimilliardär aus der

Immobilienbranche in den USA als Retter der Mühseligen und Beladenen und als Rächer der Enterbten gewählt werden kann, ist auch bei uns nichts ausgeschlossen. Deshalb sollte es keine baldige Rückkehr zum »business as usual« geben – mit gebrochenen Wahlversprechen, unverhältnismäßigen Diätenerhöhungen und atemberaubenden Nebenverdiensten für Lobbyismus im Parlament, anrüchigen Spendenskandalen, nicht mehr nachvollziehbaren Versorgungsprivilegien und einem Aufblähen des politischen Apparats und des Parlaments. Es sollte die Haltung vorherrschen, dass wir nach dramatischen Vertrauensverlusten, die ja schon bei Wahlen zu Buche geschlagen haben, eine Bewährungszeit erhalten haben. Diese sollte für eine Gratwanderung genutzt werden: Einerseits sollten wir den harten Kern der ideologischen Rechten konsequent bekämpfen, wo immer er Menschen in seinen braunen Sumpf locken will. Andererseits sollten wir alle Menschen, die dort hineingeraten könnten, ohne dazuzugehören, endlich ernst nehmen mit ihren sozialen Nöten, ihren Abstiegs- und Marginalisierungsängsten, den kulturellen Konflikten und Sicherheitsbedürfnissen. Wir sollten sie fairer behandeln, nicht gleich moralisch abkanzeln, nicht mit bildungsbürgerlicher Arroganz abfertigen, sondern ausreden lassen, intensiver aufklären – kurz: wieder integrieren. Darin sollten wir uns doch einig sein: dass Integration eine gute Sache ist!

Kapitel 3

Lauter Goldene Zeitalter – oder: Die geplatzten Verheißungen

Zu den großen Illusionen des politischen »Establishments«, das wieder so heftig geschmäht wird wie einst während der Studentenunruhen, diesmal aber von der rechten Seite, gehört die Selbsteinschätzung, mit der politischen Realität auf Du und Du zu sein, während die Unzufriedenen ahnungslos in einer anderen Welt leben, in einer Scheinwelt der Fake News, in einem »postfaktischen« Zeitalter. So bezichtigt man sich gegenseitig, die Wirklichkeit aus dem Auge verloren zu haben. Dabei ist ja völlig unzweifelhaft, dass Trump viel gelogen hat, dass in der Brexit-Kampagne die Realität teils verschwiegen und teils verfälscht wurde, dass immer mehr Menschen im Netz mit Falschmeldungen agieren. Nur: Ist das ein Beweis dafür, dass das vom »Establishment« gezeichnete Bild immer stimmt? Dass die »Narrative« von Politikern, Medien, Wissenschaftlern sich an nichts anderem orientieren als an der faktischen Wirklichkeit? Werfen wir einmal einen Blick zurück auf die Prognosen, mit denen in den letzten Jahrzehnten die Bevölkerung beglückt worden ist. Prognosen sind immer unsicher, soweit sie die Zukunft betreffen. Aber wenn das, was hoch und heilig versprochen und mit aller Autorität von Kundigen in Aussicht gestellt wird, ein fürs andere Mal nicht eintrifft, dann ist der Verlust an Glaubwürdigkeit schon gewaltig und die Misstrauenskultur, der sich Politik und Staat ausgesetzt sehen, nicht wirklich verwunderlich.

Statt blühender Landschaften reale Tristesse

Ausgerechnet die deutsche Wiedervereinigung, dieser anhaltende Glücksfall von friedlicher Revolution, nationaler Einheit, finanzieller Hilfe aus dem Westen und wirtschaftlichem Aufschwung im Osten, der Demokratie und Rechtsstaatlichkeit in alle Landesteile gebracht hat, wird von den Unzufriedenen im Osten immer noch mit Bitterkeit geschildert, als Irreführung empfunden. Ist das nur realitätsblind? Oder auch verständlich?

Verkennen ehemalige Bürger der DDR, die Unfreiheit und Mangelwirtschaft noch am eigenen Leib erleben mussten, die Wirklichkeit? Oder sind sie schlichtweg undankbar, wenn sie die lang ersehnten Verbesserungen, die sie heute als Bundesbürger genießen dürfen, nicht zu schätzen und zu würdigen wissen, sondern gelegentlich sogar das missliche Gefühl haben, vom Regen in die Traufe geraten zu sein und ärger als früher von der politischen Führung hinters Licht geführt zu werden?

Diese Betrachtungsweise liegt für Westbürger natürlich nahe: Wir haben Milliarden über Milliarden nach Osten weitergereicht, wo es jetzt tatsächlich blühende Städte gibt, deren Altbausanierung und Platzgestaltung man in den maroden Städten des Ruhrgebiets auch gerne hätte. Wir zahlen den »Soli« (Solidaritätszuschlag) vielleicht noch bis zum Jüngsten Gericht, und dann besteht der »Dank« in Hasstiraden gegen die Bundesregierung, die in wechselnder Zusammensetzung den beispiellosen Aufschwung ermöglichte, den in diesem Tempo kein anderes Land des Warschauer Paktes erlebt hat. Bei Reisen durch die neuen Bundesländer hat man gelegentlich den Eindruck, dass die Deutschen zur selben Zeit und im selben Land in Parallelwelten leben. Die Wessis bewundern den vor einem Vierteljahrhundert noch gar nicht vorstellbaren Zustand ihrer Lieblingsziele im Osten wie Leipzig und Dresden, Weimar und Erfurt, die Ossis sehen die schrumpfenden Dörfer und Kleinstädte und Stadtrandviertel, in denen sich tatsächlich nur Tristesse breitmacht und von »blühenden Landschaften« nichts zu sehen ist. Hätten sie das nicht wissen müssen, hätten sie sich nicht denken können, wie lange ein Aufbau Ost nach 40 Jahren DDR voraussichtlich dauern wird? Wer hat ihnen nur in den Kopf gesetzt, dass bundesrepublikanisches Gehaltsniveau und bundesrepublikanische Beschäftigungslage und bundesrepublikanischer Lebensstandard mit einem Fingerschnippen herbeizuführen seien?

Da muss man nicht lange forschen: Das war der Westen. Vielleicht in der konstruktiven Absicht, die Chancen über Gebühr anzupreisen, um viele zum Verbleib in der Heimat zu bewegen und nicht noch mehr Ost-West-Wanderungen nach dem Fall des Eisernen Vorhangs auszulösen. Aber es bleibt die Tatsache, dass völlig überzogene Verheißungen die Anspruchshaltung hinaufgeschraubt und die Fallhöhe zwischen froher Botschaft und trister Realität ins Maßlose gesteigert haben.

Dies dürfte eine der zentralen Ursachen des sprunghaft gestiegenen, immer aggressiver werdenden Frusts sein: Die heute erlebte Gegenwart wird von den Unzufriedenen eben nicht mit früheren Zeiten und auch nicht mit anderen, durchaus ähnlichen Ländern verglichen, sondern nur am Maßstab der überzogenen Versprechungen gemessen, die ihnen von der deutschen und europäischen Politik, von der Wirtschaft und den Medien eingetrichtert wurden.

Somit von allen »da oben«, die man in Zeiten heillos komplizierter Ursächlichkeiten als Sündenböcke dingfest machen kann.

Dieser Realitätsverlust geschah nicht nur einmal, nicht nur bei der Wiedervereinigung. Ganz im Gegenteil: Eine Fehlprognose jagte fortan in Ost und West die andere, und immer wieder hat sich das gesamte politische Establishment über alle Parteigrenzen hinweg verausgabt, das Blaue vom Himmel herunter zu versprechen und ein Goldenes Zeitalter zu verkünden, das oft genug nicht nur ausblieb, sondern einem beispiellosen Schrecken Platz machen musste.

Vom ewigen Frieden zur Vielfalt der Kriege

Mit dem Fall der Mauer und des Eisernen Vorhangs sei der Kalte Krieg ein für alle Mal vorbei, hieß es, und damit auch jede Gefahr gebannt, dass Europa, dieser blutgetränkte Kontinent, jemals noch Kriege werde erleben müssen. Genießt den Beginn des ewigen Friedens! Die Menschen haben es geglaubt, weil es plausibel klang und sie es sich auch so gewünscht haben.

Und dann? Dann kamen die Balkankriege in Europa, mit Massakern und Schlachtfeldern, die uns sehr nahe waren und nahe hätten gehen müssen. Sie waren uns so nahe, dass wir sie bei Urlaubsflügen nach Griechenland sogar überfliegen mussten, aber doch scheinbar zugleich auch fern, weil die meisten von uns die Orte, die da in Trümmer fielen oder Schauplatz entsetzlichster Kriegsverbrechen wurden, nach Jahrzehnten hinter dem Eisernen Vorhang nicht kannten und deshalb schnell verdrängen konnten. Endlos viele Ansprachen würdigten und würdigen bis heute trotzdem, dass Europas Einigung den Frieden auf dem Kontinent gebracht habe und für die Zukunft sichere, ohne die Balkankriege auch nur zu erwähnen. Ziemlich postfaktisch.

Der Irakkrieg, vom Präsidenten der Vereinigten Staaten mit Lügen begründet und in völkerrechtswidriger Weise vom Zaun gebrochen, schien noch weiter weg zu sein. Aber er bombte den Weg frei für Terrororganisationen wie den »Islamischen Staat«, die nach ihrem Vormarsch im Irak und in Syrien Attentate in europäische Städte exportieren und den Kontinent mit Terror und Terrorangst überziehen. Da wirken die Lobpreisungen des gelungenen europäischen Friedensprojektes nicht nur auf verängstigte Bürger wie postfaktische Fake News.

Schließlich brach auch noch der bewaffnete Konflikt zwischen Russland und der Ukraine aus – zwischen zwei europäischen Ländern im angeblich schon Goldenen Zeitalter des ewigen Friedens. Er begann mit gewalttätigen separatistischen Bestrebungen auf der einen und einer Russland einkreisenden Politik des Westens auf der anderen Seite, gipfelte in der völkerrechtswidrigen Annektierung der Krim und will trotz Minsk 1 und 2 immer noch nicht enden. An der Wand steht sogar das Menetekel weiterer russischer »Aggression« in den baltischen Staaten, in Georgien, weshalb man der Aufrüstung fröhlich das Wort redet – nicht nur vonseiten der Trump-Administration.

Nach der Kubakrise wurde uns schon in der Schule beigebracht, dass man nicht ungestraft im »Hinterhof« einer Großmacht Raketen aufstellen kann, die gegen diese Großmacht gerichtet sind. Und tatsächlich bewunderten wir John F. Kennedy, weil er dies der Sowjetunion unter Chruschtschow nicht durchgehen ließ und sogar einen Atomkrieg riskierte. Alles vergessen und verdrängt, nur weil diesmal mit vertauschten Rollen gespielt wurde? Und wo blieb der angebliche Zwang zu Sanktionen bei Völkerrechtsverletzungen, als George W. Bush den Irakkrieg befahl und sich dabei nicht einmal auf den Willen der Bevölkerungsmehrheit des angegriffenen Territoriums berufen konnte?

In Wahrheit wurde nicht nur die Behauptung immerwährenden Friedens in Europa widerlegt, sondern auch die eigene Friedfertigkeit in Zweifel gezogen. Sowohl der deutsche wie auch der amerikanische Außenminister hatten vor der Wiedervereinigung versichert, EU und NATO nicht bis an die russische Grenze erweitern zu wollen – eine Abmachung, an die sich die EU nicht hielt und die die NATO massiv in Frage stellte. Und dies wurde dann auch noch mit dem fadenscheinigen Argument gerechtfertigt, jeder Staat entscheide autonom über seinen Beitritt. Seit wann gibt es einen Rechtsanspruch, Bündnissen beitreten zu dürfen, auch wenn dies dem Bündnis nicht ratsam und förderlich erscheint? Als Sozialdemokrat habe ich schon ein wenig darunter gelitten, dass die klarste Kritik an den westlichen Provokationen und Sanktionen nicht im Namen von Willy Brandts Ostpolitik geäußert wurde, sondern ausgerechnet von Wilfried Scharnagel, dem langjährigen Alter Ego von Franz Josef Strauß und Chefredakteur des »Bayernkurier«. Wo und wann wurde ausführlich diskutiert, wie kritisch die Oligarchen auch in der Ukraine zu sehen sind, wie unterschiedlich Europa auf Völkerrechtsverletzungen reagiert (mal mit Sanktionen, mal mit stummer Ergebenheit), wie problematisch es ist, Solidarität mit dem französischen Nachbarn nach entsetzlichen Terroranschlägen gleichzusetzen mit Unterstützung des nächsten Vergeltungsschlags der Franzosen?

Wenn Europa die Grundbedingung dafür ist, dass die europäischen Völker in globalem Maßstab noch Gehör finden können, müssten doch die Interessen, Positionen und Werte, auf die sich die Union verständigen kann und die sie vertreten soll, ein zentrales Diskussionsthema sein – nicht nur in europäischen Gremien, sondern auch in den Parteien und zwischen den Parteien.

Bitter bleibt aber vor allem die Erkenntnis, dass selbst bei der unbestreitbaren Kernkompetenz Europas, bei der Friedenssicherung, die Verheißungen so vollmundig waren, dass die Realität sich umso trister und bedrohlicher darstellt und vor allem die Glaubwürdigkeit auf der Strecke blieb.

Euro, Euro über alles – oder: Vom Friedensgaranten zum giftigen Spaltpilz

Viel Jubel, Trubel, Heiterkeit gab es bei der Einführung des Euro: Er sollte nicht nur eine Gemeinschaftswährung sein, sondern ein Friedensgarant für alle Zeit, weil Völker mit gemeinsamer Währung sich nie mehr in die Haare kriegen würden. So wurde der Euro mit pompösen Denkmälern und Feuerwerken gefeiert, dass es eine Pracht war. Vor lauter Begeisterung sind die hochbezahlten Eurokraten nicht der Frage nachgegangen, ob das überhaupt gut gehen könne, eine Gemeinschaftswährung ohne gemeinsame Wirtschafts-, Finanz-, Steuer- und Sozialpolitik. Diese Defizite waren wohl bekannt, sollten aber nicht angesprochen werden, weil die nationalen Regierungen ohnehin nicht bereit gewesen wären, nationale Kompetenzen an die Europäische Kommission oder die Europäische Zentralbank abzugeben. Also erst mal anfangen und dann weiterwursteln, bis die Nachfolger in den Regierungsämtern merken, dass da wichtige Voraussetzungen einer Gemeinschaftswährung fehlen und hurtig nachgeschoben werden müssten. Es kam aber anders: Man bemerkte, als die Bankenkrise vor allem im Mittelmeerraum zu einer Staatsschuldenkrise wurde, dass notwendige Handlungsmöglichkeiten zur Sicherung der Gemeinschaftswährung fehlten, aber gleichwohl war niemand bereit, das

Versäumte nachzuholen. Schon der Ruf nach solidarischen Lösungen rief Empörung bei den Ländern hervor, die als Geberländer in Anspruch genommen werden sollten. Umgekehrt entrüsteten sich die Schuldenstaaten, Griechenland allen voran, dass die Gläubiger auf Rückzahlung ihrer Kredite bestanden, die mit Zins und Zinseszins immer abenteuerlichere Ausmaße annahmen. Und im Nu war aus dem vermeintlichen Friedensgaranten ein giftiger Spaltpilz geworden, der europäische Länder in einem seit Jahrzehnten nicht mehr erlebten Ausmaß gegeneinander aufbrachte. Lustvoll gossen die Medien auch noch Öl ins Feuer: Griechische Skulpturen, die seit der philhellenischen Begeisterung des 19. Jahrhunderts die europäisch-klassische Leitkultur verkörpern, wurden auf deutschen Titelseiten mit Stinkefinger gezeigt und die deutsche Bundeskanzlerin auf griechischen Blättern in SS-Uniform und mit Hakenkreuzfahne. Ist eine drastischere und schmerzhaftere Bruchlandung nach den Feuerwerken zur Euro-Einführung überhaupt denkbar? Wer hat denn hier ohne Realitätsbezug zur ökonomischen Basis einfach »auf gut Glück«, also äußerst spekulativ, das »postfaktische Zeitalter« eingeläutet?

Der Markt kann alles – oder: Vom Weltenlenker zu den Lehman Brothers

Es waren nicht nur die Betreiber der deutschen Einheit, der europäischen Friedensordnung und der Gemeinschaftswährung, sondern auch viele Wirtschaftslenker nebst wissenschaftlichen und parlamentarischen Groupies, welche die Völker Europas mit unglaublichen Versprechungen besoffen redeten, bevor sie einen Absturz hinlegten und dem eben noch ehrfürchtig staunenden Publikum

Steuermilliarden zur Schadenslinderung abknöpften. Seit Maggie Thatcher und Ronald Reagan haben die Wirtschaftskapitäne aller Länder vereint die Deregulierung zugunsten ihrer Handlungsfreiheit, vor allem die Entfesselung der Finanzindustrie, gefordert, die Privatisierung staatlicher Unternehmen, kommunaler Stadtwerke und Wohnungsbestände verlangt, aber auch Kostensenkungen im Lohnsektor – Managergehälter ausgenommen, weil man die vervielfachen musste, um in Zeiten der Globalisierung mit dem amerikanischen Gehaltsniveau konkurrieren zu können.

Es war nicht nur die Lobby der Wirtschaft, die dies alles gebetsmühlenartig bei jeder Gelegenheit herunterleierte, nein, auch erschreckend viele Parlamentarier aller Fraktionen ließen sich vor diesen Karren spannen. Tony Blair und Gerhard Schröder wollten nicht nur hinterherlaufen, sondern an der Spitze marschieren. An den wirtschaftswissenschaftlichen Fakultäten der deutschen Universitäten gab es ebenso wie in den Wirtschaftsredaktionen der deutschen Zeitungen höchstens eine Handvoll Meinungsführer, die nicht in den festlichen Choral zum Lob der Deregulierung, der Entfesselung, der Privatisierung und der Kostensenkung im Arbeitnehmerbereich vorbehaltlos einstimmen wollten. Wieder einmal bestätigte sich die Regel: Wo alle dasselbe denken, wird nicht viel gedacht. Der Markt, so wurde uns jahrein, jahraus eingetrichtert, ist der beste Weltenlenker. Alles muss dem ökonomischen Prinzip untergeordnet und der Kontrolle der Finanzmärkte unterworfen werden, weil die als Einzige die Gesetze optimalen Wirtschaftens und immerwährenden Wachstums rational erfassen und durchsetzen können.

Viele DAX-Unternehmen – sogar in München, wo der Wohnungsmangel Tradition hat – haben ihre Wohnungsbestände – ganze Straßenzüge und Häuserblocks – verscherbelt, um stattdessen »höchst lukrative« Subprime-Papiere auf dem US-Markt zu kaufen, deren Bündelung in unleserlichen Papierstapeln sie selber nicht verstanden. »Wir müssen das tun«, sagten mir damals alle Personalchefs, die ich auf die Absurdität ihres Treibens hingewiesen hatte, »denn wir stehen unter der Kontrolle der Finanzmärkte! Wenn wir nicht höhere Renditen erzielen, als auf dem Wohnungsmarkt mit lächerlichen drei oder vier Prozent möglich sind, machen uns die Analysten zu Übernahmekandidaten!« Kurze Zeit später hatten sie ihre Erlöse aus dem Verkauf real existierender Immobilien verspielt, und seitdem jammern sie in den Rathäusern aller Wachstumsregionen herum, ohne ausreichendes Wohnungsangebot könnten sie keine Fachkräfte mehr in die Stadt locken oder mietbedingte Gehaltsforderungen erfüllen. Zauberlehrlinge!

Das Resultat der marktradikalen Jahre der »Finanzindustrie«, deren Name ja schon eine unglaubliche Hochstapelei ist, da sie in Wahrheit nichts »produziert«, ist bekannt: Die von ihr im Blindflug ausgelöste größte Finanzkrise der Nachkriegszeit hätte die Realwirtschaft, zu der man zwischenzeitlich jeden Bezug verloren hatte, um ein Haar mit in den Abgrund gerissen, wenn nicht die Steuerzahler mit Milliarden und Abermilliarden zu Hilfe geeilt wären. Das ist jetzt eine Reihe von Jahren her, aber noch nicht lange genug, um neben ein paar verbesserten Kontrollmechanismen ernsthafte Konsequenzen zu ziehen. Nach dem Schock mit den Lehman Brothers waren sich alle einig, dass man ausreichend Vorsorge treffen müsse, damit das nächste Bankendesaster der Milliardenjongleure von der Bankenwelt selber aufgefangen werden kann und nicht noch einmal der kleine, dumme Steuerzahler geschröpft wird, bloß weil praktisch jedes Geldinstitut »too big to fail« ist. Mit dieser dreisten Formel wurde ja die Plünderung der Staatskassen gewissermaßen zur Rettung des Gemeinwohls umgedeutet: Wie nett und sozial von euch, mit eurer Pleite nur die Staatskasse und nicht alles zu ruinieren!

Wer ist hier irrational? Der Lohnsteuerzahler, der mittlerweile dem gesamten Establishment misstraut und nicht nur die Wirtschaft, sondern auch die Wissenschaft und die Medien einbezieht? Oder die Finanzindustrie und ihre Büchsenspanner, die gemeinsam nach dem kurzen Schock der Katastrophe und nach kleinen Korrekturen wieder fröhlich auf ein »Weiter so!« setzen?

Der »Arabische Frühling« – oder: Barbarei statt Fortschritt

Während ich mich beim letzten Abschnitt von der Kritik noch ausnehmen konnte, weil ich im Namen des Deutschen Städtetags dem pauschalen Deregulierungsruf ebenso entgegengetreten bin wie der Forderung, öffentliche Wohnungen zu verscherbeln und Stadtwerke zu privatisieren, muss ich im Folgenden bekennen, selber auch einer verführerischen Scheinwelt politischer Illusionen erlegen zu sein. Nicht vorsätzlich, aber fahrlässig. Weil Politik sich manchmal berufen fühlt, Skepsis unter den Teppich zu kehren und Zukunftsperspektiven schöner zu malen, als sie sind. Was haben wir nicht alle erzählt, als der »Arabische Frühling« begann! Das sei nicht nur der Beginn der Diktatorendämmerung, sondern der Siegeszug europäischer Werte wie Freiheit, Rechtsstaatlichkeit und Demokratie. Gewissermaßen die Ausbreitung der europäischen Wertegemeinschaft auf islamischem Boden!

Wieder machten die Bilder besoffen: Wenn sich junge Leute mit Smartphones zu riesengroßen Demonstrationen verabreden und erstaunlich viele junge Frauen mitwirken und demokratische Wahlen verlangen, dann musste dies doch die Stunde der westlichen Werte sein. Tatsächlich stürzte der eine oder andere Tyrann, manchmal gab es auch Wahlen, die aber nie das gewünschte

Ergebnis brachten. Blitzschnell kollabierten autoritäre Systeme, die aber nicht von rechtsstaatlichen Demokratien abgelöst wurden, sondern von einem beängstigenden Machtvakuum, in das Warlords und Terrorbanden vordringen konnten. In Ägypten wurde gar nach demokratischen Wahlen die Regierung von einem Militärdiktator weggeputscht, mit tatkräftiger Unterstützung westlicher Demokraten. Auch der Arabische Frühling hat Migrationsströme in Gang gesetzt. Und so sind unsere europäischen Werte im Mittelmeer ertrunken, im Maghreb und im Nahen Osten herrschen deutlich mehr Elend, Gewalt und Terror als je zuvor. Wo ist die Stimme, die dies vorhergesagt oder auch nur als ernst zu nehmendes Risiko geschildert hätte? Fehlanzeige.

Hier geht es nicht um die Verantwortung für die Entgleisung des Arabischen Frühlings, hier geht es darum, ob wirklich das politische Establishment für sich in Anspruch nehmen kann, ein verlässliches Bild der Realität zu zeichnen, mit seriösen Prognosen aufzuwarten und damit der Gegenpol zu sein zur Fake-News-Welt im Netz und bei den Rechten.

Fehlprognosen kann man nicht ungeschehen machen. Aber wenn sie sich in diesem Ausmaß bei den wichtigsten Feldern häufen, müsste doch die Frage, wie alle Autoritäten derart falsch gewickelt sein und derart oft schon nach kurzer Zeit widerlegt werden konnten, etwas mehr Selbstkritik auslösen, als man es in Brüssel, in den Hauptstädten Europas und in den Universitäten und Medien vernimmt.

Vom hohen Ross vermeintlicher Allwissenheit herunterzusteigen könnte die Rückgewinnung verlorenen Vertrauens, verlorener Glaubwürdigkeit, verlorener Kompetenzzuweisung einleiten. Permanente moralische Selbstüberhöhung, als wären Fehlprognosen ein Gesinnungsbeweis und Skepsis ein Mangel demokratischer Einstellung, wird hingegen nicht helfen.

Es ist ja nicht so, dass alles Unerfreuliche unvorhersehbar gewesen wäre. Nein, die Kosten der Einheit, die Brüche in der Gesellschaft und die Dauer des Prozesses waren bekannt, ebenso die Risiken einer polyzentrischen Welt und einer Gemeinschaftswährung ohne politisches Fundament und einer Deregulierung der Wirtschaft, die man vorher ja nicht grundlos reguliert hatte. An Wissen hat es nicht gefehlt. Es gab kritische Analysen, skeptische Stimmen, ernsthafte Warnungen. Aus der arabischen Welt wissenschaftliche und publizistische Hinweise auf die Instabilität der Lage. Nur: Das Trockenbrot der politischen Analyse, die nüchterne Betrachtung verschiedener Interessen, die Entwicklung realistischer Konzepte, das Abwägen von Vor- und Nachteilen, die Benennung von Risiken, all das war einfach nicht erwünscht.

Die Stimmung sollte stimmen. Für Deutschland, für Europa, für den Euro, für den Markt und den Siegeszug europäischer Werte auch in Afrika und im Nahen Osten. Also: großes Kino für große Ideen! Dafür muss man den von Willy Brandt einst beschworenen mündigen Bürger schon einmal entmündigen, von Zweifeln und Ungewissheiten und Widersprüchen fernhalten. Nicht Argumente zählen, sondern Gefühle. Ich habe nicht den Eindruck, dass diese Einstellung im Bundestagswahlkampf 2017 bereits überwunden wird. Dabei wissen wir doch inzwischen: Auf den Rausch folgt der Kater.

Kapitel 4

Nieder mit Sachzwang und Alternativlosigkeit – oder: Die Rückkehr zur Politik

Wer es als Erstes getan hat, wissen wir nicht so genau. Kaiser von Gottes Gnaden waren natürlich davon überzeugt, dass es zu ihrer göttlichen Weisheit und irdischen Macht- und Prachtentfaltung keine Alternative gibt. Aber sie hatten auch die Macht, diese Omnipotenzfantasie in die Tat umzusetzen. Deshalb wäre es nicht einmal falsch gewesen, wenn sie gesagt hätten: »Es gibt keine Alternative!« Es gab sie ja tatsächlich nicht, weil es sie nicht geben durfte und die Behauptung des Gegenteils mit dem Verlust des Kopfes oder auf dem Scheiterhaufen zu enden pflegte.

In demokratischen Gesellschaften ist es aber nicht nur arrogant und selbstverliebt, sondern schlichtweg falsch und obendrein äußerst schädlich, wenn Inhaber der Macht auf Zeit, demokratisch gewählte Regierungen mit parlamentarischer Opposition, Repräsentanten einer Mehrheit in einer pluralistischen Gesellschaft mit großer politischer Bandbreite allen Ernstes behaupten, ihr Treiben sei »alternativlos«.

Angefangen hat damit in der Neuzeit die »Eiserne Lady« Margaret Thatcher. Anfangs, 1980, sprach sie noch von einer »wirklichen Alternative«, die es ihrer Ansicht nach zu ihrer Wirtschaftspolitik nicht gebe, von 1981 an nahm sie dies für immer mehr Projekte und Ansichten in Anspruch: Es gibt keine Alternativen, nicht einmal unwirkliche. Dieser Anspruch wurde ausgerechnet für die wirtschaftshörige Deregulierung erhoben, zu der es selbstverständlich eine Alternative gab, nämlich die bisherigen Regelwerke und zusätzliche neue, die zur Abwendung drohender Finanzdesaster dringend erforderlich gewesen wären, und für Maggie Thatchers konservative Weltsicht, zu der es weltweit nur so von Alternativen wimmelte.

Zum »Unwort des Jahres« brachte es die »Alternativlosigkeit« in Deutschland aber erst 30 Jahre später, 2011. Und das war einer anderen Regierungschefin zu verdanken, die an dieser Form weltlicher Unfehlbarkeit größten Gefallen gefunden hatte: Angela Merkel. Sie hatte damit so großen Erfolg, dass sogar Hinterbänkler und Nobodys ihrer Partei auf den Wahlplakaten über ihr Konterfei den Spruch setzen ließen: »Es gibt keine Alternative«. Was für Personalentscheidungen schon eine besonders kühne These ist.

Im Falle von Angela Merkel stützte sich der Anspruch auf Alternativlosigkeit aber weniger auf die Stärke eines eisernen Willens als auf den Wahrheitsfindungsprozess einer Naturwissenschaftlerin – Naturwissenschaftler kennen, zumindest in den ersten Semestern, nur eine richtige Lösung, ein korrektes Ergebnis und nicht eine pluralistische Vielfalt, nicht einmal eine einzige Alternative. Diese in modernen Zeiten unangefochtene Autorität der Naturwissenschaftlerin auf die Ergebnisse politischen Durchwurstelns übertragen zu haben war zunächst jahrelang die hohe Staatskunst der Angela Merkel. Noch bei ihrem zehnjährigen Amtsjubiläum im Jahre 2015 wurde sie als unbezwingbar gepriesen, da sie vom Scheitel bis zur Sohle alternativlos sei. Aus Prinzip. Und nach allgemeiner Meinung. Wenn etwas beklagenswert sei, dann das Schicksal ihrer Gegenkandidaten. So schrieben sie alle, die Zeitungen, so sprachen sie alle, die Fernsehkommentatoren.

Weil sie alle kritische Köpfe sind, hätten sie keinem Papst die Unfehlbarkeit durchgehen lassen – sehr wohl aber der Kanzlerin die Alternativlosigkeit, die sie nicht nur in Anspruch nehmen durfte, sondern regelrecht verkörperte. Man muss nicht eisern sein, um dies tun zu können, dazu reicht eine wattebäuschige Konsistenz.

Seit Herbst 2015 zweifelt aber nicht nur die Schwesterpartei, sondern auch das rechte Wählerreservoir und neuerdings sogar die wieder erwachte Sozialdemokratie an der Alternativlosigkeit der Kanzlerin. Und jetzt rächt es sich, über ein Jahrzehnt lang den politischen Diskurs versäumt und die Unterschiedlichkeit verschiedener politischer Positionen sowie die Möglichkeit von Richtungsentscheidungen geleugnet zu haben. Dieselben Medien, die zum zehnjährigen Amtsjubiläum mit Hosianna-Chören eine Krönungsmesse für die vermutlich immerwährende Kanzlerschaft angestimmt haben, lästern 2017, da das Dutzend der Amtsjahre voll ist, wie sterbenslangweilig die Dame ohne Alternative sei und wie voll das Publikum die Nase habe.

Wie konnte die höchst riskante Idee von der Alternativlosigkeit überhaupt aufkommen?

Geständnisse eines Praktikers: Man gönnt sich ja sonst nichts

Wenn man selber einige Amtsperioden auf dem Buckel hat, muss man nach einer kritischen Selbstbefragung kleinlaut einräumen, dass man es gelegentlich – und zwar meist in äußerst diffizilen Situationen – durchaus für richtig befunden hat, von diesem Kunstgriff Gebrauch zu machen: Es gibt keine Alternative!

Was also soll jetzt noch weiteres Genörgel? Warum noch kritische Nachfragen? Warum noch so tun, als könnten Debatten, wenn sie nur lange und heftig genug geführt werden, noch zu einer anderen Lösung führen? Die gibt es nicht! Basta!

Natürlich denkt man insgeheim sogar öfter so, wenn man nach dem Studium aller Wirtschaftsdaten und Rechtsgutachten, vor allem aber der Mehrheits- und Machtverhältnisse zu einem bestimmten Ergebnis gekommen ist, das einem selber nicht sehr verlockend und befriedigend erscheint. Gerade weil man diese Lösung nicht besonders überzeugend oder gar beglückend findet, möchte man den ganzen Weg der Entscheidungsfindung nicht mühsam noch einmal gehen, die Kröte nicht weitere Male wiederkäuen und die Qualen des Abwägungsprozesses nicht abermals vor dem verehrten Publikum ausbreiten. So kommt man irgendwann – nicht im Machtrausch, sondern ganz im Gegenteil am Rande der Übermüdung und Verzweiflung – auf die Idee mit der Alternativlosigkeit.

Am peinlichsten war mir angesichts meiner politischen Biografie stets die Erhöhung der Verkehrstarife, die Jahr für Jahr mit quälender Regelmäßigkeit auf dem Jahreskalender stand wie die Meisterfeier des FC Bayern München. Dabei hatte ich das Amtszimmer des Münchner Oberbürgermeisters, in dem ich die Preiserhöhung verkünden durfte, erstmals als Jungsozialist betreten, um dem damaligen Amtsinhaber Hans-Jochen Vogel zu erklären, wie absurd es sei, für teures Geld eine U-Bahn zu bauen, die dann wegen der unerträglichen Höhe der Verkehrstarife gerade arme Leute, die uns doch besonders am Herzen liegen, nicht benutzen können. Und dann das: Jedes Jahr in der eigenen Amtszeit eine Preiserhöhung. Natürlich mit guten Gründen: Alle Kosten sind gestiegen, die Energiepreise ganz besonders. Von den Personalkosten im öffentlichen Nahverkehr gar nicht zu reden! Und das

Leistungsangebot wurde ausgeweitet: das Netz erweitert, der Takt verkürzt, der Komfort gesteigert, die Technik verbessert. Irgendwo muss das Geld hereinkommen. Das Publikum hat sich mit streikenden Busfahrern solidarisiert, will also offenkundig auch kein Lohndumping. Die Finanznot der Landkreise, die auch zum Verkehrsverbund gehören, ist teilweise noch größer als die der Stadt. Und der Freistaat Bayern ist nicht bereit, die Zuschüsse für den Ausbildungstarif zu erhöhen. Also haben wir alle uns verständigt, die Tarife bei gleichzeitiger abermaliger Erhöhung des Leistungsangebots maßvoll zu steigern. Das ist doch vernünftig. Ein Nein zum gefundenen Kompromiss zwischen unendlich vielen Einzelinteressen würde das ganze Verhandlungspaket in Frage stellen, vielleicht sogar in die Luft sprengen – der »worst case« für die Fahrgäste. Also ist die Preiserhöhung natürlich alternativlos. Man gönnt sich ja sonst nichts. Sorry und Schluss der Debatte.

Das ist verständlich. Aber es stimmt natürlich trotzdem nicht. Es ist zwar richtig, dass man alles erwirtschaften muss, was man ins System hineinstecken will, aber wie man die Prioritäten beim Leistungsangebot setzt und wie man die Finanzierungslasten im Einzelnen verteilt, ist durchaus politisch gestaltbar. Auch wenn man nicht noch einmal öffentlich erörtern will, ob man den strapazierten Berufsverkehr auch noch mit weiteren Vergünstigungen für Senioren oder Studenten belasten oder die Außenbezirke zugunsten des lukrativen Innenraums benachteiligen soll oder, oder, oder. Da ist es doch wirklich besser und vor allem praktischer, einfach zu behaupten, das ausgetüftelte Zahlenwerk des ohnehin fast undurchschaubaren Tarifgestrüpps sei »alternativlos«. Bei den Beschlüssen von Ministerkonferenzen, des EU-Ministerrats und vieler Gipfeltreffen wird es nicht anders sein: Die Ergebnisse hat ja keiner »von denen da oben« willkürlich diktiert, nein, sie sind durch so viele Vorgaben, Rechtsnormen, Vereinbarungen und Versuche des Interessenausgleichs vorbestimmt, dass der Handlungsspielraum immer winziger wird – bis zum völligen Verschwinden. Und das nennt man dann gerne »alternativlos«.

Aber dennoch bleibt die Behauptung falsch, dass man es gar nicht anders machen könne. Fast immer kann man »es« schneller oder langsamer machen, auf andere als die vorgesehene Art und Weise finanzieren, im Vergleich zum vorliegenden Entwurf größer oder kleiner, schärfer oder milder ausgestalten, durch andere Maßnahmen kompensieren, wegen anderer dringlicherer Maßnahmen vorerst zurückstellen oder manchmal das Projekt überhaupt nicht realisieren – schließlich existierte es bisher ja auch nicht, ohne dass die Welt deshalb untergegangen wäre. Ob man all diese Alternativen, die es immer gibt, im Einzelfall tatsächlich verwerfen muss oder einer von ihnen den Vorzug geben sollte, sollte doch das Ergebnis eines öffentlichen Diskurses sein und eben nicht als Begründung seiner Verweigerung dienen.

Wenn statt der Regierung der Sachzwang regiert

Die Lehre von der Alternativlosigkeit bei immer mehr Entscheidungen ist aber nicht nur falsch, sondern vor allem schädlich – und zwar zum einen für die Bevölkerung, die schrittweise entmündigt wird, weil sie das Alternativlose nur noch unterwürfig absegnen kann und nicht ernsthaft in Zweifel ziehen darf. Schädlich ist es zum anderen auch für die Regierungen selbst samt ihrem parlamentarischen Anhang, weil es ja überhaupt keiner politischen Willensbildung und keiner politischen Führungskraft, keines politischen Programms und keiner politischen Vision bedarf, wenn das, was früher einmal Politik war, heute nur noch Vollzug des Alternativlosen ist. Dann regiert nicht mehr die Kanzlerin, sondern der Sachzwang. Und der ist übrigens gar nicht so beliebt, wie die Kanzlerin lange Zeit meinte, denn er wird als Einengung, als Freiheitsberaubung, als Korsett empfunden und nicht als Königspfad zur ewigen Weisheit.

Ist Politikern eigentlich klar, was sie anrichten, wenn sie immer größere, ja bald alle wesentlichen Teile des Regierungshandelns als alternativlos bezeichnen? Das heißt doch in der Konsequenz, dass es gleichgültig ist, wie groß der Stimmenanteil dieser oder jener Partei ist und welche Person wie viel Einfluss auf das Regierungshandeln hat, es muss ja doch in jedem Fall immer dasselbe getan werden, das Alternativlose, auch wenn andere das Sagen hätten. Das wurde von Experten herausgefunden, also könnten die eigentlich besser als jedwede Politik auch für den Vollzug des Alternativlosen sorgen. So sägt man mit dem festen Vorsatz, das Regierungsgeschäft zu erleichtern und lästige Kritiker mundtot zu machen, an der Existenzberechtigung politischer Ämter, gewissermaßen am eigenen Thron. Irgendwann kippt der Thron um. Aber nicht etwa nach einer heftigen und offen ausgetragenen politischen Kontroverse, die das Wahlvolk mit Spannung verfolgt und mit einer neuen Richtungsentscheidung beendet hätte, sondern einfach, weil ein gelangweiltes Publikum den vom Amtsinhaber selbst zersägten Thron kippen sieht und nicht einmal ahnt, für welche Alternativen es sich jetzt entscheiden soll. Es gibt ja keine, hat man »gelernt«.

Die nächste Konsequenz ist noch verheerender: Wenn es auf der politischen Bühne keine Alternative gibt, wie uns immer wieder eingetrichtert wird, dann muss oppositioneller Geist – der manchmal auch nur ein Ungeist ist – sich eben anderswo Luft machen, fern des politischen Diskurses seine Ziele verwirklichen. So trägt die Irrlehre von der Alternativlosigkeit unmittelbar dazu bei, Protest auf die Straße zu treiben, Wut immer hilfloser und damit aggressiver zu machen und zur »Ersatzvornahme« einzuladen, wenn es etwa darum geht, unerwünschte Einwanderung zu vergraulen. Diese Feststellung rechtfertigt nichts, erklärt aber manches.

In den Sechzigerjahren haben deutsche Schriftsteller und Publizisten für eine neue linksliberale Regierung als Alternative zum Althergebrachten gekämpft. Heute sind wir viel bescheidener geworden und fordern nur noch, dass Alternativen überhaupt aufgezeigt werden, um wieder einen politischen Diskurs in Gang zu setzen, wie mit den großen Themen, die uns buchstäblich jeden Abend in den Nachrichtensendungen erschrecken, umgegangen werden sollte.

Lasst Alternativen zu, zeigt sie auf, macht sie deutlich bei jedem Sachthema der Innen- und Außenpolitik, zwingt alle Befürworter von Alternativen, auch die Finanzierung ihrer Vorschläge, die Risiken und Nebenwirkungen darzustellen, wie wir es ja ebenso bei jedem Pharmaprodukt verlangen – dann kann endlich wieder über Politik diskutiert werden. Denn der öffentliche Diskurs darf sich nicht in der Glorifizierung oder Verteufelung von Personen oder Gruppen erschöpfen, was die Wahlkämpfe immer stumpfsinniger und die Pöbeleien im Netz immer unerträglicher macht.

Noch deutlicher: Die unpolitische Gläubigkeit an eine abstrakte, nicht zur Diskussion zu stellende »Moral«, an Sachzwänge und Alternativlosigkeit muss abgelöst werden durch die Wahrnehmung und Entwicklung von politischen Alternativen und nicht durch Gläubigkeit an neue Heilsbringer, die sich ebenfalls dem politischen Diskurs entziehen. Zur Alternative wird man nicht durch die Behauptung, eine zu sein, sondern durch den konkreten Nachweis, dass man es anders und besser und finanzierbar und mehrheitsfähig machen will und kann.

Kapitel 5

»Demobilisierung« als Ziel, »Selbstentkernung« als Folge

In Deutschland ist es nicht neu, dass Politik in den besseren Kreisen kein hohes Ansehen genießt. Schließlich war das deutsche Bildungsbürgertum seit seiner Entstehung in das Ressentiment »Ein politisch Lied, ein garstig Lied!« verliebt, das eindringlich davor gewarnt hat, sich in Meinungskampf und Parteienstreit einzumischen, und das stattdessen dazu einlud, nur im Elfenbeinturm das Schöne, Gute und Wahre zu suchen, wozu aber niemals so hässliche Dinge wie Grundrechte oder soziales Engagement zählten. Schließlich stammt das Zitat von Johann Wolfgang von Goethe, und da tat es nichts zur Sache, dass der Dichterfürst selber es in der Politik bis zum Finanzminister in Weimar gebracht hat. Bedeutsam ist nur die zitierte Aversion, nicht das wirkliche Leben. Und selbst, »wenn hinten, weit in der Türkei, die Völker aufeinanderschlagen«, ist das allenfalls Konversationsstoff an Sonn- und Feiertagen, aber kein Anlass zu politischer Orientierung, zu Meinungsbildung oder gar politischem Engagement. Schön für Bildungsbürger, wenn man politisches Banausentum immerhin mit dem »Faust« begründen kann. Aber nicht neu. Günter Grass hat mit Leidenschaft dagegen angekämpft und klarzumachen versucht, dass Liebe zur Literatur und politisches

Engagement sich nicht ausschließen, sondern einander bedingen können, wenn Autoren Stellung beziehen und Leser aus dem Gelesenen Konsequenzen ziehen.

Die Frage, ob Politik nur eine Bedrohung oder auch eine Chance ist, ob man sich abwenden oder einmischen soll, ob weit verbreitetes Desinteresse am politischen Leben die einzige mögliche Konsequenz oder im Gegenteil die Ursache von Demokratiedefiziten und Niveauverlusten ist, wird voraussichtlich auch künftige Generationen beschäftigen. Aber völlig neu und hoffentlich künftig überwindbar ist das Phänomen, dass die Politik selbst, ihre führenden Repräsentanten und ihre Wahlkampfmaschinen, das Wesen des Politischen aus der gesellschaftlichen Wirklichkeit verbannen wollen. Unpolitisches Verhalten wird von ihnen nicht nur heimlich geschätzt, weil es ihnen ihre Ruhe lässt, sondern aktiv unterstützt und selber verbreitet, bis hin zur Wahlenthaltung, die man dann hinterher als demokratiefeindlich, gesinnungslos und brandgefährlich brandmarken kann – zutreffend und heuchlerisch zugleich.

Asymmetrische Demobilisierung – oder: Wahlkampf mit Schlaftabletten

Wer das oben Gesagte für starken Tobak hält, hat sich offenbar noch nicht näher mit dem beschäftigt, was die politische Wissenschaft »asymmetrische Demobilisierung« nennt. Angela Merkel hat das Prinzip nicht erfunden (das soll schon 2006 in Katalonien geschehen sein), aber zu höchster Vollendung geführt. Es geht um eine Wahlkampfstrategie, bei der durch das Unterlassen einer Stellungnahme zu kontroversen Themen vermieden wird, die potenziellen Wähler des politischen Gegners zu mobilisieren! Wenn man dabei nicht gleichzeitig die eigenen Anhänger einschläfert, steigt zumindest der eigene prozentuale Anteil. Man führt sich die Absurdität dieses Wettbewerbsprinzips am besten vor Augen, indem man es in die Welt der Wirtschaft oder des Sports transferiert. Autohersteller würden nicht mehr in Forschung, Entwicklung und Werbung investieren, sondern darauf vertrauen, dass die eigene Passivität bald auch den eingelullten Wettbewerber schwächeln lässt. Und schon steigt der eigene Marktanteil. Dieser Vergleich ist schief, weil nicht der Marktanteil, sondern der eigene Umsatz über Wohl und Wehe des Unternehmens und vor allem den Gewinn entscheidet. Das ist der Punkt: In der Politik ist das anders. Da steht der Gewinn – die Zahl der Mandate – von Anfang an fest, und zwar in höchster Höhe, und nur der Marktanteil spielt eine Rolle bei der Verteilung. Nur unter diesen Bedingungen konnte die Idee der »asymmetrischen Demobilisierung« geboren werden. Oder nehmen wir ein Fußballspiel: Man konnte nicht nur mit der besseren Taktik das Spiel gewinnen, sondern auch, indem man dem gegnerischen Team Schlafmittel in den Kaffee kippt. Auch dieser Vergleich hinkt, weil ja in Zeiten der asymmetrischen Mobilisierung nicht die gegnerische Mannschaft, sondern deren Fangemeinde eingeschläfert wird, die allerdings in der Politik am Wahltag durchaus die entscheidende Rolle spielt! Aber trotzdem: Kann Politik durch Verteilung von Schlaftabletten an die gegnerischen Fans – und sei es auch nur symbolisch – überzeugend und zukunftsfähig werden?

Die sinkende Wahlbeteiligung wird von dieser Strategie billigend in Kauf genommen. So weit, so schlecht. Aber wahlpolitisch kann das doch recht clever sein, oder? Zunächst ja. Wer keine Ideen präsentiert, muss sie auch nicht erläutern oder gar verteidigen! Wer die gegnerischen Scharen einschläfert, muss nicht mit letzter Kraft auch noch den letzten eigenen Anhänger aufwecken und an die Urne schleppen! Wer kein kontroverses Programm vorgelegt hat, muss es später auch nicht mühsam durchsetzen! Alles bleibt gut. Und die explodierende Wahlenthaltung? Sehr bedauerlich, da sollten die Leute mal in sich gehen. Aber im Grunde völlig gleichgültig. Solange überwiegend »die anderen« daheim bleiben, bedeutet Wahlenthaltung mehr Mandate »für uns«. Und das, nur das zählt. Politisch. Finanziell wirkt sich ein Stimmenrückgang allerdings negativ aus, weil die Parteien 70 Cent pro Stimme erhalten. Aber da kann man nachhelfen, die »hohe Politik« weiß Rat: Man muss nur den Betrag pro Stimme erhöhen (aktueller Vorschlag: 83 Cent), und schon ist der Schaden repariert.

Demokratiedefizite kann man dann besorgt auf Akademietagungen erörtern: Fehlen der Demokratie die Demokraten? Wie »in Weimar«, also den Jahren der Weimarer Republik, die den Rechtsextremisten am Ende nichts mehr entgegenzuhalten hatte?

Der Vergleich ist wie jeder Vergleich mit den Zwanziger- und Dreißigerjahren schief, weil die Grundbedingungen nicht unterschiedlicher sein könnten. Aber manchmal lohnt es sich, auch auf das kleine Körnchen Wahrheit zu achten, das selbst in schiefen Vergleichen enthalten sein kann.

»Asymmetrische Demobilisierung« wird der Union und speziell Angela Merkel von der Politikwissenschaft unisono für die Bundestagswahl 2009 vorgeworfen. Die Forschungsgruppe Wahlen sprach sogar im Fernsehen Merkel ihre Anerkennung aus, dass diese Strategie unter den gegebenen Rahmenbedingungen kaum zu verbessern gewesen sei. Das Hauptziel, dass enttäuschte Oppositionswähler zu Hause bleiben, sei erreicht worden. 2013 war es ähnlich.

Aber was passiert hier mit der Demokratie? Wer wegen Amtsbonus und hoher Sympathiewerte Konzepte für entbehrlich hält, braucht sich über den späteren Vorwurf der Ideen- und Profillosigkeit nicht zu wundern. Wer die eigenen Anhänger als Besitzstand betrachtet und nicht ständig mit neuen Argumenten versorgt, überzeugt und begeistert, muss damit rechnen, dass die Bindung zwischen Partei und Anhängerschaft immer schwächer wird und bei einer Belastungsprobe wie im »Flüchtlingsjahr« 2015 abreißt. Wer dem politischen Gegner, ja allen Mitbewerbern, jede kontroverse Debatte erspart, muss wissen, dass er und seine Wählerschaft auf eine überraschende Offensive in keiner Weise vorbereitet sind. Wer wachsende Wahlenthaltung zum Kalkül erhebt, fördert eine Politikferne, die zu Pauschalurteilen regelrecht einlädt und die Sehnsucht nach einfachen Lösungen fördert.

So gesehen sind die Erfolge der Rechten und die Schwächen des konservativen Spektrums unter anderem auch als Folge der asymmetrischen Demobilisierung zu sehen. Als ich 1966 in die SPD eintrat, gab es dort zwei große alte Männer: Wilhelm Hoegner, den Vater der bayerischen Verfassung, und den »roten Baron« Waldemar von Knoeringen, der unermüdlich dafür kämpfte, die Demokratie mit mehr Leben zu erfüllen. Er hatte anstelle kurzer Wahlkämpfe mit vielen Werbemitteln das immerwährende »Gespräch mit jedermann« gefordert und zusammen mit jungen Sozialwissenschaftlern das streitbare Buch »Mobilisierung der Demokratie« vorgelegt. Es war den linken Studenten nicht marxistisch genug, traf aber demokratiepolitisch den Nagel auf den Kopf. Ja, Mobilisierung ist angesagt, nicht Demobilisierung der Demokratie, mag sie auch bei ausreichender Asymmetrie parteipolitisch kurzfristig nützlich erscheinen. Die Demobilisierung gehört in die Mottenkiste der Spin-Doktoren!

Alles Fassade! Oder: Die Entkernung der Volksparteien

Dabei muss man einen Rechtfertigungsversuch natürlich gelten lassen: Die edle Aufgabe, Anhänger der Opposition zu mobilisieren, obliegt in besonderem Maße der Opposition und nicht der Regierung. Erst wenn die Opposition dies weitestgehend unterlässt, kann das Kalkül der asymmetrischen Demobilisierung aufgehen.

Frage: Warum haben wir seit der Beschlussfassung über die Agenda 2010 im Jahre 2003 und dem Start des Schulz-Zuges 2017 bei der größten Oppositionspartei SPD keine bundesweite Mobilisierung der eigenen Anhänger und Sympathisanten erlebt? Stattdessen eine Negativspirale bis zu den entsetzlichen Tiefpunkten bei den Landtagswahlen 2016: in Baden-Württemberg fast eine Halbierung der Wählerzahlen, nur noch 12,7 Prozent der Stimmen – und Platz 4 hinter der AfD! In Sachsen-Anhalt sackte die SPD sogar auf 10,6 Prozent ab, verlor also mehr als die Hälfte ihrer Wähler und rangiert hinter der CDU mit 29,8 Prozent, der AfD mit 24,2 Prozent und der Linken mit 16,3 Prozent. Darüber kann man sich wohl kaum mit einem 0,5-Prozent-Zuwachs in Rheinland-Pfalz hinwegtrösten, auch wenn Malu Dreyers erfolgreiche Titelverteidigung als Regierungschefin dem 14. März 2016 etwas von seinem Grauen nahm. Das sind hier keine ollen Kamellen, die nur aus sadomasochistischem Antrieb noch einmal gelutscht werden, sondern Wahlergebnisse, die in deutschen Bundesländern auch noch in künftigen Jahren die parlamentarische Wirklichkeit bestimmen. Sie sind damit realpolitisch bedeutsamer als manches Stimmungshoch, das jedenfalls bisher keine Erdrutsche im Vergleich zu früheren Wahlergebnissen zustande brachte. Warum also 14 Jahre lang keine erfolgreiche bundesweite Mobilisierung durch eine Opposition?

Die Antwort wird wohl bei den meisten SPD-Aktivisten und bei enttäuschten SPD-Wählern »Agenda 2010« heißen. Bei mir auch, aber in einem anderen Sinne. Ich habe in der Agenda 2010 niemals die Heilsbotschaft gesehen, als die sie von Bundeskanzler Gerhard Schröder vorlaut verkündet worden ist, aber auch keinen Sündenfall, mit dem die SPD ihre Geschichte und ihren Auftrag verraten habe, sondern eine Mischung aus notwendigen Spar- und Reformschritten, überzogener Härte in einigen Fällen und sozialer Unausgewogenheit wegen anderweitiger Maßnahmen: Insgesamt war die Agenda ein Krisenmanagement, das sein Hauptziel bei beachtlichen Kollateralschäden erreicht hat. Wenn etwas falsch war, dann der Umgang der SPD mit ihrer eigenen jüngsten Geschichte in den folgenden Jahren. Auch so kann man eine Volkspartei »entkernen«: indem man ihr durch maßlose Selbstgeißelung jedes Selbstwertgefühl nimmt, dem eigenen Handeln jede Rationalität und jedes Verantwortungsgefühl abspricht, sich bei der Leugnung des eigenen politischen Markenkerns besonders hervortut und es auch noch dem politischen Gegner überlässt, für die mit der Agenda 2010 bewirkte Reduzierung der Arbeitslosigkeit und den Erhalt der sozialen Sicherungssysteme gelegentlich ein anerkennendes Wort fallen zu lassen.

In einem Buch darf man ungestraft um etwas mehr Verständnis für die SPD und ihre jüngste Geschichte bitten – auf sozialdemokratischen Versammlungen gäbe es längst ein Pfeifkonzert. Verständnis für die SPD? Mit uns niemals!

Erst jetzt sind wir beim Wesentlichen des Problems angekommen: Die Volkspartei SPD wurde sogar zweimal entkernt! Zunächst 2003 durch den reichlich neoliberalen Agenda-Kurs, der einerseits den Riesenmissstand einer Fünf-Millionen-Arbeitslosigkeit überwand, andererseits aber neue Missstände schuf oder verschärfte, vor allem die prekären Arbeitsverhältnisse. Dann aber folgte die zweite Entkernung, die 14 Jahre währende Selbstanklage, mit der die SPD des 21. Jahrhunderts sich selber jede Sozialkompetenz, jedes Selbstwertgefühl, ja jede Existenzberechtigung absprach. Es war, als wolle sie ewig dem längst ausgetretenen Ex-Vorsitzenden Oskar Lafontaine mit einem ständigen »pater, peccavi« hinterherlaufen. Ich habe es einen Landtagswahlkampf lang erlebt: freundliche Stimmung in Bierzelten und auf Volksfesten, nur an ein, zwei Tischen wurde lautstark geschimpft, die SPD habe seit Hartz IV jede soziale Glaubwürdigkeit verloren. Das war der jeweilige SPD-Ortsverein!

Dabei sind Sozialdemokraten nicht so unversöhnlich, wie es manchmal scheint. Jedenfalls nicht, wenn es opportun ist. Am Tag der Wahl von Martin Schulz zum neuen Vorsitzenden und zum Kanzlerkandidaten trat Frank-Walter Steinmeier das höchste Amt der Republik an. Da posteten die linken Wortführer der SPD alle Selfies, die sie je mit ihnen machen konnten, obwohl Martin Schulz sämtliche Beschlüsse zur Agenda 2010 an prominenter Stelle mitgetragen hatte und Frank-Walter Steinmeier fraglos der Verfasser und Manager der Agenda 2010 war. So schlimm ist der Verrat an der Geschichte und der Aufgabe der SPD dann wohl doch wieder nicht.

Hätte das Desaster vermieden werden können? Ich denke: Ja. Wenn Schröder den Sparzwang als bittere Pille verabreicht und nicht als genialen Wurf seiner Wirtschaftspolitik gepriesen hätte. Wenn man gleich gesagt hätte, dass Lockerungen – vor allem bei langjährigen Beitragszahlern – möglich sind, sobald die Konjunktur anspringt und die Arbeitslosigkeit sinkt. Wenn der linke Flügel eingeräumt hätte, dass man nur verteilen kann, was man vorher erwirtschaftet hat. Wenn die Wettbewerbsfähigkeit der deutschen Wirtschaft von der gesamten SPD und nicht nur von den Pragmatikern als wesentliches Ziel anerkannt worden wäre. Wenn die gesamte Partei immer wieder erklärt hätte, warum sie verhindern wollte, dass Großunternehmen weiterhin die Kosten ihres Personalabbaus auf die Arbeitslosenversicherung abwälzen können. Wenn die SPD auch einmal gesagt hätte, dass sie über den von der Agenda zumindest beschleunigten Rückgang der Arbeitslosigkeit sehr erfreut und auch auf die finanzielle Sicherung der Sozialkassen recht stolz ist. Aber das alles hätte politische Nüchternheit verlangt, Sacharbeit, Differenzierung und Diskurs. Da scheint es verlockender, die Zwänge knapper Kassen im Dom am Gendarmenmarkt als Beginn eines Goldenen Zeitalters anzupreisen. Oder aber die Augen vor den Härten des Wettbewerbs und der Finanzierung von Sozialleistungen zu schließen und von einer schöneren Vergangenheit zu träumen, auch wenn man selbst dem Sündenfall im Parteivorstand, in der Fraktion oder auf der Delegiertenkonferenz zugestimmt hat. Aber das waren ja ganz andere Zeiten, damals unter Schröder.

Erst die Traditionalisten und dann die Modernisierer in der Wählerschaft zu verprellen ist eine ziemliche Leistung. Aber es gibt noch eine Steigerung. Das ist die Erzählung, man habe anno 2017 die soziale Frage als Thema, die soziale Gerechtigkeit als Aufgabe entdeckt. Großer Jubel: »Wir haben eine Entdeckung gemacht! Die hätten wir uns selber kaum zugetraut!« Was heißt denn das für die 153 Jahre vorher, die die Partei schon auf dem Buckel hat? Wäre es nicht schlauer, eindringlicher und glaubwürdiger gewesen, erst einmal Konzepte für eine Bodenreform, für eine Finanztransaktionssteuer und gegen Steuerschlupflöcher vorzulegen und auch politisch anzupacken, um damit zu beweisen, dass man die sprunghaft gewachsenen Ungerechtigkeiten bereits bekämpft und auch tatsächlich abbauen kann? Kommt Zeit, kommt Rat, werden wir getröstet. Dafür wiederum sind 153 Jahre schon eine verdammt lange Vorlaufzeit.

Kapitel 6

Parlament und Parteien auf der Flucht vor Politik

Das Desinteresse an Politik, das im Jahr 2016 zu erschütternden Rekordwerten bei der Wahlenthaltung geführt hat, verdankt sich nicht nur der »asymmetrischen Demobilisierung« sowie der Selbstdemontage der Sozialdemokratie. Über viele Jahre hinweg drängte sich geradezu der Eindruck auf, dass sich das Parlament und die dort vertretenen Parteien auf die Flucht vor der Politik und ihren heißen Themen wie Krieg und Frieden, Flüchtlinge, Euro-Krise, und so weiter und so fort, begeben haben. Das klingt widersinnig und ist es auch in hohem Maße. Natürlich wird im Parlament tagtäglich Politik gemacht, nachzulesen in unzähligen Anträgen, Gutachten und Entwürfen sowie endlosen Protokollen. Unentwegt tagen Ausschüsse und Unterausschüsse, vorberatende Fraktionen und Arbeitskreise. Den meisten Akteuren verlangt das eine strapaziöse 60-, 70- oder 80-Stunden-Woche ab, Politik rund um die Uhr, Politik auch am Wochenende. Das ist sicherlich, neben der schlechten Presse, auch die Hauptursache dafür, dass sich so wenige Menschen um ein Mandat reißen; die Arbeit ist einfach zu viel. Aber es klingt halt besser, wenn man als kritischer Kopf die Politikverweigerung mit ethischen Ansprüchen, intellektueller Überlegenheit oder tugendhafter Ablehnung angeblich gigantischer Privilegien begründet.

Es stimmt schon: Politische Arbeit wird unermüdlich geleistet, doch bei all dieser beschwerlichen Betriebsamkeit kommt mehr Quantität (der »Papiere«, der Beschlüsse und Vorlagen und Protokolle) als Qualität heraus. Wann wird denn der Deutsche Bundestag seiner Aufgabe gerecht, Alternativen herauszuarbeiten für Richtungsentscheidungen in zentralen Politikfeldern, die das Wahlvolk treffen darf und treffen soll? Spricht es nicht Bände, dass die ersten Ideen für die künftige Politik exakt dann veröffentlicht werden sollen, wenn der Bundestag nicht mehr zusammentritt? Also keine Debatte über Zukunftsfragen im Parlament, nur auf Werbemitteln und vor eigenen Anhängern?

Ich erinnere mich noch an die Rundfunkübertragung der großen Bundestagsdebatte über die Wiederbewaffnung. Die ganze Familie hatte sich ums Radio versammelt, ich saß als kleiner Dreikäsehoch dabei. An die Reden von Konrad Adenauer und Erich Ollenhauer kann ich mich noch erinnern, genauso wie später – ich war schon Student – an manchen Schlagabtausch zwischen Franz Josef Strauß und Willy Brandt über die Ostverträge. Aber es musste gar kein Politgefecht geboten werden; bewegend und Respekt einflößend waren auch die von den Fraktionen ohne jeden Zwang ermöglichten Grundsatzdebatten über den Paragrafen 218 und über die Hauptstadtfrage »Bonn oder Berlin?«. Sternstunden des Parlaments. Man konnte sich nicht nur auf einer Seite verstanden fühlen, sondern auch über die andere Seite entrüsten. Und es musste nicht einmal kontrovers zugehen, um nachhaltigen Eindruck zu machen. Die Antrittsrede von Willy Brandt als Bundeskanzler begleitet uns mit vielen Programmpunkten heute noch, ebenso wie die Gedenkrede von Bundespräsident Richard von Weizsäcker im Bundestag zum 40. Jahrestag des Endes des Zweiten Weltkriegs. Das Parlament war die Bühne der Nation.

Das weichgespülte Parlament

Es fällt trotz aller Reformversuche, die schon zur Vitalisierung des Bundestags und vor allem seiner Plenardebatten unternommen wurden, einfach schwer, den Debatten mit Interesse zu folgen, auf Gedanken zu hoffen, die man so noch nicht gehört hat und sich noch einmal durch den Kopf gehen lassen möchte. Dabei ist es nicht einmal das größte Problem, dass alle politischen Parteien ihr letztes Pulver schon in einer Serie von Talkshows verschossen haben, sodass sie für den Bundestag weder neue Argumente parat haben noch interessierte Zuhörer finden, was man den abwesenden Parlamentariern übrigens wirklich nicht ernsthaft zum Vorwurf machen kann. Sie haben das alles ja nicht nur in der Fraktion, im Arbeitskreis und im Ausschuss gehört, sondern auch schon bei Anne Will, Sandra Maischberger, Frank Plasberg oder Markus Lanz und all den anderen. Viel schlimmer ist, dass das Parlament nicht nur hinter anderen, schnelleren Medien her trottet, sondern dass es selber gar nicht mehr daran interessiert scheint, seine Rechte zu verteidigen, der Austragungsort politischer Kontroversen zu sein und Alternativen aufzuzeigen.

Mein politischer Rivale auf Lebenszeit Peter Gauweiler, mit dem ich zuletzt immerhin gemeinsam fünf Bücher über politische Streitthemen verfasst habe, ist mir bei der Analyse leider zuvorgekommen: Die Welt gerät aus den Fugen – Auslandseinsätze der Bundeswehr sind ebenso fragwürdig wie umstritten, das Gleiche gilt für die Bankenrettung mit Steuermilliarden, die möglicherweise endlosen europäischen Hilfen für Griechenland, die Migrationsproblematik, das Auseinanderfallen der EU –, aber die Spitzen des Parlaments sind erkennbar vor allem bemüht, die Themen, die jederzeit Zerreißproben werden könnten, im Parlament möglichst gar nicht oder allenfalls nebenbei zu behandeln. Sie wollen keinerlei Risiko durch eine offene Aussprache oder gar eine offene Abstimmung eingehen – nicht für die Handlungsfähigkeit der Regierung, nicht für die Geschlossenheit der eigenen Fraktion, nicht für die erforderliche Mehrheit in der Sachfrage.

Als Gauweiler dies diagnostizierte, gab es die momentane Große Koalition noch gar nicht. Vielmehr regierte Schwarz-Gelb. Man konnte also nicht die Ausrede vorbringen, dass eine Große Koalition immer einen Ausnahmezustand bedeute, mit übermächtigem Regierungslager und winziger Opposition und wachsenden Rändern. Nein, »eigentlich« gab es von 2009 bis 2013 knappe und somit spannende Mehrheitsverhältnisse. Aber SPD und Grüne wollten Auslandseinsätze nicht grundsätzlich kritisieren, mit denen sie unter Schröder selber angefangen hatten. Bei der Euro-Rettung war die Opposition sogar spendierfreudiger als der knausrige Bundesfinanzminister, was keine prinzipielle Auseinandersetzung erlaubte. Dass die deutschen Linken in Griechenland noch mehr Hilfe versprachen und gleichzeitig in Deutschland den Steuerzahlern geringere Zahlungspflichten in Aussicht stellten, trug auch nicht zum Ansehen der Parlamentsdebatte bei. Als es um unzählige Milliarden ging, machte sich das Parlament einvernehmlich aus dem Staub. Einige wenige Abgeordnete, neben Gauweiler auch die frühere SPD-Bundesjustizministerin Herta Däubler-Gmelin und Gregor Gysi von den Linken, mussten Klage vor dem Verfassungsgericht erheben, um wenigstens einige Rechte der Mitglieder des Bundestags zu wahren! Bereits im März 2012 fragte Gauweiler, warum die Parteien im nächsten Jahr wieder um »die Macht« zu kämpfen beabsichtigten, obwohl sie doch »die Macht, die sie bereits hatten, gar nicht ausüben wollten«.

So war es schon vor der neuerlichen Großen Koalition so weit gekommen, dass wir bei keinem dieser Themen eine Sternstunde des Parlaments erlebten, sondern nur Aufbegehren auf der Straße. Und das natürlich ohne jede sachliche Information, ohne Austausch von Argumenten, ohne Abwägung von Vor- und Nachteilen, ohne Bezug zu internationalen Verträgen und Verpflichtungen, zu humanitären Geboten oder ökonomischen Gesetzen, ohne Hinweis auf Risiken und Nebenwirkungen einer anderen als der geplanten Vorgehensweise, ohne Ordnungsruf bei geschmacklosen Entgleisungen und rüpelhaftem Auftreten, ohne jede demokratisch legitimierte Mehrheitsfindung.

Ein Parlament, das auf all dies verzichtet, um nicht in schwieriges Fahrwasser zu geraten, lebt nicht nur eine erschreckend geringe Selbstachtung vor, sondern verzichtet auch auf jeden Beitrag zur politischen Bildung. Dabei sind in Deutschland durch ein lebendiges und kontrovers diskutierendes Parlament bereits die Demokratie selbst, die Westbindung, die Aussöhnung mit dem Osten und viele ökologische Einsichten vermittelt worden!

Merke: Mit dem beliebten »Antrag auf Nichtbefassung« kann man allenfalls die eigene Tagesordnung, aber nicht die Diskussion im Land beherrschen! Die bittere Wahrheit scheint mir zu sein, dass der Bundestag vollkommen unabhängig von der jeweiligen Mehrheitskonstellation – Rot-Grün oder Schwarz-Gelb oder GroKo – seinen Frieden mit seinem Funktionsverlust gemacht hat, der nicht durch die Rechtslage, sondern durch eigene Lustlosigkeit und professionelles Krisenmanagement bedingt ist. Es hätte durchaus schon unter Rot-Grün und später unter Schwarz-Gelb viele sogar hoch angesehene Mitglieder des Bundestags gegeben, die Kritik am Handeln der Regierung hätten vortragen können: bei den Bundeswehreinsätzen erst im Kosovo und dann in Afghanistan, bei der Bankenrettung und den Hilfsprogrammen für Griechenland. Allein das Krisenmanagement im Parlament war wichtiger als die Wahrnehmung seiner Rolle bei der Willensbildung der deutschen Politik. Diese »Politikenthaltsamkeit« wurde in Zeiten der GroKo nicht erfunden, sondern fortgesetzt und ausgeweitet: beim Umgang mit Russland und der Ukraine, mit der Zukunft von Euro und Europa, vor allem aber beim Flüchtlingsthema.

Es tut mir in der Seele weh, dass die gesamte demokratische Linke in Deutschland viele soziale Fragen – auch beim Euro- und beim Flüchtlingsthema – genauso »übersehen« hat wie die Linke in Großbritannien vor dem Brexit und die Demokraten vor den US-Präsidentschaftswahlen.

Was im Bundestag in Jahren versäumt worden ist, wird sich nicht in Wochen ausbügeln lassen. Nötig wäre es, das Parlament wieder zum zentralen Ort politischer Debatten und Kontroversen zu machen, an dem Alternativen deutlich werden. Das ist grundsätzlich unter einer Großen Koalition genauso möglich wie bei hauchdünnen Mehrheitsverhältnissen. Bei einer Großen Koalition mit überwältigender Mehrheit könnte man sogar viel großzügiger sein, abweichende Meinungen zu Wort kommen zu lassen, weil dies die zur Regierungsfähigkeit notwendige Mehrheit gar nicht gefährdet. Warum dürfen bewährte Parlamentarier nicht sagen, dass sie die Bankenrettung, die Griechenlandhilfe, die Einkreisung Russlands durch EU und NATO oder »offene Grenzen«, die weder im Grundgesetz noch in den europäischen Verträgen vorgesehen sind, für äußerst bedenklich halten, und mit ihrer Stimme ablehnen? Das würde nicht nur das Parlament interessanter machen, sondern auch die Regierungskritiker zwingen, Alternativen darzulegen und zu verteidigen, was ihnen jetzt als »unterdrückte parlamentarische Dissidenten« erspart bleibt – wie den Wutbürgern auf der Straße. APO reloaded.

Bis jetzt steht nur fest, dass der Bundestag dank vieler Überhangmandate im September 2017 noch größer wird, wahrscheinlich das größte Parlament der deutschen Geschichte. Teurer wird er also auf jeden Fall. Ob er aber besser wird und seine zentrale Aufgabe künftig wieder wahrnehmen kann, hängt allein von seinem Selbstverständnis ab und von der Zivilcourage, dies gegen die (durchaus verständlichen) Herrschaftsinteressen der Fraktionsspitzen durchzusetzen. Vielleicht gibt es dann sogar wieder Sternstunden des Parlaments!

Sollte das aber nicht eintreten, wie man befürchten muss, dann wird das Wasser auf die Mühlen der Politik- und Demokratieverdrossenen sein. Ausgerechnet jene würden Auftrieb erhalten, zu deren Bekämpfung unentwegt und pathetisch aufgefordert wird.

Die kleinen Fluchten der großen Parteien

Nicht nur die Abgeordneten, auch die Mitglieder an der Basis der politischen Parteien haben in den letzten Jahren die Flucht aus der Politik angetreten und damit viele Felder anderen überlassen. Dabei möchte ich um Himmels willen nicht das modische Gerede von der Politikverdrossenheit nachplappern, das für ehrenamtliches Engagement an der Parteibasis nur Hohn und Spott übrig hat. Ich will auch nicht den üblichen Verdacht äußern, auch dort unten an der Basis wolle man sich gar nicht dem Gemeinwohl widmen, sondern wie »da droben« die Taschen vollstopfen oder Privilegien ergattern, was angesichts der spartanischen Bedingungen in Ortsvereinen und Kreisverbänden, in Gemeinderäten und Kreistagen eine weltfremde Unverschämtheit ist. Nein, ich finde dieses Engagement wichtig und richtig, anerkennenswert und verdienstvoll, weil es überhaupt erst die Grundlagen dafür schafft, dass es im eigenen Ort, im eigenen Landkreis, im eigenen Stadtteil demokratisch zugehen kann. Aber die Frage stellt sich schon, ob es im Ortsverein immer öfter nur noch um Vereinsmeierei und eigene Befindlichkeiten geht oder tatsächlich um Politik, was man bei »politischen Parteien« ja erwarten darf.

Da gab es in allen Parteien schon bessere Zeiten. Aufbruchsstimmung mal auf der einen, mal auf der anderen Seite, im Glücksfall auf beiden. Mitgliederzahlen, von denen man heute – auch nach dem Schulz-Hype der SPD – nicht einmal zu träumen wagt. Kurz gesagt: doppelt so viele wie heute. Und die Teilnahme am Versammlungsleben war verglichen mit heute gewaltig. Weil es halt auch um wirklich relevante politische Themen ging. All dies gehört der Vergangenheit an wie auch die Bedeutung der Printmedien oder der regelmäßige Besuch von Gottesdiensten oder die großartigen Mitgliederzahlen der Gewerkschaften, über die man heute nicht mehr so gerne spricht. Aber so unpolitisch wie in den letzten Jahren hätte es drunten an der Basis aller politischen Parteien nicht zugehen müssen. Da wurde Politikverdrossenheit nicht mehr gekontert, sondern kultiviert.

Natürlich ist dies regional unterschiedlich, und deshalb sollte man sich vor unzulässigen Verallgemeinerungen hüten. Den lebendigen und konstruktiven Ortsvereinen aller demokratischen Parteien möchte ich hier ein Kompliment machen, insbesondere der Handvoll Mitglieder, die dies meist uneigennützig auf die Beine stellt. Aber schauen Sie sich doch einmal im eigenen Ort oder im eigenen Stadtviertel um: Welche der großen Themen, die die Bevölkerung beunruhigen, erschrecken und durchschütteln, wurden in den für Sie zuständigen Ortsvereinen schon behandelt? Möglichst mit kontroversen Meinungen? Und sachkundigen Zeitgenossen? Bitte schreiben Sie mir, wenn Sie von einem solchen Versammlungsleben berichten können. Das würde mich unglaublich aufbauen! Ich fürchte aber, dass es sehr häufig Fehlanzeigen geben wird. Viele Repräsentanten des gesamten demokratischen Spektrums haben mir diese Einschätzung jedenfalls unter dem Siegel der Verschwiegenheit bestätigt.

Die Piraten sind so schnell untergegangen, wie sie vor wenigen Jahren aufgetaucht waren. Die Grünen sind mehr Altpartei als Protestbewegung und trauern in aller Stille den Zeiten nach, als die Konkurrenz noch für Atomkraft war. Die Linken wiederum erschrecken darüber, wo sich Protestwähler und Wutbürger mittlerweile lieber artikulieren als bei ihnen. Die SPD bereitet sich unverdrossen viele Monate auf ihre Kinder-, Straßen- und Sommerfeste vor und freut sich auf das Bad in der Menge, die häufig doch nicht kommt. Die CSU lädt zum Schafkopfrennen ein, weil man da von keinem gefragt wird, wie man die Bundeskanzlerin gleichzeitig stürzen und stützen will. Es ist ja wirklich viel gemütlicher ohne Politik. Aber bleibt es auch gemütlich, wenn man zwar sehr gesellig und stimmungsvoll unter sich bleibt, aber gleichzeitig Politik von ganz anderen anderswo gemacht wird?

Dabei hat es Straßenfeste und Schafkopfrennen immer schon gegeben, aber halt zur Anbahnung von Kontakten, die später zumindest im Glücksfall zum politischen Gespräch führten. Heute hingegen sind Fest und Kartenspiel häufig Inhalt genug. Obendrein gibt es gerade an der Basis eine andere Form, sich angeblich politisch zu betätigen und dabei den großen Herausforderungen, den quälenden Fragen und komplexen Sachverhalten der Gegenwart aus dem Weg zu gehen.

»Global denken, lokal handeln!«
Oder: Örtliche Nabelschau statt Rundblick

Es ist die örtliche Nabelschau als Politikersatz, die mir Sorgen macht. Die Entdeckung der Themen vor Ort war anfangs ganz anders gemeint und zunächst durchaus ein Gewinn – mit einem bewundernswerten theoretischen Überbau. Sie artete dann aber häufig in Selbstbeschäftigung und Beliebigkeit aus. Die Parteibasis wollte der Nachbarschaft zeigen, dass sie ihre Probleme kennt, aufgreift und löst. Bürgernähe als Programm und bald auch Markenkern. Die Parteibasis war plötzlich keine Hinterzimmerveranstaltung mehr, sondern tatsächlich aus Bürgersicht zu etwas nütze. Eine neue Tempo-30-Zone, eine zusätzliche Bushaltestelle, weitere Sammelstellen für Mülltrennung, eine soziokulturelle Nutzung einer alten Halle oder einer verfallenden Villa. Das war wirklich bürgernah, konstruktiv und nützlich, brachte Sympathie und Vertrauen. Aber für wen gleich wieder? Sind da nicht alle dafür? Und ist überhaupt jemand dagegen? Geht es nur noch um Fleißarbeit, die den Sachbearbeitern der Stadtverwaltung ehrenamtlich abgenommen wird?

Der theoretische Überbau heißt imposant: »Global denken, lokal handeln!« Das ist schon ein gigantischer Anspruch! Im eigenen Kiez die Probleme der Welt lösen. Den Klimawandel zum Beispiel, um nur ein Problem zu nennen. Aber erschließt sich dieser Anspruch auch dem Publikum, wenn der Verkehr im Viertel jetzt mit Tempo 30 statt 50 fließt?

Es ist ja wahr: Vieles, was man »da droben« vertritt, kann und muss man auch vor Ort praktizieren: Hilfsbereitschaft Flüchtlingen gegenüber, umweltfreundlichere Verkehrsangebote, Ausbau sozialer und kultureller Angebote, Unterbindung jedes braunen Spuks – so etwas zu schaffen ist erlebbare Politik vor Ort. Aber wenn das örtliche Klein-Klein sämtliche Kräfte bindet, jahrein, jahraus, sodass keine Zeit und keine Kraft mehr bleibt für all die Themen, die fast jeden Bürger beinahe täglich bei den Abendnachrichten schütteln oder vor den Kopf stoßen, dann darf man sich nicht wundern, dass die Verdienste vor Ort keiner politischen Idee, keiner Partei und keiner Richtung mehr gutgeschrieben werden.

Der strapaziösen Vermittlungsarbeit, wie die bedrückenden politischen Themen zu sehen, zu verstehen und zu lösen sind, kann man sich durch den Rückzug ins Schneckenhaus jedenfalls nicht entziehen. Wir haben 2016 auch gelernt, wer in ein solches Aufklärungs- und Deutungsvakuum nachstößt. Und ich jedenfalls möchte das nicht als Dauerphänomen erleben, das sich womöglich noch verschärft.

Die Zukunft ist auch nicht mehr das, was sie einmal war

Zu Recht wird den Rechten aller Länder vorgehalten, dass sie keine Lösungen für die Zukunft haben, sondern nur einen nostalgischen Blick zurück anbieten können: auf die goldenen Zeiten, die zwar so nie existierten, aber angeblich besser waren, weil damals Amerika noch groß war, ohne Einwanderer (!) und Importe (!), weil Großbritannien damals noch ein Empire (!) hatte und nicht von Brüssel geknebelt wurde, weil Deutsche noch stolz sein durften (wann war das noch mal genau?), Frauen noch folgsam waren und Grenzen schwer zu überwinden. Diese Verliebtheit in die Vergangenheit bei den Anhängern von Trump, Brexit und AfD (inklusive aller Geschichtsklitterung, die diese Nostalgie erst ermöglicht) ist allgemein bekannt und braucht nicht bewiesen zu werden. Diese Bewegungen sind die »No-Future«-Punks unserer Zeit. Kein Wunder, dass ihnen nichts zur Zukunft einfällt, wo sie schon die Vergangenheit nicht begriffen haben und die komplexe Gegenwart erst recht nicht verstehen.

Viel beunruhigender finde ich, dass das Verhältnis der demokratischen Linken zur Zukunft auch schon mal besser war. Man hat sie nicht mehr im Herzen und nimmt sie kaum noch in den Mund. Die Partei »Die Linke« arbeitet sich lieber noch eine Ewigkeit an der Vergangenheit der SPD ab, um die eigene SED-Geschichte besser verdrängen zu können. Die Grünen wissen nicht einmal, ob sie als Mehrheitsbeschaffer der Union überhaupt noch von einer gerechteren Gesellschaft träumen dürfen. Ihnen ist, da alles und längst jeder »nachhaltig« und »ökologisch« ist, der Markenkern abhandengekommen, sodass sie sich nach Zeiten sehnen müssten, in denen der Himmel über der Ruhr noch nicht blau war und Windräder noch nicht Tausende von Tieren geschreddert und die Landschaft »verspargelt« haben. Und die SPD im Schulz-Taumel beschwört Zukunftsvisionen des 19. Jahrhunderts.

Dieser nachlässige Umgang mit der Zukunft hat sicher mit der zunehmenden Unsicherheit zu tun, welche politischen Katastrophen als Nächstes einen Strich durch alle Rechnungen machen werden, und mit der Ungewissheit, unter welchen Bedingungen in den kommenden Legislaturperioden Handels- und Wirtschafts- und Finanzpolitik gemacht werden muss; welche Sozialpolitik dann noch finanziert werden kann; was Umweltschutz hier überhaupt noch bewirkt, wenn er andernorts dramatisch abgebaut wird; wie man Europa stärken kann, wenn die Mehrheit der Mitglieder das gar nicht will; wie Friedenssicherung überhaupt noch möglich ist, wenn immer mehr Mächte Konflikte hemmungslos anheizen. Je genauer man die gegenwärtigen Prozesse beobachtet, desto ratloser wird man.

Diese Ratlosigkeit wird sich aber nur überwinden lassen, wenn man die Krise der bisherigen Patentrezepte einräumt und an neuen, realistischen Konzepten für die Bewältigung der Aufgaben arbeitet, unter Benennung aller Risiken, die man nicht selbst in der Hand hat. Es wird nicht genügen, mit dem Amtsbonus zu wuchern oder sich an der eigenen Geschlossenheit zu berauschen. Merke: Jeder Regierungschef, der bisher abgewählt wurde, hatte auch einen Amtsbonus – und »geschlossene Gesellschaft« war für Parteien noch nie ein Kompliment!

Kapitel 7

»Ich bin der Bürger«, »Wir sind das Volk«

Noch nie in der bundesrepublikanischen Geschichte gab es so viel Bürgerinformationen, Bürgerversammlungen, Bürgerbeteiligung, Bürgerrechte und Bürgerentscheide wie heute. Viele dieser Instrumente wurden erst in den letzten Jahren eingeführt oder wesentlich ausgebaut. Und gleichzeitig stellen wir fest, dass noch nie in der bundesrepublikanischen Geschichte die Ohnmachtsgefühle der Wählerschaft und die Unzufriedenheit über »die da oben« so groß waren wie heute. Noch nie war der Verdacht so ausgeprägt, dass die Gewählten eh nur machen, was sie wollen, und dabei niemals die Interessen des Volkes im Auge haben.

Gleichwohl wollen viele politische Kräfte unverdrossen – vor allem wenn sie gerade nicht in der Regierung sind, sondern auf harten Oppositionsbänken sitzen und notgedrungen über die Verbesserung der Welt nachdenken müssen – immer mehr Partizipationsmodelle ersinnen und Informationsansprüche mit »Informationsfreiheitssatzungen« durchsetzen. Sie tun das in der frommen Hoffnung, dass die Bürger, wenn sie immer öfter zu Workshops mit winzigsten Teilnehmerzahlen eingeladen werden, sich mit der demokratischen Willensbildung wieder identifizieren und zum Dank auch wieder wählen gehen. Da ist der Wunsch der Vater des Gedankens, denn die bundesdeutsche Wirklichkeit sieht anders aus.

Es ist offensichtlich nicht so, dass jede ledige Mutter im Stress der Mehrfachbelastung, jeder Handwerker mit 60-Stunden-Woche, jeder Student mit Prüfungsangst und jeder Rentner mit Erschöpfungsgefühlen sowie sämtliche Arbeitnehmer und Freiberufler des Landes davon träumen, ihre geringe oder schon verschwundene Freizeit bei Workshops über alternative Buslinien oder die soziokulturelle Nutzung einer leer stehenden Fabrikhalle zu verbringen. Es ist nicht einmal so, dass Bürger mit Entscheidungen immer zufrieden sind, nur weil sie von Bürgern beschlossen wurden. Oder haben Sie schon erlebt, dass Kettenraucher das per Volksentscheid beschlossene Rauchverbot als Sieg der Demokratie preisen? Weit gefehlt, diese »Fehlentscheidung« ist nur damit zu erklären, dass verbotssüchtige Nichtraucher aus lauter Lust an der Bevormundung hemmungslos zur Abstimmung eilten, während alle ach so liberalen Raucher lieber zu Hause blieben. Das habe ich mir allen Ernstes Hunderte Male nach dem bayerischen Volksentscheid anhören müssen. Und in Baden-Württemberg verdammen ausgerechnet diejenigen, die unbedingt das Volk anstelle der Bahn, der kommunalen Parlamente und des Landtags über Stuttgart 21 abstimmen lassen wollten, das Ergebnis des Volksentscheids, weil doch tatsächlich Stuttgart 21 befürwortet wurde. Also muss der Entscheid in der Sache falsch gewesen sein, oder die Fragestellung wurde geistig nicht richtig erfasst, oder man hätte nur Bürger befragen dürfen, die unter dem Bauwerk leiden und nicht von den Bahnverbindungen profitieren.

Die »wahren« Bürger, die sich vom Volk nicht einfach bevormunden oder überstimmen lassen, weil sie allein die Wahrheit erkannt haben und das Volk besser als das Volk vertreten können, demonstrieren heute noch (!) Montag für Montag gegen den »falschen« Volksentscheid, der ja nur irrtümlich zugunsten des Planungsirrsinns und der Behördenwillkür ausging. Die Sache mit der

Demokratie, die durch Bürgerbeteiligung aus ihrer Krise herauskommen soll, ist also in der Praxis wohl etwas komplizierter als in der Theorie.

Immer mehr Bürgern erscheint es viel attraktiver, sich selbst – auch wenn man noch so absonderliche Auffassungen hat – zum idealtypischen Bürger schlechthin zu erklären und gemeinsam mit Gleichgesinnten auszurufen: »Wir sind das Volk.« Dann kann man nämlich, ohne auch noch andere Menschen fragen zu müssen, was ausgesprochen lästig und beschwerlich ist, im Namen der Bürgerschaft oder gleich des gesamten Volkes sein Urteil fällen und alle Entscheidungen verdammen, die eine Mehrheit demokratisch gewählter Repräsentanten getroffen hat oder sogar die Mehrheit des Wahlvolks bei einem Bürger- oder Volksentscheid. Mehr noch: Man kann auf diesem faszinierend kurzen Weg zur Deutungshoheit alle Entscheidungen verdammen, was ansonsten ja erst einmal Erkenntnisse über Entscheidungsmöglichkeiten verlangen würde. Wenn ich, ein einzelner Bürger, mich für den idealtypischen Bürger schlechthin halte und mit einigen Gleichgesinnten »das Volk« darstellen will, reicht diese Unzufriedenheit, um mit der Wirklichkeit, die wir nicht verstehen oder akzeptieren oder schlicht nicht mögen, die Demokratie zu delegitimieren. Dafür braucht es dann keine abstimmungsfähigen Gegenentwürfe mehr, die man bei Bürger- oder Volksentscheiden einbringen könnte und müsste. Dieses »Bauchgefühl« ist kein Antrag, sondern ein Urteil. Und was folgt in diesem politischen Selbstverständnis diesem Votum? Keine überflüssige Beweisaufnahme und schon gar keine gegensätzlichen Plädoyers mehr, sondern nur noch die Vollstreckung. Also Vorsicht mit solchen Machtansprüchen, die anfangs nur als semantische Unkorrektheit daherkommen. Die Umdeutung der Begriffe ist Programm, wenn sich ein Bürger als »der« Bürger ausgibt und eine Gruppe als »das Volk«.

In fremdem Namen,
aber stets ohne Vollmacht

Anfangs war es mir recht bürokratisch und geistlos erschienen, dass jedes meiner Schreiben als Rechtsanwalt immer wieder mit demselben Einleitungssatz begann, wonach ich »unter Vollmachtsvorlage anzeige, Herrn X oder Frau Y in der oben bezeichneten Angelegenheit anwaltschaftlich zu vertreten«. Erst später im Bürgermeisteramt habe ich gelernt, wie großartig diese Erfordernis ist: die Vollmachtsvorlage. Sie musste nämlich tatsächlich unterschrieben sein von der Person oder all den Leuten, die ich vertreten wollte. Denn von denen hatte ich den entsprechenden Auftrag erhalten. In der Politik ist das ganz anders. Da kann jeder linke Student behaupten, im Namen der Arbeiterklasse zu sprechen, auch wenn er keinen einzigen Arbeiter persönlich kennt oder je einen nach seiner Meinung gefragt hat. Da können empörte Rentner im Namen aller Bürger ihres Viertels sprechen und Maßnahmen gegen den Lärm verlangen, den ebendiese Bürger abends erzeugen. Da fordern einige Villenbesitzer im Namen aller lärmgeplagten Menschen der Stadt, den Durchgangsverkehr in die Parallelstraße zu verlegen, obwohl in den dortigen Mietshäusern vielleicht dreimal so viele Menschen leben. Und da verlangen die Nachbarn eines Bahnhofs im Namen des Volkes, auf dessen Ausbau zu verzichten, auch wenn dies schon seit Jahren von Zehntausenden Bahnkunden sehnlichst erwartet wird. Vollmachtsvorlage? Fehlanzeige! Jeder kann in Wahlreden, aber auch in Leserbriefen, bei Bürgerprotesten und Shitstorms jeden vertreten und sich auf diese gewaltige demokratische Legitimation stützen, ohne jemals einen davon gefragt zu haben. Warum sind wir da nicht misstrauischer? Es muss ja nicht gleich eine schriftliche Vollmachtsvorlage sein, aber es sollte doch zumindest plausibel gemacht werden, wessen Interessen hier konkret vertreten werden und wie die in Anspruch genommenen Interessenten an der Meinungsbildung beteiligt worden sind.

Wie wird man ein Bürger?

Kurioserweise hat sich unser aller Schulunterricht intensiv mit der Frage befasst, wie man Bundespräsident wird, aber nie wurde geklärt, wie man ein Bürger wird. Das ist nämlich eine noch viel schwierigere Frage. Glauben Sie bitte nicht, dass man mit dem Erwerb der Geschäftsfähigkeit oder der staatsbürgerlichen Rechte schon ein Bürger wird, der sich auch darauf berufen dürfte, jetzt als Bürger aufzutreten und zu sprechen. Nein, über dieses Recht entscheiden geheimnisvolle Kräfte. Beispielsweise Zeitungsredaktionen. Wenn sich zwei Nachbarn über das abendliche Gelächter auf einer Freischankfläche beschweren, heißt es in der Lokalpresse, es gebe heftigen »Bürgerprotest«. Aber niemand käme auf die Idee, die lachenden Lokalbesucher als »Bürger« zu bezeichnen. Merke: Der Bürger lacht nie, sondern gehört eher zu den Verdrossenen im Lande. Er macht auch nie Lärm, denn diese Einschätzung wäre ja geradezu bürgerfeindlich und damit auflagenschädlich. Nein, der Bürger ist immer der Leidende und niemals die Ursache von Problemen. Nehmen Sie eine Durchgangsstraße mit großem Verkehrsaufkommen: Die Tausende Autofahrer, die hier mit überhöhter Geschwindigkeit durchbrausen, sind niemals »Bürger«, sondern eine anonyme Größe, eben »der Autofahrer«. Die drei Dutzend Anwohner hingegen, die sich verständlicherweise gestört fühlen, haben damit schon das Bürgerrecht erworben. Ich habe in meinen ersten Bürgermeisterjahren viele

Kartons mit entsprechenden Zeitungsbelegen gefüllt. Selbst wenn ein Bürgerfest zu viel Krach macht oder Müll hinterlässt, werden nur die empörten Kritiker und niemals die Verursacher als »Bürger« bezeichnet, auch wenn sie sich unter diesem Begriff versammelt haben. Bürger ist, wer Anstoß nimmt, niemals einer, der selber Stein des Anstoßes ist. Die Teilnehmer eines Open-Air-Konzertes mögen Zehntausende sein – Bürger sind sie nicht. Das ist den vier Leserbriefschreibern vorbehalten, die zwei Tage später in der Zeitung dokumentieren, dass sie von ihrem Balkon aus sogar verschiedene Songs erkennen konnten. Politiker verhalten sich übrigens nicht anders als Zeitungsredaktionen und Rundfunksender: Wer ihnen eine Beschwerde zuschickt, ist ein Bürger. Die Bevölkerungsgruppen, gegen die jetzt schärfer vorgegangen werden soll, sind es nicht.

Sind diese Spitzfindigkeiten überhaupt von politischem Interesse? Ich denke schon. Denn bereits durch die Wortwahl erklären wir einzelne Personen, deren Anliegen wir aufgreifen wollen, für bedeutsam – die jeweils anderen, die wir in anonyme Töpfe wie »der Autoverkehr«, »die Bahn«, »das Konzert« oder »das Fest« werfen, hingegen für irrelevant. Und wir verdrängen, dass bei jedem Konflikt auf beiden Seiten Bürger stehen, sodass wir es in Wahrheit mit Interessenkonflikten in der Bürgerschaft zu tun haben und nicht mit dem Kampf der Guten gegen das Böse. Schlimmer ist, dass wir den Begriff des »Bürgers« damit manipulieren. Deshalb dürfen wir uns nicht wundern, wenn es andere dann auch tun. Beispielsweise die »besorgten Bürger«, die oft nur besonders aggressive Ressentiments pflegen, aber dies als selbst ernannte »Sprecher der Bürgerschaft« tun wollen.

Wenn uns die Bürgerrechte wirklich wichtig sind, sollten wir aufhören, mit dem Begriff des »Bürgers« derart manipulativ umzugehen. Alle sind Bürger – und sollten entsprechend ernst genommen werden. Niemandem steht zu, die Bürgerschaft nach seinem eigenen Gusto in einen relevanten und einen irrelevanten Teil zu spalten. Und niemand kann im Namen der Mehrheit der Bürgerschaft sprechen, ohne zumindest überzeugende Argumente für diese Legitimation zu liefern.

»Wir sind das Volk!« Aber wer sind »wir«?

Noch mehr Missbrauch wurde in den letzten Jahren mit der Parole »Wir sind das Volk« getrieben. Was in einer wankenden Diktatur eine notwendige Klarstellung, ein mutiger Anspruch mit befreiender Wirkung war, ist in einer Demokratie mit freien und gleichen Wahlen nur eine lächerliche Anmaßung. Als die Bürgerrechtler in der Schlussphase der DDR den Sprechchor »Wir sind das Volk« anstimmten, haben sie deutlich gemacht, dass das Regime der Unfreiheit, gegen das sich immer mehr Menschen auflehnten, zu Unrecht als Volksvertretung darstellte, dass die Bezeichnung »Volkskammer« glatter Hohn war und der Titel »Volkseigener Betrieb« vollkommen an der Realität vorbeiging. Das gab dem Kampfruf eine aufklärerische Kraft. Und mutig war dieser Sprachchor, weil er unter Gefahr für Leib und Leben der Demonstranten gegen ein Regime der Unterdrückung ankämpfte. Befreiend wirkte er, weil immer mehr längst resignierte Menschen in der DDR erkannten, wie hohl der Anspruch der Volksvertretung und wie kraftvoll der Bürgerprotest war – mit dem Ziel, dem Volk Selbstbestimmung zu ermöglichen, wie man sie aus demokratischen Ländern kannte.

Wenn heute militante Pegida-Gruppen in Leipzig und anderswo in diese Rolle schlüpfen wollen, als würden sie mutig gegen ein diktatorisches Regime antreten und dem Volk demokratische Rechte verschaffen müssen, ist dies nichts als eine peinliche Anmaßung: Ihre Meinungsäußerung wird ja ausgerechnet vom vielgeschmähten Rechtsstaat gegen empörte größere Bevölkerungsgruppen so konsequent geschützt, dass dies in vielen Städten Montag für Montag einen aberwitzigen Personalaufwand erfordert. Dabei hat das Volk längst neben allen anderen Grundrechten auch das Wahlrecht, die Volksvertretung und die Mehrheitsverhältnisse im Parlament zu bestimmen, sodass es wahrlich niemanden braucht, der diese Rechte erst erkämpfen müsste. Natürlich darf da jeder bedauern, wie die Mehrheitsverhältnisse im Bundestag, in den Landtagen und den Gemeindeparlamenten aussehen (mir haben die bayerischen Wahlergebnisse noch nie gefallen), aber der Anspruch einer Minderheit, sich selbst zur Gesamtheit des Volkes zu erklären – was nicht einmal einer Mehrheit zustünde –, ist nur noch grotesk.

Warum ist »Populismus« eigentlich ein Schimpfwort?

Noch ein Begriff bedarf der Klärung, wenn wir über den Stellenwert des Bürger- und Volkswillens debattieren. Was ist »Populismus«? Die Antwort hat sich in den letzten Jahren stark verändert, sehr zum Nachteil all derer, die man »Populisten« nennt, meiner Meinung nach aber keineswegs zum Vorteil derer, die den Vorwurf des »Populismus« immer öfter verwenden.

Kleiner persönlicher Rückblick: Als ich noch Zweiter Bürgermeister in München war und irgendwann für das höchste Amt der Stadt kandidieren sollte, freute ich mich wie ein Schneekönig, dass *Merian* in einem Bayern-Heft ein ausführliches Portrait von mir brachte. Erster Satz im Vorspann: »Er ist intellektuell und belesen, aber dennoch ein Populist.« Heute hieße das, dass der Daumen nach unten zeigt: ein Populist! Die Steigerung wäre wohl der Verfassungsfeind. Aber damals, zu Beginn der Neunzigerjahre, wurde das noch als ungewöhnliches Kompliment verstanden: Der Mann mag ja Bücher lesen, aber er ist dennoch ein Populist. Was sollte das heißen? Auf jeden Fall: bierzelttauglich. Das zerstreute in der Münchner SPD letzte Bedenken, ob man wirklich mit einem Schwabinger Advokaten antreten könne. Und CSU-Stadträte machten im persönlichen Gespräch deutlich, dass sie durch diese Etikettierung schon ein wenig verärgert seien, weil das doch eigentlich ihr Vorrecht und Markenzeichen sei. Populär zu sein, sich dem Volk verständlich machen zu können – das kann doch alles in einer Demokratie, in der es auf die Zustimmung der Bürger ankommt und in der sie letztlich das Maß fast aller Dinge ist, doch nicht abträglich sein.

So angesehen war der Populismus noch vor gar nicht allzu langer Zeit. Doch dann verschlechterte sich das Ansehen des Begriffs immer mehr. »Populisten« waren plötzlich Leute, die gegen ihre bessere Einsicht dem Volk einfache Antworten bieten, auf Sündenböcke eindreschen und im Trüben fischen. Dabei gab es anfangs auch noch Linkspopulisten. Oskar Lafontaine hätte mit dieser Bezeichnung sogar sicher besser leben können als mit dem Vorwurf, er würde als Bundesfinanzminister allen Sachzwängen entsprechen oder habe gar die Anerkennung bedeutender Wirtschaftswissenschaftler gefunden. Dann fand man Populisten fast nur noch auf der rechten Seite, bis »rechts« und »Populist« zu einem Schimpfwort verschmolzen: dem »Rechtspopulisten«. Ich habe stets gegen diese modische Begrifflichkeit gekämpft, allerdings ohne jeden Erfolg. Rechtspopulismus ist zum gängigen Schimpfwort gegen alles am rechten Rand geworden, für Pegida genauso wie für die AfD, vom österreichischen Präsidentschaftskandidaten Norbert Hofer bis zum Niederländer Geert Wilders, von Frankreichs Marine Le Pen bis zum neuen US-Präsidenten Donald Trump. Warum ich diese Bezeichnung unklug finde? Weil sie in vielen Fällen verharmlosend ist, etwa bei den Scharfmachern von Pegida oder den Höckes in der AfD, die tatsächlich rechtsextremistische Positionen vertreten und durch den braunen Sumpf waten und nicht nach der Zustimmung des Volkes heischen. Vor allem aber, weil der Begriff ja unterstellt, dass das Volk rechts stehe und der Rechtspopulist deshalb rechte Sprüche klopfe, um den Beifall des rechten Volkes zu ergattern. Genau das ist doch der anmaßende Anspruch rechter Agitatoren, dass sie in Wahrheit das Sprachrohr einer schweigenden Mehrheit seien. Wie kann man ihnen diese propagandistische Selbstdarstellung auch noch abnehmen und weiter verbreiten? Da kommt man ihnen und ihrem Anspruch, sie seien das Volk, schon erschreckend weit entgegen!

Und umgekehrt bringt dieses Schimpfwort mit der zentralen Botschaft, die Rechten würden sich »beim Volk« anwanzen, ungewollt klar zum Ausdruck, dass die Linken und Liberalen im Lande die Hoffnung aufgegeben haben, das Volk stehe hinter ihnen und müsse nur noch angeregt werden, die eigene Sache endlich selbst in die Hand zu nehmen. War das nicht einmal der Anspruch der Linken, für das Volk da zu sein, seine Interessen zu vertreten, das Volk mobilisieren zu können und im Volksinteresse mobilisieren zu müssen? Wie viel Verzagtheit muss sich da breitgemacht haben, wenn man im Volk ein Rudel schlafender Hunde sieht, das nur von Rechten geweckt werden kann? Ich finde: Man sollte bedenkliche, extremistische oder widerwärtige Positionen inhaltlich zutreffend beschreiben, statt nur die eigene Angst zu artikulieren, dass Rechte die Zustimmung eines angeblich gleichgesinnten Volkes suchen und finden könnten.

Der inflationäre Gebrauch
des Rassismusvorwurfs

Eine ähnliche kontraproduktive Wirkung hat es meiner Meinung nach, wenn immer mehr Meinungen und Verhaltensweisen in geradezu inflationärer Weise als »rassistisch« oder »nazistisch« bezeichnet werden. Beispielsweise wird neuerdings der Vorwurf des »Rassismus« schon erhoben, wenn jemand Kritik an Positionen des politischen Islam erhebt. Man argumentiert, diese Kritik sei Islamophobie, ja in Wahrheit Rassismus, weil es dem Kritiker gar nicht um die Auseinandersetzung mit religiösen Fragen oder politischen Ansprüchen gehe, sondern um die Ablehnung der Menschen muslimischen Glaubens, die man in Wahrheit wegen ihrer Herkunft und nicht wegen ihres Glaubens ausgrenzen wolle. Ich würde es selber nicht glauben, wenn ich nicht strapaziöse Debatten mit Flüchtlingshelfern, Sozialarbeitern und Migrationsforschern erlebt hätte. Es gibt auch Studien in diesem Tenor, wonach die Aversion gegen Flüchtlinge nicht mehr offen rassistisch geäußert, sondern als Islamkritik verbrämt werde.

Auch der ja wohl unzweifelhaft richtige und unwiderlegbare Hinweis, dass jedes Ausländerrecht zwischen In- und Ausländern unterscheide und ihnen unterschiedliche Rechtsstellungen zuweise, wurde schon als »rassistisch« bezeichnet, weil er Menschen fremder Herkunft, also »anderer Rasse«, weniger oder geringere Rechte zubillige. Ich wurde sogar auf einer großen städtischen Veranstaltung vom Sprecher des Kreisjugendrings als »Rassist« beschimpft, weil ich dargelegt habe, unter welchen Voraussetzungen nach unserem Recht Ausländer nach schweren Straftaten ausgewiesen werden dürfen. Vorwurf: Da »kein Mensch illegal ist, darf auch keiner abgeschoben werden«. Wer dennoch Abschiebungen gutheißt, kann nur ein »Rassist« sein.

Wird so die Sensibilität im Umgang mit Migranten gesteigert? Der Effekt solcher maßlosen Ausweitungen des »Rassismusvorwurfs« ist meiner Erfahrung nach ein ganz anderer: Aus einer unmenschlichen, menschenfeindlichen Ideologie, die zu den größten Menschheitsverbrechen geführt hat, wird ein Alltagsphänomen gemacht, das in nahezu allen Staaten der Welt selbstverständlich ist und nur von kleinen sektiererischen Gruppen in Europa anders gesehen wird. Und die Bevölkerung einer der bestfunktionierenden Demokratien der Welt wird im Nu in eine »rassistische« Mehrheit und eine umso edlere Minderheit geteilt. Was soll der Sinn dieses Manövers sein? Hier wird nicht sensibilisiert, sondern ganz im Gegenteil abgestumpft. Wenn schon die Abschiebung nach schweren Straftaten »rassistisch« ist, kann doch »Rassismus« nicht so entsetzlich sein wie bisher angenommen. Wenn ihn fast alle Staaten der Welt praktizieren, muss er wohl voll im Trend liegen. Wenn große Teile der Bevölkerung ihn verschärft wissen wollen, muss er eine populäre Sache, vielleicht sogar ein demokratisches Anliegen sein. Tja, und Sahra Wagenknecht, die vernünftigerweise schon einmal gesagt hat, dass man ein Gastrecht auch verwirken könne, durch Gewalttaten beispielsweise, ist dann die »rassistische Frontfrau« der Linken. So lässt sich durch Maßlosigkeit alles vernebeln. Und die vermeintlich schärfsten Kritiker erweisen sich als die größten Relativierer.

Bei der Inflationierung des Nazi-Vorwurfs ist es nicht anders. Je grenzenloser und umfassender die Definition, desto größer die Zahl der »Nazis«, die es angeblich in Deutschland gibt. Und desto besser können die tatsächlichen Nazis, die dem NS-Unrechtsregime nachtrauern, aus dieser vermeintlichen Menge heraus den Holocaust leugnen oder relativieren, völkische Ideologie wiederbeleben, Demokratie verachten, Nazimethoden rechtfertigen oder wieder einführen wollen. Wer hat nicht alles schon den Nazi-Vorwurf erhoben, im Wahlkampf, im Parteienstreit, bei der Beschimpfung politischer Mitbewerber oder Gegner, beim Angriff gegen unbequeme Medien, bei der vermeintlich kabarettistischen Zuspitzung der Kritik gegen unsoziale Politik? Und wer hat diesen Vorwurf im Laufe der Jahre nicht schon alles abbekommen? Hat dies den Diskurs sensibilisiert oder nicht lediglich zur Verrohung beigetragen?

Der türkische Staatspräsident Recep Tayyip Erdoğan hat im März im Streit um türkische Ministerauftritte in Deutschland, die das Referendum für eine diktatorische Machtfülle des Präsidenten unterstützen sollten, den Deutschen »Rassismus« und »Nazi-Methoden« vorgeworfen oder durch Kabinettsmitglieder vorwerfen lassen. Das sollte doch jedem vor Augen führen, dass solche Schimpfworte nicht immer für den Kampf der Guten gegen das Böse stehen, sondern manchmal nichts anderes als pure Unverschämtheit sind, bar jeder Diskussionswürdigkeit.

Politische Begriffe sollten – ruhig mit aller Schärfe – der Klärung politischer Sachverhalte dienen, nicht der totalen Verwirrung. Und noch etwas: Durch nichts werden die Verbrechen des Nationalsozialismus mehr relativiert und verharmlost als durch den inflationären Gebrauch des Nazi-Vorwurfs im Meinungsstreit eines demokratischen Rechtsstaats. Den guten Linken erkennt man nicht daran, dass er immer mehr Menschen zu Rechtspopulisten oder Nazis erklärt, sondern daran, dass er linke Wirkungen erzielt. Aber dafür muss man die Realität im Auge behalten und nicht nur die eigene Befindlichkeit, die sich in verwirrenden politischen Zeiten offenbar immer öfter danach sehnt, gegen das absolut Böse zu kämpfen, weil das Gewissheit verschafft.

Von der Partizipation der Beherrschten zur Beherrschung der Partizipation

Wie auch immer wir den Bürger und das Volk und die angebliche Anbiederung an den Volkswillen definieren, die zentrale Frage bleibt, wie der Bürger an der Willensbildung beteiligt werden kann und soll, um sich nicht als bevormundeter Untertan zu fühlen, auch nicht als Zuschauer, der nach dem Urnengang vier, fünf, sechs oder ganze acht Jahre lang nur von der Tribüne aus zuschauen kann, was unten in der Arena getrieben und geboten wird. Er soll sich als mündiger Bürger verstehen, der zumindest im eigenen Umfeld etwas zu sagen hat und gemeinsam mit vielen anderen auch Entscheidungen des Stadtrats oder des Parlaments an sich ziehen kann. Ich bin ein leidenschaftlicher Verfechter von mehr Elementen direkter Demokratie, aber ohne die Illusion, dies werde die Politikverdrossenheit aus der Welt schaffen und die Wahlbeteiligung in die Höhe schnellen lassen. Bürgerbeteiligung und Bürgerentscheidung bleiben dennoch wertvoll und sinnvoll genug, wenn auch nicht ohne Risiko, was allerdings für Parlamentsentscheidungen ebenfalls gilt.

Schadenfrohe Zeitgenossen meinen, ich sei hart abgestraft worden für meine »unbedachte« Befürwortung des kommunalen Bürgerentscheids, der in Bayern gegen den ursprünglichen Willen der CSU-Staatsregierung und der CSU-Landtagsmehrheit eingeführt wurde, auf Initiative der kleinen ÖDP und mit rot-grüner Unterstützung. Hätte ich das wirklich bedauern sollen, nur weil einige Entscheide nicht in meinem Sinne ausgegangen sind? Was für eine alberne Frage! Darf man sich für das allgemeine Wahlrecht nur einsetzen, wenn man auch sicher sein kann, alle künftigen Wahlen zu gewinnen? Dann hätten wir es heute noch nicht. Demokratische Wahlen sind ein Fortschritt, unabhängig davon, ob die, die sie eingeführt haben, fortan immer siegreich aus ihnen hervorgegangen sind oder nicht. Das Gleiche muss für den Bürgerentscheid gelten: Er gibt die Entscheidungsmacht des Rathauses in ausgewählten Einzelfällen in die Hand der Bürgerschaft. Das ist immer ein demokratischer Mehrwert, ob man den eigenen Willen nun durchsetzen konnte oder nicht.

Da die Bürgerschaft erst einmal mit der notwendigen Zahl von Unterschriften einen Bürgerentscheid herbeiführen muss, wenn der Stadtrat nicht im Einzelfall selber ein »Ratsbegehren« einleitet, liegt es doch auf der Hand, dass vor allem Bevölkerungsgruppen aktiv werden, die mit den bisherigen Entscheidungen der Stadtratsmehrheit nicht zufrieden sind. So war es auch in München, nachdem vor allem Rot-Grün das Instrument des kommunalen Bürgerentscheids bei einem Volksentscheid auf Landesebene durchgesetzt hatte. Als Erstes hat die CSU-Opposition im Rathaus ein Bürgerbegehren beantragt, um ein Oppositionsanliegen gegen die Mehrheit durchzusetzen: den Ausbau des Mittleren Rings mit drei Tunnelbauwerken. Mein Gegenkandidat bei der OB-Wahl, Peter Gauweiler, hat damit buchstäblich in einer Nacht aus der CSU-Niederlage beim Volksentscheid ein Angriffsthema in der städtischen Verkehrspolitik gemacht – und sich in dieser damals bereits zehn Jahre alten Kontroverse auf Anhieb mit hauchdünner Mehrheit durchgesetzt.

Hat mich dies ins Unrecht gesetzt oder lächerlich gemacht, nachdem ich die Einführung des Bürgerentscheids unterstützt hatte? Natürlich schmeckt keine Niederlage süß. Aber die kommunale Bilanz kann sich gleichwohl sehen lassen: Ein zehnjähriger Streit, der sich ohne Machtwort der Wählerschaft noch viele Jahre lang hingeschleppt hätte, war schlagartig beendet worden. Das tat dem Stadtfrieden gut und setzte Kräfte frei für andere Themen. Der grüne Koalitionspartner, der niemals große Mittel für den Ausbau des Autoverkehrs bereitgestellt hätte, sah sich jetzt gezwungen, als Partei mit basisdemokratischem Selbstverständnis sogar einer Rieseninvestition für die drei Tunnel des Mittleren Rings zuzustimmen. Mit einer Erhöhung der Gewerbesteuer binnen einer Woche wurde die Finanzierung sichergestellt, ohne dass ein einziges soziales, schulisches oder kulturelles Projekt hätte eingespart oder verschoben werden müssen. Eine Zustimmung der CSU zu dieser Gewerbesteuererhöhung, die sie selbst für ein eigenes Lieblingsprojekt niemals gegeben hätte, war plötzlich nicht mehr erforderlich. In der Sache bekam die CSU später recht, weil die Tunnel tatsächlich den Verkehr flüssiger gestalten konnten und sogar eine ausreichende Verkehrserschließung der Messe ermöglichten. Rot-Grün behielt recht mit der Einschätzung, dass die Zuschüsse des Freistaats geringer ausfallen würden als versprochen und ohne Steuererhöhung nicht tragbar gewesen wären – aber diese Steuererhöhung fand prompt statt. Und das für mich Allerschönste: Die Umfragewerte für die Arbeit des Rathauses und des OB schnellten um rund zehn Prozent in die Höhe. Und weil sich das größte Verdrussthema plötzlich in Wohlgefallen aufgelöst hatte und die Autofahrer tagtäglich mit großer Genugtuung feststellten, dass ihr Bürgerwille tatsächlich unverzüglich in die Tat umgesetzt worden war, blieben sie hoch. Plötzliche Zufriedenheit auf allen Seiten! Keine Abstimmung im Stadtrat hätte das jemals zustande gebracht. Und alle Befürchtungen der CSU auf Landesebene, der Bürgerentscheid sei ein lähmendes Investitionshindernis, wurden auf Veranlassung der eigenen Partei widerlegt: Hier wurde ein 20-jähriges Investitionsvorhaben allergrößten Ausmaßes von der Bürgerschaft gegen das Rathaus durchgesetzt! Witzigerweise haben beim 20-jährigen Jubiläum des kommunalen Bürgerentscheids Peter Gauweiler und ich sowohl die Einführung dieses Instruments wie auch das Ergebnis des ersten Anwendungsfalls in völligem Einklang gelobt.

Ich erzähle diese Anekdote, um dieses ganz wesentliche Element direkter Demokratie gegen Zweifler und Bedenkenträger zu verteidigen, die auf Bundesebene ja immer noch das Sagen haben: Weit über 70 Jahre nach dem Ende des Dritten Reiches und nach 70 Jahren einer untadeligen Demokratiegeschichte sollte das Vertrauen in die demokratische Einstellung und die politische Urteilskraft der Bevölkerung so groß sein, dass wir die Wählerinnen und Wähler auch auf Bundesebene entscheiden lassen sollten, wenn sie im Einzelfall eine Entscheidung an sich ziehen wollen! Warum ist es um diese Frage so verdächtig still geworden? Ich will es Ihnen sagen: Weil nicht nur viele Politiker, sondern auch die maßgeblichen Medienleute mehr »follower of fashion« sind als Vertreter bestimmter Überzeugungen. Und weil jetzt maßlose Angst vor Rechtspopulisten angesagt ist – ganz so, als wären sie tatsächlich »das Volk«.

Statt Überzeugungen nur »follower of fashion«

Erinnern wir uns kurz: Als ein paar eher skurrile Computerfreaks wegen einer öden, langweiligen Parteienlandschaft in einige wenige Landtage einziehen durften, schrieben nahezu alle Zeitungen aufgeregt, das Ende aller Altparteien einschließlich der Grünen habe begonnen und der »liquid democracy« der Piraten gehöre die Zukunft. Heute ist das vergessen und verdrängt, natürlich auch aus dem Netz genommen, damit man es nur noch schwer finden kann. Danach Stuttgart 21: Plötzlich waren alle Medien der Meinung, kein Großprojekt dürfe mehr realisiert werden, ohne dass jeder Bürger die Fahrgastzahlen jedes Zuges und die Länge jedes Bahnsteigs und die Krümmung jedes Gleiskörpers persönlich nachgerechnet und für gut befunden habe. Aber nur mit der

Zielsetzung, das Projekt zu Fall zu bringen! Und dann stimmten die Baden-Württemberger beim Volksentscheid doch tatsächlich FÜR Stuttgart 21! So eine Unverschämtheit aber auch. Gut, dann eben keine direkte Demokratie. So schnell können Moden wechseln. Dann Fukushima: Diesmal das Ende der Volksparteien, weil den Grünen die Welt gehört. Von der Welt blieb allerdings nur ein Ländle übrig, dessen Ministerpräsident wacker und unerschrocken nordafrikanische Länder zu sicheren Herkunftsstaaten erklärt, um den Flüchtlingsströmen Einhalt zu gebieten – was schwarzen und roten Ministerpräsidenten mit grüner Regierungsbeteiligung nicht vergönnt ist. Und jetzt? Die Grünen bei sieben Prozent! Stattdessen wird die AfD als nächste Neuerscheinung nach Piraten, Bahnhofsgegnern und Grünen derart als kommende Kraft aufgebläht, dass wegen ihres angeblichen Siegeszugs doch nicht mehr Demokratie gewagt werden darf. Weil man einem Volk, das nur zu 85 oder 90 oder geringfügig mehr Prozent demokratisch wählt, alles zutrauen muss und nicht trauen darf.

Und dann der Brexit! Ein schlimmer Schlag für Europa, aber warum war er möglich? Weil die Konservativen nicht wagten, klipp und klar für die Mitgliedschaft in der EU einzutreten, Labour aber auch nicht. Und weil die Vernachlässigung der sozialen Frage in den deindustrialisierten Regionen Englands ein Ventil für ihren Zorn suchen ließ. Wollen wir wirklich das Projekt »Mehr Demokratie wagen!« sausen lassen, nur weil Tories und Labour in Großbritannien in der Europafrage jahrzehntelang gewackelt und schließlich völlig versagt haben? Spricht dies ernsthaft dafür, den Wählerinnen und Wählern in Deutschland die Mündigkeit abzusprechen, die ihnen in allen Bundesländern und Kommunen längst zuerkannt und noch in keinem einzigen Fall antidemokratisch missbraucht wurde?

Warum fühlen sich unüberschaubar viele Bürger heute ohnmächtiger denn je, obwohl es noch nie so viel Bürgerbeteiligung in allen Stufen und Facetten gab wie heute? Als leidenschaftlicher Kommunalpolitiker gebe ich die meines Erachtens richtige Antwort nur sehr ungern, aber es muss wohl sein. Verstehen Sie mich nicht falsch: Ich halte Kommunalpolitik nicht für die »Schule« der Demokratie, wo bloß gelernt und geübt wird, wie man später »richtige« oder »große« Politik machen kann, sondern für ihren Ernstfall, weil es hier tatsächlich um die konkreten Lebensbedingungen vor Ort geht, um Entscheidungen, die sich im Leben der Bürger massiv und spürbar auswirken. Ich war als Bürgermeister auch stets sehr stolz darauf, dem »Souverän«, also der Bürgerschaft, sehr viel näher zu sein als die weitestgehend unbekannten Parlamentarier von Land und Bund, von Europa ganz zu schweigen, die sich nicht persönlich vor ihren Wählerinnen und Wählern rechtfertigen müssen, bei jeder Bürgerversammlung, jedem Spaziergang und jeder Trambahnfahrt. Und ich habe es genossen, dass Bürgermeister bei Umfragen im Urteil der Befragten stets glänzend abschnitten – ganz im Gegenteil zu »Politikern«, Journalisten und Anwälten, nach der Finanzkrise auch Bankern und nach den Missbrauchsfällen auch Priestern. Wir werden offenbar nicht als »Politiker« gesehen, sondern als »Stadtväter«, wie ein antiquiertes, ja patriarchalisches Wort uns nennt. Über den Parteien schwebend und unternehmerisch tätig, zugunsten des Gemeinwohls. Also wirklich: Kommunalpolitik ist toll. Aber handelt sie auch von den wichtigsten und kontroversesten Fragen der Zeit? So leid es mir tut: Das wohl eher nicht. Was die Menschen in den letzten Jahren aufwühlte – die Finanzkrise, die Bankenrettung, die Schuldenkrise, die Griechenlandrettung, die Steueroasen, die Auslandseinsätze der Bundeswehr, die Flüchtlingskrise, der Umgang mit Russland und der Ukraine, mit der Türkei, jetzt auch noch mit dem Brexit und den Vereinigten Staaten unter Trump – das wird alles nicht in den Rathäusern verhandelt.

Unter diesen Bedingungen stimmt es eher misstrauisch, wenn zwar zur Fassadengestaltung bei einem neuen Bauvorhaben in einem Stadtrandviertel immer mehr Einwohnerversammlungen und Workshops stattfinden, es aber zu den großen Herausforderungen der Zeit nicht einmal kontroverse Parlamentsdebatten und Abstimmungen, geschweige denn Volksentscheide gibt. Da fragt sich mancher zu Recht: Bedeutet mehr kommunale Bürgerbeteiligung am Ende nicht mehr Demokratie, sondern mehr Ablenkung von derselben?

Hinzu kommt geballtes Misstrauen, wenn offensichtlich getrickst werden soll. Und zwar auf allen Seiten, weil es überall wehtut, Macht abzugeben.

Zum Beispiel in Bayern – obwohl dort das Volk zum »Koalitionspartner« des Ministerpräsidenten erklärt wurde. Mit Koalitionspartnern verhandelt man in der Regel – zwar nicht aus Zuneigung, aber aus Notwendigkeit – auf Augenhöhe. Die CSU aber hat allen Ernstes ein Gesetz beschlossen, das es nicht etwa dem Volk, sondern der Staatsregierung erlauben sollte, das Volk zu befragen, aber nur zu der Fragestellung, die von der Regierung beschlossen wurde, und vorsichtshalber ohne jede Verbindlichkeit, damit die Regierung im Falle einer Zustimmung zu ihrer Politik ein weiteres Gewicht in die Waagschale werfen kann, im Falle eines Widerspruchs aber in keiner Weise an ihren Vorhaben gehindert wird. Zum Glück hat Bayerns Verfassungsgericht diese Farce untersagt. Aber der Verdacht bleibt: Ihr wollt uns gelegentlich einspannen, aber nicht ernsthaft einbinden! Hier wird nicht die Partizipation der Beherrschten angestrebt, sondern die Beherrschung der Partizipation!

Andere Parteien sind zumindest stiller geworden, geschockt durch das Brexit-Votum und rechtspopulistische Erfolge allerorten. Bitte kein Bürgervotum zu Europa oder gar zum Flüchtlingsthema erlauben! Ich halte das für einen Fehler. Denn hier wird der Verdacht bekräftigt, bei wirklich wichtigen Themen wollten »die da oben« selbstherrlich allein entscheiden ohne »die da unten«. Dabei sind die Risiken viel kleiner als angenommen. Auch der Bundestag darf sich ja nicht über die Grundrechte und die Grundregeln des Grundgesetzes hinwegsetzen. Er muss im Rahmen der Verfassung bleiben, und buchstäblich jede Regierungskonstellation ist da schon oft an die Grenzen gestoßen, nicht ohne sich über die Strenge Karlsruhes oder die Herausbildung von »Richterrecht« kräftig zu ärgern. Warum soll es in diesem offenbar sehr strengen und manchmal ärgerlich kleinen Rahmen anstelle von Bundestagsbeschlüssen nicht auch Volksentscheide geben können?

Ich meine: Der pädagogische Nutzen wäre enorm. Die Unzufriedenen wären erstmals gezwungen, nicht nur ihr »Bauchgefühl« rauszulassen, sondern konkret in Antragsform zu benennen, was sie anders machen möchten. Und dann müssten sie vor dem Bundesverfassungsgericht und nicht nur bei eigenen Demonstrationen darlegen, dass sie sich im Rahmen des Grundgesetzes und des Völkerrechts bewegen. Und dann müssten sie nicht nur die eigene Anhängerschaft überzeugen, sondern alle Wähler, von denen sich weit über 80 Prozent noch nie für ihre Parolen erwärmen konnten. Und dann müssten sie ein demokratisches Votum der Wählerschaft als Volksmeinung hinnehmen und könnten sich nicht mehr als Volkes angebliche Stimme präsentieren. Und sie wären an denen gescheitert, die wirklich und unbestreitbar das Volk sind, und nicht nur am »Establishment« oder den »Altparteien« oder irgendeinem anderen Sündenbock. Warum also Angst haben vor »Rechtspopulisten«? Und warum – gewissermaßen ihnen zu Ehren – auf den Ausbau einer lebendigen Demokratie verzichten, in der Wähler immer mehr zu sagen und mitzubestimmen haben?

Übrigens: In all den entscheidenden Monaten bis zum Volksentscheid wäre die gesamte Parteienlandschaft gezwungen, sich mit der Abstimmungsfrage auseinanderzusetzen und den Dialog mit der Bevölkerung zu suchen, statt sich darauf zurückzuziehen, nur eigene Steckenpferde zu reiten. Auch die Kluft zwischen den Parteien und der Bevölkerung könnte also verringert werden.

Auf Landesebene gibt es den Volksentscheid übrigens von Anfang an – in Bayern dank des sozialdemokratischen »Verfassungsvaters« Wilhelm Hoegner, der wichtige Anregungen aus seinem Schweizer Exil mitbrachte – oder zumindest schon seit vielen Jahren, wenn auch mit verschieden hohen Hürden. Ist jemals Unfug beschlossen oder ein Grundrecht demontiert worden? Nein. Sagen Sie jetzt bitte nicht, auf der Landesebene wäre das auch nicht so schlimm wie im Bund. Damit würden Sie nämlich nicht den Volksentscheid, sondern den Föderalismus in Frage stellen!

Lob des Ehrenamts – auch in politischen Parteien!

Häufig werden Bürgerinitiativen als wichtigstes Instrument der Bürgerbeteiligung genannt: blitzschnell und unbürokratisch, unabhängig und überparteilich, schon wegen ihres Namens legitimiert, im Namen der Bürgerschaft zu sprechen. Ich habe auch mal so gedacht und häufig mitgemacht, schon als Student und später als Anwalt. Für die kulturelle Nutzung eines ehemaligen Kinos und einer alten Villa mit schönem Baumbestand, für die Erhaltung eines Marktes, für die Freihaltung eines Platzes, gegen Mietervertreibung und Altbauspekulation, gegen den Vormarsch gewerblicher Nutzungen in alten Wohngebieten. Ich bin heute noch stolz darauf. Aber in den letzten Jahren mehrten sich die

Zweifel, ob überall, wo »Bürgerinitiative« draufsteht, auch tatsächlich Gemeinwohl drin ist. Es gab ja auch schon »Bürgerinitiativen«, die gegen Kinderspielplätze kämpften, weil Kinder Lärm machen, gegen Kinderkrippen, weil viele Eltern ihre Kleinen mit dem Auto bringen, und gegen Behinderteneinrichtungen, weil der Anblick von Rollstuhlfahrern den Immobilienwert des Eigenheims schmälert. Damit nicht genug: Es wurde auch schon gegen Asylbewerber-Unterkünfte agitiert, weil den Ärmsten der Armen die Abgelegenheit eines Villenviertels nicht zumutbar ist; so wird aus schlichter Ausländerfeindlichkeit eine edle Bürgerinitiative. Und obwohl der Wohnungsmangel das unbestritten größte soziale Problem aller wachsenden Städte ist, bildet sich nahezu bei jedem größeren Bauprojekt eine Bürgerinitiative, die dagegen ist. Mit phantasievollen Begründungen: entweder, weil die frei finanzierten Wohnungen zu teuer sind oder die geplanten Sozialwohnungen ausgerechnet das eigene Viertel mit Problemfällen belasten. Entweder, weil zu wenige Wohnungen entstehen, um dafür eine Hundewiese zu opfern, oder aber zu viele, was den Nachbarn Licht und Sicht nimmt. Nichts gegen Wohnungen, aber doch nicht bei uns! In der Verkehrspolitik will jede Bürgerinitiative vor der eigenen Haustür Ruhe haben und alle Raser in die Parallelstraße verbannen – oder sie fordert kryptisch ein »Konzept«, das Ruhe ins eigene Viertel bringt und gleichzeitig die Mobilität aller fördert, irgendwie. Jede dieser »Initiativen« wird von der Presse als »Bürgerwille« präsentiert und im Stadtrat gerne aufgegriffen: Wenn man sich vor eine Initiative stellt, hat man schon mal einige Leute hinter sich. Und das Resultat: noch mehr Verdrossenheit. Weil der Protest am Ende doch nichts gebracht hat. Die Wohnungen, die Spielplätze und Krippen werden trotzdem gebraucht – und geschaffen. Die Verlagerung des Verkehrs in die Parallelstraße erweist sich als schwierig, weil man dort genauso denkt. Hier wäre es besser, reinen Wein einzuschenken, Interessenkonflikte zu benennen und die offene Diskussion von Abwägungsprozessen zu erzwingen, statt jedes noch so durchsichtige und fragwürdige Partikularinteresse zu hätscheln, nur um eine winzige Leser- oder Wählergruppe geneigt zu halten. Auch hier gilt: Macht endlich Politik, nicht nur Stimmung!

Politik? Aber politisch Lied ist doch garstig Lied! Und der Bürger mag sie doch gar nicht. Politik ist pfui! Genau diese Einstellung muss überwunden werden, beginnend an der Basis. Ich war ein halbes Jahrhundert mit Bürgerbeteiligung befasst, zuerst »von unten«, dann »von oben«. Viele Initiativen habe ich bewundert und gerne unterstützt, zuletzt die ehrenamtliche Flüchtlingshilfe, die nicht nur Interessen artikuliert, sondern selber Probleme gelöst hat. Aber die Vorstellung, dass einige besonders lautstarke Initiativen »das Volk« seien und »mehr Demokratie« garantieren könnten, habe ich nicht mehr. Diese Ernüchterung gilt sogar für jene Sprecher von Initiativen, die tatsächlich nicht nur kurz und laut eigene Interessen vertonen, sondern mit andauerndem Engagement für eine menschlichere, sozialere, ökologischere, kulturell reichhaltigere Stadt arbeiten, mit viel beruflichem und ehrenamtlich angesammeltem Wissen und Erfahrungsschatz. In einem satirischen Vortrag vor Beteiligungsexperten aus dem gesamten Bundesgebiet habe ich es so formuliert: »Das Schönste an der Bürgerbeteiligung ist die familiäre Geborgenheit, die man empfindet, wenn man es jahrzehntelang mit denselben Akteuren zu tun hat, während man sich die Namen der auch noch wechselnden zahlreichen Stadtratsmitglieder oft nicht mehr merken kann.« Es war fast unglaublich, wie viele Teilnehmer mir anschließend versichert haben, in ihrer Stadt gebe es auch erheblich weniger »maßgebliche« Bürger als Stadtratsmitglieder. Ganz im Ernst: Kommunale Bürgerbeteiligung hilft, Sachverstand und unterschiedliche Perspektiven einzubringen, unter Laborbedingungen Interessen zu sondieren und auszugleichen – aber das Demokratieproblem löst sie nicht, eher schafft sie noch zusätzliche Elite- und Hierarchieprobleme.

Deshalb will ich abschließend eine Bürgergruppe erwähnen, der oft das Recht bestritten wird, als »Bürger« aufzutreten, nur weil sie einer politischen Partei beigetreten ist. Das macht sie suspekt. Die wollen uns wohl bevormunden oder gleich absahnen. Jedenfalls sind sie keine »Bürger« mehr, sondern der verlängerte Arm einer Parteizentrale. Sprechen sich zwanzig, dreißig Mitglieder des Ortsvereins einer Partei für ein kommunales Projekt aus, ist das keine Nachricht. Gründen fünf von ihnen eine »Bürgerinitiative«, meldet der Lokalteil diese neue Verkörperung des Bürgerwillens und das Privatfernsehen schickt ein Team. Ich kann aber nichts Schlechtes daran finden, dass sich Bürger (jawohl!) nicht nur für die Verkehrsberuhigung ihrer Straße einsetzen, sondern für alle Probleme ihrer Gemeinde interessieren und mit Vertretern anderer Wohngegenden, anderer Berufe und Generationen über Jahre hinweg diskutieren, worauf man sich verständigen kann – im Rahmen der Partei, der man wegen ihrer konservativen oder progressiven, ihrer wirtschaftsfreundlichen oder sozialen oder ökologischen Prägung beigetreten ist. Sosehr diese Parteien in Zeiten der modischen Politikverdrossenheit auch geschrumpft sind, größer als bei den ausgeklügelten Beteiligungsverfahren ist ihre Mitgliederzahl allemal. Und sie sind auch unabhängiger von fragwürdigen Sonderinteressen als manche »Bürgerinitiative«. Eine bessere Politik könnte auch damit beginnen, dass wesentlich mehr Bürger sich in den demokratischen Parteien engagieren, sie auf diese Weise repräsentativer gestalten und nicht nur auf die Kommunalpolitik Einfluss nehmen, sondern auch auf die höheren Ebenen, für die es außerhalb der Parteien überhaupt noch keine Beteiligungsangebote gibt!

Kapitel 8

Volksverräter gegen Neonazis – oder: Wie das Flüchtlingsthema spaltet

Das Thema ist keineswegs erledigt, nur weil wir nichts mehr davon hören wollen. Es ist auch nicht erledigt, nur weil die Zahlen, die uns im Jahr 2015 aufgerüttelt oder verängstigt haben, wieder zurückgegangen sind. Und es ist auch nicht erledigt, nur weil die Umfragewerte der Rechtspartei »Alternative für Deutschland« aktuell – nach den stärksten Schwankungen in der Geschichte der Demoskopie – gerade mal wieder einstellig sind. Und schon gar nicht, bloß weil einige Kommunen, vor allem im Osten, über leer stehende Unterkünfte verfügen, da die ihnen zugewiesenen Asylbewerber sich mittlerweile abgesetzt haben, wohin auch immer.

Kann man, so frage ich mich, Integration als »gelungen« bezeichnen, wenn die Bevölkerung nach einem ersten Höhepunkt der Migrationsbewegungen tiefer gespalten ist denn je? Nein, das Flüchtlingsthema bleibt eine Jahrhundertherausforderung – mit größter Sprengkraft für unsere demokratische Ordnung sowie für das Modell offener und liberaler Gesellschaften. Als im Herbst 2015 nach amtlichen Zahlen 890 000 Flüchtlinge nach Deutschland kamen, waren dies zwar nicht Millionen, wie viele glaubten oder empfanden, aber doch mehr als angekündigt und vorgesehen, mehr als seit Jahrzehnten. Die Sollbruchstelle verlief nicht zwischen der einheimischen Bevölkerung einerseits und den Flüchtlingen andererseits, sondern quer durch die Gesellschaft: Erstaunlich viele Einheimische waren zu ehrenamtlichem Engagement bereit, empfingen die Zuwanderer an den Bahnhöfen mit »Refugees Welcome«-Plakaten, verteilten Essen und Getränke, füllten die Kleiderkammern der Unterkünfte, stampften Initiativen aus dem Boden, um Sprachkurse zu geben oder Behördengänge abzunehmen. Die Hilfsbereitschaft schien kein Ende zu nehmen, Deutschland zeigte ein freundliches Gesicht, und die Kanzlerin fragte erstaunt, warum sie sich dessen schämen solle. Ein neues Deutschlandbild ging um die Welt: Die Deutschen, das waren jetzt plötzlich die aufgeschlossensten und weltoffensten Europäer, deren Hilfsbereitschaft und Toleranz sich wohltuend von der Engstirnigkeit oder Kaltherzigkeit manch anderer Länder Europas unterschieden. Auch wenn die Mühen der Ebene immer strapaziöser wurden, verliebten sich immer mehr wohlmeinende Freunde offener Grenzen in ihr vorteilhaftes Selbstbildnis. Sie sahen ein Volk von Lichtgestalten.

Und daneben Dunkeldeutschland. Ein Bild des Grauens: Ewiggestrige, die auch 70 Jahre nach Hitlers Tod durch braunen Sumpf wateten, rechtsextreme Verbrecher, die Flüchtlingsunterkünfte anzündeten, Brandstifter, die sich als besorgte Bürger ausgaben. Diese Kräfte gab und gibt es tatsächlich. Aber beschreibt diese Wahrnehmung, dieses Bild tatsächlich alle Zweifel, alle Ängste, alle Vorbehalte gegen das, was 2015 geschah? Natürlich haben neue Nazis – die alten leben ja nicht mehr – versucht, sich dieses Themas zu bemächtigen, um Ressentiments auszuleben, Hass zu schüren und völkische Töne zu spucken. Aber ist deshalb jede Sorge, ja jede kritische Nachfrage, wie das alles weitergehen soll und wo es enden kann, schon Ausdruck verfassungswidriger, rechtsextremer Gesinnung? Natürlich ist ein Verbrechen nichts anderes als ein Verbrechen. Deshalb ist jeder, der dunkelhäutige Menschen mit wilden Verfolgungsjagden in den Tod hetzt oder durch Brandstiftung Menschen gefährdet, ein Krimineller, dem ausschließlich die Härte des Rechtsstaates gebührt und kein politisches Gehör. Aber ist deshalb jede Nachfrage, warum Deutschland alle Flüchtlinge aufnimmt, die von anderen europäischen Ländern abgewiesen oder durchgewunken werden, warum fast alle anderen europäischen Länder mit Flüchtlingen anders verfahren, obwohl sie demselben Völkerrecht unterliegen, warum nach monatelanger Prüfung auch jene Migranten, die kein Bleiberecht haben, nicht des Landes verwiesen werden, warum die Terrorangst heute allgegenwärtig ist, obwohl doch jedes Sicherheitsrisiko bis zum Überdruss bestritten worden ist, warum immer mehr Milliarden für die Bewältigung des Problems bereitgestellt werden, obwohl die Flüchtlinge doch ein großes Geschäft für die sozialen Kassen sein sollten, kurz: Ist jede dieser Nachfragen in einen Topf zu werfen mit Naziparolen oder kriminellen Taten, als wären lästige Fragesteller zwingend rechtsextrem oder kriminell? Es ist zweifellos so, dass sich mancher Brandstifter als besorgter Bürger ausgibt. Aber ist deshalb jeder besorgte Biedermann ein Brandstifter?

Gerade die Aufgeklärten, gerade linke und liberale Stimmen sollten größten Wert auf Differenzierung legen. Nur mit Differenzierung ist den neuen Phänomenen beizukommen. Wir müssen unterscheiden zwischen Asylbewerbern, Bürgerkriegsflüchtlingen, Menschen, die vor Hunger und Elend fliehen, und Menschen, die einfach im großen Strom mitschwimmen wollen, aus welchen Gründen auch immer. Wir müssen unterscheiden zwischen dem Islam als Weltreligion, den völlig verschiedenen Strömungen im Islam, dem zunehmend machtbewussten politischen Islam, dem

Islamismus, der wie jeder Fundamentalismus zu schrecklichen Entgleisungen führt, und dem islamistischen Terror, von dem der Publizist Jürgen Todenhöfer einmal so treffend sagte, er habe mit Religion so viel zu tun wie Vergewaltigung mit Liebe. Wenn aber Differenzierung der »Markenkern« der Aufklärung ist, dann muss das aufgeklärte Deutschland auch mit seinen Widersachern differenziert umgehen, muss Bereitschaft zeigen, verschiedene Grautöne wahrzunehmen, und deutlich unterscheiden zwischen nazistischen und kriminellen Einstellungen einerseits, die nur auf einhellige Ablehnung stoßen dürfen, und Fragen und Bedenken andererseits, die sich nicht mit moralischem Hochmut verbieten, nicht flink in die rechtsradikale Ecke stellen lassen, sondern ernst genommen und seriös beantwortet werden müssen.

Wenn Integration angestrebt wird, also Einbeziehung und Teilhabe von allen, muss dies nicht nur für Neuankömmlinge am Bahnhof gelten, sondern auch für Bevölkerungsgruppen, die immer schon zu unserer Gesellschaft gehören, weder rechtsextrem noch kriminell sind, aber mit immer mehr Entwicklungen »fremdeln«. »Fremde« in einem anderen Sinn. Integration als große gesellschaftliche Anstrengung ist misslungen, wenn die Bevölkerung hinterher tiefer gespalten ist denn je. Und es gibt nicht nur die eine Sollbruchstelle! Aufgeklärte Politik, der es nicht um die eigene moralische Überhöhung geht, sondern tatsächlich um das Wohl der Allgemeinheit, muss an allen Sollbruchstellen ansetzen und fragen, wie sich verhindern lässt, dass die bereits vorhandenen Gräben immer tiefer und breiter werden.

Kann man den sozialen Frieden ohne Integration bewahren, wenn es mit schon so schwer ist? Die Frage, ob Integration überhaupt gelingen kann, ist heute in Wahrheit umstrittener denn je, obwohl das Ziel noch nie so unumstritten war wie heute. Das war einmal ganz anders. Ich erinnere an den heftigen Meinungsstreit in Bayern, weil in den Jahren nach 1966, dem Jahr meines Parteibeitritts, der verschüchterten Sozialdemokratie von allen staatstragenden Kräften des Freistaats – also der CSU – vorgeworfen wurde, die Gastarbeiter integrieren zu wollen. Jawohl, Sie haben richtig gelesen, das war damals ein Vorwurf!

Die CSU wollte nämlich um Himmels willen keine Integration dieser Italiener und Spanier, auch wenn sie noch so katholisch waren, dieser Griechen, die als Orthodoxe mindestens genauso fromm waren, und dieser Türken, über deren Religion man damals noch nicht gesprochen hat, weil es nur um ihre Arbeitskraft und nicht um ihren Glauben ging. Nein, das Leitbild der bayerischen Staatsregierung hieß »Rotation«! Die Gastarbeiter sollten bitte schön »rotieren«, also nach einer Reihe von Jahren nützlicher Arbeit wieder von der Bildfläche verschwinden, um nur ja nicht sesshaft zu werden und Wurzeln zu schlagen und am Ende auch noch Bürgerrechte haben zu wollen. »Rotation statt Integration« konnte man immer wieder im *Bayernkurier* lesen. Kein Geringerer als Franz Josef Strauß kümmerte sich um »muttersprachliche Schulklassen«, in denen türkische Kinder alles Mögliche, vor allem aber Türkisch lernen sollten, damit sie sich wieder »zu Hause« einfügen und nicht hier in der bayerischen Fremde Fuß fassen konnten. Man sollte sich gelegentlich daran erinnern: Das war Strauß und nicht Erdoğan!

Aber wie es halt so ist: Das Rotationsprinzip hielt sich nicht lange. Das war nicht nur bei den Grünen so, die das Rotationsprinzip für ihre Mandatsträger sehr schnell durch das Modell des Abgeordneten auf Lebenszeit abgelöst haben, sondern auch bei der CSU, die irgendwann feststellen musste, dass weder die Gastarbeiter noch ihre bayerischen Arbeitgeber an der Rotation interessiert waren, sodass man sich auf den längeren Verbleib der »Gastarbeiter« im Land einrichten musste. Wie Max Frisch gesagt hat:

»Wir haben Arbeitskräfte gerufen – und es sind Menschen gekommen.« Und diese Menschen brauchten nicht nur einen Arbeitsplatz, sondern eine Wohnung, eine Schule für ihre Kinder, eine Mitgliedschaft im Sportverein, kurzum: was Menschen eben so brauchen. Und sie zahlten auch stets ihre Steuern und Sozialabgaben, sodass niemand an ihrer Existenzberechtigung in unserer Gesellschaft zweifelte.

Zum Ende seiner Amtszeit als Münchner Oberbürgermeister schrieb Hans-Jochen Vogel 1972 in seinem Buch »Die Amtskette«: »München ist eine Einwandererstadt. Das mag manche erschrecken. Aber es ist die Wahrheit. Heute schon leben in München rund 180 000 Nicht-Deutsche, 33 % von ihnen 5 Jahre und länger. Der Begriff Gastarbeiter hat hier vieles vernebelt. Denn zumindest die 60 000, die schon seit über 5 Jahren unter uns wohnen, sind gar keine Gäste mehr, die uns demnächst wieder verlassen wollen. Sie haben hier geheiratet oder ihre Frauen und Kinder nachkommen lassen und sind bei uns sesshaft geworden (...) Hier stellt sich zunächst einmal eine Integrationsaufgabe, von deren Ausmaß wir wahrscheinlich alle noch keine zutreffende Vorstellung besitzen.« Das ist 45 Jahre her! Aber solche Wahrheiten wurden ungern ausgesprochen, lieber verdrängt und tabuisiert.

In ganz Deutschland, nicht nur in Bayern, hieß es seitens der Konservativen noch jahrzehntelang: »Wir sind kein Einwanderungsland!« Wohlgemerkt: Das wurde noch vertont, nachdem und obwohl CDU-Kanzler immer wieder Anwerbevereinbarungen mit den Herkunftsländern der Gastarbeiter geschlossen hatten. Armin Laschet, der erste Integrationsminister Nordrhein-Westfalens und jetzige CDU-Vize, hat es einmal treffend formuliert: »Es ist die Lebenslüge der Konservativen gewesen, dass Deutschland kein Einwanderungsland sei.« Weil nicht sein kann, was nicht sein darf.

Unfassbar, was seither alles versäumt wurde, weil man die selbst geschaffene Realität nicht wahrhaben wollte. Gut, die Volkshochschulen haben Sprachkurse angeboten, das Schulwesen hat auf die fremdsprachigen Kinder reagiert, die Belegschaften haben ausländische Kollegen zu Betriebsräten gewählt, die Sportvereine großartige Integrationsarbeit geleistet, doch das blieb alles erschreckend bruchstückhaft, ich fürchte sogar: im Grunde unerwünscht.

Ich erinnere mich noch plastisch an die Wahl von Johannes Rau zum Bundespräsidenten im Jahr 1999. Mich hat in der Berliner Bundesversammlung tief bewegt, dass er sich ausdrücklich als Staatsoberhaupt aller hier lebenden Menschen verstehen wollte, unabhängig von ihrer Herkunft. Nach München zurückgekehrt, hörte ich in den Nachrichten vor allem wütenden Protest der CSU, die sich durch genau diese Worte des neuen Präsidenten provoziert fühlte. Heute gebraucht Angela Merkel die gleichen Worte, wenn sie die Anmaßung von Pegida zurückweist, diese winzige verbitterte Truppe sei »das Volk«. Nein, sagt die Kanzlerin, das Volk seien alle Menschen, die hier leben. Wie Johannes Rau.

Geärgert hat mich als SPD-Mitglied allerdings, dass kein sozialdemokratischer Bundeskanzler je auf die Idee gekommen ist, alle gesellschaftlichen Kräfte der Bundesrepublik zu einem »Integrationsgipfel« einzuladen. Das hat erst Angela Merkel getan. Als Städtetagspräsident durfte ich daran teilnehmen und einige Monate später überrascht feststellen, dass diese Initiative tatsächlich Früchte trug. Seitdem ist Integration als Zielsetzung, als Leitbild, als Aufgabe über alle Parteigrenzen im Parlament hinweg unbestritten. Aber hält ihr Erfolg damit Schritt?

Offen gesagt habe ich mir, wie wohl fast alle, die sich für Integration engagierten, die Sache viel zu einfach vorgestellt. Gut, die erste Generation sprach nur radebrechend Deutsch. Aber die zweite wuchs doch schon mit deutschem Sprachunterricht auf. Und bei der dritten würde die Herkunft bald keine Rolle mehr spielen. Kommt Zeit, kommt Integration, dachte ich. In Wahrheit wuchsen die Kinder der zweiten Generation mit den Ansprüchen ihrer deutschen Mitschüler auf, ohne sie erfüllt zu bekommen. Das frustrierte sie und stimmte sie teils recht aggressiv. Und bei der dritten Generation brachen Konflikte auf, an die wir nicht einmal in einem Albtraum gedacht hatten.

Die verblüffendste Erklärung dieses Phänomens lieferte mir im Februar 2017 in meinem Volkshochschulkurs »Politik der Woche« der Politikwissenschaftler und Migrationsforscher Aladin El-Mafaalani, ein syrischstämmiger Heidelberger Professor. Er spitzte seine anschaulich vorgetragenen Beobachtungen zu der These zu: »Wenn Integration gelingt, werden die Probleme am größten.« Das klingt bemüht geistreich, ist aber ernst gemeint – und wahr. Er hat es so beschrieben: »Die radebrechenden Gastarbeiter saßen hier zunächst neben dem Tisch am Boden – bescheiden und zufrieden, weil sich ihr Schicksal gebessert hatte. Die nächste Generation nahm am Tisch Platz und wollte einen größeren Teil vom Kuchen. Das führte zum Konflikt mit allen, die selber auch nur ein kleines Kuchenstück abbekommen hatten. Aber die nächste Generation wollte schon mitentscheiden, was für eine Art von Kuchen gebacken werden soll und welche Tischsitten herrschen. Da gibt es dann nicht nur Verteilungskämpfe, die die unteren Einkommensgruppen berühren, sondern Auseinandersetzungen um die Deutungshoheit, also heftige kulturelle Auseinandersetzungen, die auch konservativen Mittelschichten nahegehen.« Das ist sehr salopp formuliert, aber unglaublich einleuchtend. Es erklärt vor allem, warum Integration als Aufgabe nicht nur den rechten Rand verstört, sondern auch einkommensschwache Schichten, auch SPD-Stammwähler, und später auch konservative Mittelschichten, also Wähler der konservativen Parteien. Dies lässt sich nicht nur an Meinungsumfragen, sondern auch bei Wahlergebnissen ablesen.

Dass Integration dort am besten gelingt, wo der Ausländeranteil am größten ist, also in Deutschland beispielsweise in den Wirtschaftsräumen Hamburg, Frankfurt, Stuttgart und München, und am schlechtesten dort, wo der Ausländeranteil bei zwei Prozent oder noch darunter liegt, also in schrumpfenden Städten nicht nur Ostdeutschlands, ist für El-Mafaalani kein unlösbares Rätsel. Wenn in der eigenen Kommune keine Ausländer leben, verhindert dies allenfalls gegenseitige Nachbarschaftshilfe, Kollegialität am Arbeitsplatz, gemeinsame Mitgliedschaft im Sportverein oder den gemeinsamen Schulweg der Kinder, nicht aber Ängste vor Verteilungskämpfen im Sozialwesen oder einen »Kulturkampf«, wer das Land prägen darf: »Da reichen viele Fernsehansagerinnen mit fremdländischen Namen oder dunkelhäutige Reporter oder muslimische Teilnehmerinnen an Talkshows, um die Frage aufzuwerfen, wer jetzt hier das Sagen hat.«

Einfacher wird es also nicht von allein, Integration kann sogar immer schwieriger werden, gerade, wenn sie erfolgreiche Beispiele der Teilhabe hervorbringt. Aber was ist die Konsequenz daraus? Ihr eine Absage erteilen? Feindseligkeit gegen Minderheiten schüren, um wenigstens den Rückhalt bei einer gerade noch existierenden Mehrheit zu ergattern, wie es offenbar Donald Trump mit erschreckendem Erfolg getan hat? Dass dies vielleicht zum Machterwerb für kurze Zeit genügt, aber nicht für die langfristige Sicherung des inneren Friedens, liegt auf der Hand. Kein Mensch und keine Macht der Welt können die Migrationsprozesse vergangener Jahrzehnte und Jahrhunderte rückgängig machen. Gerade weil die Unterschiede länger fortwirken, als manchem klar war und uns allen lieb ist, gibt es keine Alternative zum friedlichen Zusammenleben von Menschen unterschiedlicher Herkunft, Nationalität, Hautfarbe, Religion, Sprache oder sexueller Identität. Und friedliches Zusammenleben ist nun einmal nur möglich bei allseitigem Verzicht auf Gewalt, auf Unterwerfung oder Ausgrenzung, auf Hass und Verachtung – und nur möglich bei wechselseitigem Respekt.

Integration kann sogar für untere Einkommensgruppen zu einer Bereicherung werden, wenn sie die Vielfalt, die ihnen sonst nicht zugänglich wäre, wahrnehmen und genießen – und Vielfalt kann sogar die eigene kulturelle Identität festigen, wenn man sie bewusster wahrnimmt und ihre Qualitäten zu schätzen lernt, auch im Unterschied zu anderen Identitäten, die man gelten lassen muss, sich aber nicht zu eigen zu machen braucht. Dies ist leichter gesagt als getan. Es ist im Grunde genommen ein Appell an die Bereitschaft zu lebenslangem Lernen, wie fremde Kulturen, die früher auf verschiedene Erdteile verteilt waren, sich jetzt in ein und derselben Stadt begegnen, respektieren, austauschen und in Frieden lassen können, im Glücksfall sogar wechselseitig anregen und befruchten.

Lebenslanges Lernen wird sicher von vielen als Zumutung empfunden. Aber was wäre die Alternative? Sich der Realität der eigenen Stadt, der eigenen Kommune, des eigenen Viertels verschließen und sich dem Hass hingeben, dass es andere Menschen gibt, die vom Erdboden verschwinden müssten, ehe man sein eigenes Glück finden kann? Oder längst vergangenen Zeiten nachtrauern, in denen es diese Vielfalt vor Ort noch nicht gab und die garantiert nicht wiederkehren werden, auch wenn damals vieles noch einfacher und nicht so strapaziös war?

So, wie die Realität inzwischen ausschaut, ist ein Leben ohne Integration schlichtweg nicht möglich. Sarajewo war lange Zeit eine friedliche Stadt der Vielfalt. Als ethnische und religiöse

Unterschiede nicht mehr respektiert wurden, begann die schlimmste Zeit für alle Bewohner. Aleppo führt uns mit seiner bald nicht mehr auffindbaren Ruinenlandschaft täglich vor Augen, wie eine Stadt ohne Kompromisse am Ende aussieht.

Multi-Kulti oder:
Von der bunten Verheißung zum Schreckgespenst

Wenn Konservative die Einwanderung nicht mehr leugnen und die Integration nicht mehr zurückweisen können, versuchen sie häufig, wenigstens eine letzte Bastion zu halten: Hohn und Spott über »Multi-Kulti«. »Multi-Kulti« hat es zu einem unverzichtbaren politischen Kampfbegriff gebracht, weil jeder etwas anderes darunter versteht und auch verstehen kann. So trägt kein Diskussionsbeitrag, der auf dieses Schlagwort zurückgreift, irgendetwas zur Klärung bei, aber sehr viel zur Begeisterung der Anhänger und zur Entrüstung der Gegner.

In der Tourismuswerbung und im Stadtmarketing bezeichnen sich viele Städte als »multikulturell«. Das verspricht für jeden etwas, Orient und Okzident, die Vielfalt des Mittelmeerraums, der arabischen Völker, der Ethnien Afrikas oder Südamerikas, des Melting Pott New York, Abwechslung ohne Ende, den Reichtum des Lebens. Das ist die Reklameversion. Daneben gibt es auch die Schreckensversion: Parallelgesellschaften, die sich voneinander abschotten, nur die eigenen Gesetze respektieren, aber nicht die des Staates. Man denkt an Scharia in Kreuzberg und die Übergriffe von Nordafrikanern auf der Kölner Domplatte in der Silvesternacht 2015/16.

Je nachdem, woran das Auditorium zuerst denkt, kann man die

Augen der Anhänger einstmals neuer sozialer Bewegungen zum Glänzen bringen, wenn man multikulturelle Vielfalt preist und zu ihrer entschlossenen Verteidigung aufruft – oder aber konservatives Publikum zu Begeisterungsstürmen hinreißen, indem man »Multi-Kulti« für »mausetot« erklärt oder als entsetzliche Gefahr an die Wand malt. So lassen sich Gräben immer tiefer ziehen, ohne in der Sache etwas ausgesagt zu haben.

Ist »Multi-Kulti« gescheitert? Das kann man nur beantworten, wenn wirklich klar ist, was der Begriff meint. Wenn »Multi-Kulti« nichts meint als die Tatsache, dass unsere, vor allem großen, Städte längst nicht mehr nur von einer Nationalität, von einer Religion oder gar einer Konfession, einem einzigen Lebensstil und von einem allgemeinverbindlichen kulturellen Leitbild geprägt werden, sondern von Menschen verschiedener Nationalität, Konfession, Lebensweise oder Kultur, dann ist diese Realitätsbeschreibung einfach unbestreitbar wahr. Wenn »Multi-Kulti« aber die naive Einschätzung meint, dass jede Art der Verschiedenartigkeit nur bereichernd und beglückend sei und niemals ein Problem darstellen könne, dann ist dies durch Fehlentwicklungen widerlegt. Und wenn »Multi-Kulti« tatsächlich bedeuten soll, dass das Nebeneinander verschiedener gleichwertiger Kulturen auch ein Nebeneinander gleichwertiger Regelwerke bedeutet, also auch eine Relativierung unserer Normen und Werte – was tatsächlich viele Minderheitenschützer schon vertont haben! –, dann ist es höchste Zeit für ein Stoppsignal. Nein, Wertschätzung anderer Kulturen und ihrer Gleichwertigkeit kann nicht bedeuten, dass die Verfassung und ihre Werte, die Gesetze und die demokratische Grundordnung zur Disposition gestellt werden, als ob jede Minderheit sie nach Belieben verwerfen oder nach eigenem Gusto ersetzen dürfte. Es gibt ja tatsächlich Minderheiten, die das Gewaltmonopol des Staates nicht nur in der Theorie, sondern auch in der

Praxis bestreiten, im Ausland öfter als im Inland, aber durchaus auch in Deutschland. Und Grundrechte werden immer öfter nur in Anspruch genommen, aber nicht bei anderen anerkannt, wenn sie bei der eigenen Gruppe in Ungnade gefallen sind oder politisch im Wege stehen.

Deshalb sollten wir die babylonische Sprachverwirrung um den Begriff »Multi-Kulti« nicht fortführen, nur um im politischen Meinungsstreit vor der eigenen Anhängerschaft punkten zu können, sondern endlich Klarheit schaffen: Die Multikulturalität unserer Gesellschaft ist eine unumkehrbare Realität. Dieser Pluralismus ist kein Kindergeburtstag, sondern eine strapaziöse Herausforderung. Die Vielfalt der Kulturen und ihre Gleichwertigkeit sind zu respektieren, dürfen aber niemals so missverstanden werden, als ob sie die Verfassungsordnung von den Grundrechten bis zum Gewaltmonopol des Staates in Zweifel ziehen oder ersetzen könnten.

Allen, die sich mit der multikulturellen Realität unserer Städte nicht abfinden wollen, möchte ich ein Wort der Präsidentin der Israelitischen Kultusgemeinde Münchens, Charlotte Knobloch, zurufen, das einfach zum Nachdenken und zur begrifflichen Klarheit zwingt: »München war nur zwölf Jahre lang keine multikulturelle Stadt, zwölf Jahre lang gab es nur eine einzige Monokultur in der Hauptstadt der Bewegung.« Noch Fragen? Wohl kaum. Deshalb können wir unsere Städte als multikulturelle Orte preisen, die keineswegs mausetot sind oder mausetot sein sollten. Ein politisches Konzept hingegen, das politischen, religiösen oder ethnischen Minderheiten zubilligt, eigene Normen oder Wertgefühle an die Stelle des Grundgesetzes zu setzen, können sich sämtliche Verfassungspatrioten tatsächlich nur mausetot wünschen.

Flucht oder: Das konnte ja keiner ahnen

Noch immer tun viele so, als habe uns der sprunghafte Anstieg der Flüchtlingsströme des Jahres 2015 getroffen wie ein Erdbeben oder eine Springflut, die selbst mit modernstem seismografischem Gerät nicht vorauszusehen waren. Allein dieser Rechtfertigungsversuch legitimiert beachtliche Vertrauensverluste. Denn in Wahrheit fehlte es nicht an Hinweisen und Vorboten. Sie alle verdrängt oder verschwiegen und keine Vorsorge getroffen zu haben stellt Kompetenz und Autorität aller Verantwortlichen in Frage. Damit ist aber nicht nur die Regierung gemeint. Denn die bittere Wahrheit ist, dass tatsächlich niemand – also auch keine parlamentarische Opposition, keine politische Minderheit und kein Massenmedium – diesen plötzlichen Massenandrang angekündigt hat. Es dürfte Gründe geben, warum das so war.

Das Phänomen »Flucht« – oder besser: Migration – ist so alt wie die Menschheitsgeschichte. Der Homo sapiens eroberte aus Afrika kommend den Globus und schon das Alte Testament berichtet von Menschen, die in großer Zahl vor Verfolgung und Unterdrückung fliehen mussten, vor Gewalt und Krieg, vor Zerstörung ihrer Umwelt durch Naturgewalt oder menschliche Ausbeutung, vor Elend und Perspektivlosigkeit am bisherigen Lebensort. Rechtlich wurde das allerdings nicht so feinsinnig unterschieden wie von unserem Grundgesetz, das besonders im Auge hatte, wovor deutsche Bürger während des Dritten Reichs ins Ausland fliehen mussten, nämlich wegen politischer oder rassistischer Verfolgung. Was die Flucht vor Elend und Perspektivlosigkeit angeht, können viele deutsche Regionen mit eigenen Erfahrungen aufwarten: Ein Drittel der Bevölkerung Bayerns beispielsweise machte sich einst als »Wirtschaftsflüchtling« auf den Weg in die Neue Welt. Diese Migranten wurden nicht von den Wittelsbachern politisch verfolgt, sondern drohten mitsamt ihren Familien zu verhungern. Es ist schwer zu begreifen, warum ausgerechnet das Wort »Wirtschaftsflüchtling« zur moralischen Abwertung verwendet wird. Andererseits sind wirtschaftliche Fluchtmotive nach der Rechtsordnung unseres Grundgesetzes etwas anderes als politische oder rassistische Verfolgung. Wer das Grundgesetz zur Richtschnur seines Handelns macht – und Staatsorgane sind sogar dazu verpflichtet –, kann diese Unterscheidung nicht einfach für irrelevant erklären. Es ist eine rechtliche, keine moralische Unterscheidung. Sie unterscheidet Sachverhalte, nicht den Wert von Menschen.

Bayern beispielsweise hat aber nicht nur mit Abwanderung, sondern auch mit Zuwanderung mehr Erfahrung als andere Bundesländer. In kein anderes Bundesland kamen so viele Vertriebene wie nach Bayern, wo die Sudetendeutschen sogar als »vierter Stamm« gewürdigt werden. Die Umstände, die bei der Ankunft der Vertriebenen herrschten, wurden erstaunlich perfekt verdrängt: Sie wurden ja nicht als Arbeitskräfte aus dem eigenen Kulturkreis, mit derselben Religion und derselben Nationalität willkommen geheißen, sondern als unerwünschte Mitesser vom Hof gejagt, als »Rucksack-Deutsche« verhöhnt und mit abfälligen Kommentaren begleitet. Auch damals schon galt, dass weitere Mitesser unerwünscht sind, wenn man selber mit einem viel zu kleinen Teil des Kuchens vorliebnehmen muss. Aber die Integration dieser Vertriebenen gehört zu den größten Leistungen der bundesrepublikanischen Gesellschaft, und zwar auf beiden Seiten: Die aufnehmende Mehrheitsgesellschaft akzeptierte die gesellschaftliche Herausforderung nach anfänglichem Widerstreben dann doch, und die Vertriebenen waren bereit, sich integrieren zu lassen, auch wenn unsereins über manche Rhetorik ihrer Pfingsttreffen zutiefst entrüstet oder befremdet war. Die Moral von der Geschichte: Es ist viel mehr Integration (in den Arbeitsmarkt, den Wohnungsmarkt und die Verfassungsordnung) möglich, als erste Aggressionsreaktionen und überzogene Rhetorik vermuten lassen! Allerdings waren bei der Integration der Vertriebenen noch keine nationalen, religiösen und sprachlichen Unterschiede zusätzlich zu den sozialen Konflikten zu bewältigen.

Wenn es Flucht in großem Stil seit Menschengedenken gibt, müsste die Menschheit eigentlich stets darauf gefasst und vorbereitet sein, vor allem, wenn wie 2015 Fluchtursachen wie Bürgerkrieg, Stammeskämpfe, Terror und Elend sich beängstigend ausweiten und nirgendwo verschwinden. Die Wahrheit ist: Deutschland war es nicht, ebenso wenig wie ganz Europa.

Der Streit, wer es ein klein wenig vorhergesehen und wer besonders dämlich die Augen verschlossen hat, bringt leider nur wenig. Natürlich würde ich hier gerne darauf verweisen, dass ich im Jahr 2013 die bayerische Sozialministerin Christine Haderthauer, die dann später mit ihren einträglichen Modellautos von der Bildfläche verschwunden ist, eindringlich in einem Brief darauf hingewiesen habe, dass der Freistaat eine zweite Aufnahmestelle im Münchner Bereich schaffen müsse, um wachsenden Zustrom bewältigen zu können. Die Antwort war kaltschnäuzig und lautete, ich habe keine Ahnung, weil die Fachwelt sich darin einig sei, dass die Zahlen ab jetzt sinken würden. Das ist schon blamabel für die Staatsregierung und soll deshalb nicht völlig unerwähnt bleiben, aber an der Tatsache, dass alle politischen Kräfte, außer peinlicherweise den Scharfmachern am rechten Rand, die Bevölkerung beschwichtigen wollten, ändert dies nichts. Beschwichtigung war das Gebot der Stunde! Die Staatsregierung wollte nicht mit Zuwachsprognosen die eigenen Stammwähler verängstigen. Die Opposition aber erst recht nicht! In »weltoffenen« Kreisen galt es als Bürgerpflicht, täglich zu betonen, dass die Prognose wachsender Zahlen rechte Brandstiftung sei, nichts als ein Instrument, um Angst zu machen und Akzeptanz zu zerstören. Wenn sich Regierung und Opposition samt Kirchen und Zivilgesellschaft derart einig sind, dass zwecks Beschwichtigung verdrängt werden muss, was das Zeug hält, hat weder die Prognose noch die Vorsorge eine Chance. Die Frage, wer das postfaktische Zeitalter erfunden hat, ist meines Erachtens nicht so einfach zu beantworten, wie es derzeit in den trauten Runden moralischer Überlegenheit geschieht.

Der feste Wille zur Beschwichtigung reicht aber allein nicht aus, um so unvorbereitet und überrascht zu sein, wie wir alle es im Herbst 2015 waren. Da kamen noch viele Fehlanalysen hinzu, die großen Teilen der bundesdeutschen Öffentlichkeit unterlaufen sind. Auf Anhieb wüsste ich niemanden, der hier nicht zumindest bei einigen Punkten einbezogen werden müsste.

Bereits vor dem Herbst 2015 waren weltweit geschätzte 50 Millionen Menschen auf der Flucht. Viele flohen nur innerhalb der eigenen Staatsgrenzen in einen anderen Landesteil, die Mehrzahl in die Nachbarländer, in denen weder Sozialhilfe noch Integration angeboten wurde, aber immerhin Flüchtlingscamps unüberschaubarer Größe, was nur zum nackten Überleben reichte. In manchem kleinen Nachbarland mit großen ökonomischen Problemen betrug der Flüchtlingsanteil rund ein Drittel der Bevölkerung. Wie konnte man nur glauben, dass die Millionen Menschen in gigantischen Flüchtlingscamps Jahr für Jahr auf ein Ende des Bürgerkriegs warten würden und dass die kleinen Nachbarländer immer mehr und noch mehr Flüchtlingsströme aufnehmen würden? Die Antwort ist wohl, dass wir allesamt darüber nicht nachgedacht haben, weil wir darüber nicht nachdenken wollten und das Ergebnis solchen Nachdenkens fürchteten. Und wie konnten wir glauben, dass unser Europa dauerhaft unerreichbar bleibt für

Menschen aus Ländern, die wir als Urlaubsort kennenlernen durften? Entfernungen, die wir in zwei, drei Flugstunden überwinden können, mussten doch auch in umgekehrter Richtung überwindbar sein, mit Schiffen, Autos oder zu Fuß, zumindest wenn man dafür viele Monate und viel Geld investiert und großes Risiko auf sich nimmt. Aber seien wir doch ehrlich: Wer diese Möglichkeiten und die denkbaren Dimensionen fünf oder gar zehn Jahre vor dem Herbst 2015 beschrieben hätte, wäre doch gerade von den Initiativen Pro Asyl und von den Befürwortern offener Grenzen als Hysteriker, Panikmacher und Helfershelfer von Rechtspopulisten gebrandmarkt worden.

Fehlanalysen kamen zum Beschwichtigungswillen noch hinzu. Selbst die Kritiker des Irakkriegs, den George W. Bush auf Lügen gestützt und in völkerrechtswidriger Weise vom Zaun gebrochen hat, haben höchstens vorhergesehen, dass die staatliche Ordnung kollabieren und dies neu rekrutierten Terroristen den Weg ebnen würde, nicht aber, dass ein »Islamischer Staat« entstehen würde, der Millionen und Abermillionen in die Flucht treibt. Und andere konnten und wollten sich später nicht vorstellen, dass Russland das Assad-Regime bei der Bombardierung der eigenen Bevölkerung tatkräftig unterstützen und so die Fluchtgründe vervielfachen würde.

Das gesamte demokratische Spektrum einschließlich aller maßgeblichen Massenmedien hat auch den Arabischen Frühling völlig falsch eingeschätzt. Wir – und wer wollte sich da ausnehmen? – haben ihn für den Beginn der Demokratisierung der arabischen Länder gehalten, für die Übernahme europäischer Werte im Maghreb und im Nahen Osten und nicht für den Auftakt eines einzigen verheerenden Desasters mit unvorhersehbaren Folgen in immer mehr Ländern. Die grenzenlose Barbarei angeblich religiös geprägter Hassprediger und Gewaltverbrecher haben wir uns auch nicht vorstellen können. Diese bedeutende Fluchtursache hatten wir »nicht auf dem Schirm«, weil uns dieses Bild zu konfliktträchtig, zu feindselig und zu ausweglos erschien.

Und was die Zukunft Afrikas betrifft: Sie hat uns schlichtweg nicht interessiert, weil die Stammeskämpfe und Bürgerkriege, Dürrezeiten und Naturkatastrophen immer unübersichtlicher und deprimierender wurden, sodass wir einfach nicht hinsehen wollten, wenn Waffenlieferungen und Militäraktionen des Westens die Konflikte befeuerten und europäische Agrarsubventionen, wohlgemerkt für die eigene Landwirtschaft, die ersten Ansätze einer afrikanischen Selbstversorgung ruinierten. Dabei hätten wir gewarnt sein können! Willy Brandts Nord-Süd-Kommission hatte schon vor Jahrzehnten darauf hingewiesen, dass der Nord-Süd-Konflikt schlimmer werden könnte als der damals für überwunden gehaltene Ost-West-Konflikt. Das war uns egal, solange die Hungernden in Afrika starben und unsere Kreise in Europa nicht störten.

Solche Selbstbezichtigungen helfen jetzt bei der aktuellen Flüchtlingsfrage zugegebenermaßen auch nicht weiter, zumindest nicht auf die Schnelle. Aber sie könnten es erleichtern, wenigstens in Zukunft die Ursachen der Migrationsbewegungen beherzt anzugehen, auch wenn dies im NATO-Bündnis konfliktträchtig und überdies auf jeden Fall sehr kostspielig wird. Ein »weiter so« würde demgegenüber bedeuten, dass wir einen Zustrom wie im Herbst 2015, oder sogar noch größer, öfter erleben müssten, da die Flüchtlingsfrage ein Jahrhundertthema ist. Wenn wir den Niedergang Afrikas, der bereits Dutzende Millionen Flüchtlinge auf dem Kontinent in Richtung Norden in Bewegung gesetzt hat, genauso verdrängen, wie wir den Syrienkrieg in den Jahren vor 2015 verdrängt haben, dann haben wir aus dem größten Kontroll- und Autoritätsverlust der deutschen Nachkriegsgeschichte in

Wahrheit nichts gelernt. Leider kann ich nicht erkennen, dass das Thema »Afrika« im politischen Diskurs auch nur annähernd den Stellenwert erhält, der im europäischen Interesse geboten wäre. Es könnte sich alles noch einmal wiederholen, nur schlimmer.

Die postfaktischen Thesen der Freunde offener Grenzen

Zu den festesten Überzeugungen der Freunde offener Grenzen gehört, dass alle Andersgläubigen dem postfaktischen Zeitalter zuzuordnen sind, weil sie frei erfundenen Schreckensnachrichten (die es tatsächlich gibt) oder maßlosen Übertreibungen hinsichtlich der Kosten oder der Kriminalität von Zuwanderern auf den Leim gegangen sind oder selbst solche Parolen verbreiten. Daran ist viel Wahres, und wie viel Politik mit »Fake News« gemacht wird, kann man nicht nur im deutschen Netz verfolgen, sondern auch am Präsidentschaftswahlkampf der USA und vor allem seinem Ergebnis sehen. Aber stimmt die Schwarz-Weiß-Malerei, dass die Freunde offener Grenzen auch in ihrer gelegentlichen Argumentationsnot nur die Wahrheit verbreiten und nichts als die Wahrheit? Ich möchte die Probe aufs Exempel machen, nicht um zu denunzieren, sondern um manchen Moralisten vom hohen Ross auf den Boden der Tatsachen herunterzubitten.

»Entspannt euch: Die Zahlen gehen doch deutlich zurück!«

Es ist unbestreitbar, dass der Flüchtlingsansturm im Herbst 2015 die amtlich erfassten Jahreszahlen nicht über die Millionengrenze getrieben hat, wie lange verbreitet und befürchtet worden war, sondern sich auf 890 000 einpendelte, was freilich nur die behördlich erfassten Flüchtlinge betrifft und nicht jene, die jeglicher behördlichen Erfassung »durch die Lappen gingen«. Aber immerhin: Es ist eine belastbare Vergleichszahl. Im Folgejahr 2016 sank diese Zahl auf 400 000. Das beruhigte die Lage, bremste den Zulauf zur AfD, die nach ihren längst vergessenen Gründerzeiten als eurokritische Partei nur noch vom Flüchtlingsthema und der Angst vor weiterem Zuzug lebte. Und es freute die etablierten Parteien, da das Flüchtlingsthema immer noch die Stimmung verhagelte, aber nun immerhin eine Verschnaufpause gewährte. Keine Talkshow ohne den Hinweis auf die gesunkenen Zahlen. Alles im Griff. Problem gelöst. Krise vorbei. Und weil die Zahlen so gering sind, kann man umso heftiger die Kleingeister, Scharfmacher und Unmenschen in die Pfanne hauen, die in Mazedonien, Ungarn und Österreich die Grenzen dichtmachen. Scharfmacher, die von der Beruhigung der Lage einfach nicht Notiz nehmen wollen. Wer hier aufhört, lügt mit zutreffenden Zahlen. Denn die Frage ist doch: Warum sind diese Zahlen gesunken? Und können sie wirklich mit ihrer fröhlichen Entwarnung die Scharfmacher längs der Balkanroute ins Unrecht setzen? In Wahrheit ist es doch eher umgekehrt: Weil die Transitländer der Balkanroute die Tore geschlossen und Zäune errichtet und damit (fast) unser aller Empörung geerntet haben, sind die Zahlen zwangsläufig zurückgegangen. Wir haben das zwar nicht bestellt, sondern im Gegenteil mit aller uns zu Gebote stehenden Empörung schärfstens verurteilt – aber profitieren können wir gleichwohl davon und selbstzufrieden hinzufügen, das Problem sei nie so groß gewesen, wie es aufgeregte Kritiker der Grenzöffnung an die Wand gemalt haben. Niemand erwartet, dass alle Merkelianer in CDU, SPD und FDP sowie bei den Grünen und Linken sich bei Viktor Orbán bedanken, aber sie könnten doch wenigstens so ehrlich sein, insgeheim zu bedenken, dass sie da Schwein gehabt haben und dass ohne die von ihnen verachteten und gebrandmarkten Maßnahmen die eigene Hütte längst brennen würde.

»Wir brauchen sie dringend als Facharbeitskräfte«

Bevor die Zahlen sanken, brauchte es noch zugkräftige Argumente, um die Höhe der Zahlen in ein positiveres Licht zu tauchen. Also hieß es: »Wir brauchen die Flüchtlinge dringend als Facharbeitskräfte.« Die Wirtschaft stimmte mit ein und investierte in Anzeigenkampagnen nach seriösen Schätzungen erheblich mehr als in Arbeitsplätze für Flüchtlinge. Das Resultat war nach einem Quartal schon verblüffend: Keine 200 Beschäftigungsverhältnisse waren entstanden – wohlgemerkt bei 890 000 Flüchtlingen, die allein in einem Jahr hinzugekommen waren. Das ist ja nicht der Schluss der Geschichte, natürlich können es nach Sprachkursen und Vermittlungsgesprächen Tausende werden, vielleicht sogar Zehntausende. Man kann es nur hoffen, im Interesse der Flüchtlinge, deren Qualifikation und Lerneifer oft verblüffend sind und die eine Chance auf dem Arbeitsmarkt haben sollen. Man kann es sogar den Arbeitgebern gönnen, auf diesem Wege Facharbeitskräfte zu gewinnen, die sie sonst gerne durch Prekarisierung der Arbeitsverhältnisse verlieren. Aber hält heute noch irgendjemand die These aufrecht, auch nur die Hälfte oder ein Viertel der Flüchtlinge werde in absehbarer Zukunft die Stelle einer Facharbeitskraft besetzen? Ich habe jedenfalls noch keinen solchen Experten getroffen. Spricht das jetzt gegen Humanität oder grundsätzliche Pflichten? Natürlich nicht. Aber es wirft die Frage auf, warum »postfaktische« Verheißungen in die Welt gesetzt werden, obwohl sie kaum den Hauch einer realen Grundlage haben. Doch offensichtlich, um befürchtete kritische Stimmen mundtot zu machen. Kann man es da den verblüfften Fernsehzuschauern und Zeitungslesern wirklich verübeln, dass sie sich auf den Arm genommen fühlen, sauer darüber werden und den Verkündern der frohen Botschaft auch bei anderen Fragen nicht mehr über den Weg trauen? Da hilft es dann wenig, wenn später beteuert wird, Sorgen und Nöte müssten ernst genommen werden. Das Sprichwort sagt so richtig: »Wer einmal lügt, dem glaubt man nicht …« Und es wurde schon öfters gelogen. Nicht nur von Dunkeldeutschland, wo man ohnehin nichts anderes erwarten kann, sondern von den Lichtgestalten.

»Sie retten unser Sozialsystem in Zeiten des demografischen Wandels«

Von ähnlicher Qualität ist die inzwischen nur noch selten gehörte These, die Flüchtlinge würden unser Sozialsystem retten, das in Zeiten des demografischen Wandels an der Überalterung der einheimischen Bevölkerung leide. Und die Flüchtlinge sind ja so erfrischend jung! Auch hier ist nicht alles so falsch, wie die Gegner vermuten, aber auch nicht so richtig, wie die Vertreter der These glauben machen wollen. In der Tat sind die Flüchtlinge im Durchschnitt jünger als die einheimische Bevölkerung. Das hat aber auch damit zu tun, dass zuerst vor allem die jungen Männer kommen, die fit, gesund und mobil genug sind, um sich auf eine mehrmonatige Reise einzulassen, einschließlich einer hochriskanten Schlauchbootfahrt im Mittelmeer. Aber erlaubt dies schon Aussagen über die Auswirkungen auf unser Sozialsystem? Wann werden bei wie vielen die ersten Sozialbeiträge fließen und in welcher Höhe? Wie schaut die Bilanz aus, wenn im Zuge des Familiennachzugs auch die Eltern nachkommen? Sind dann bei den Sozialkassen immer noch mehr Einzahlungen als Auszahlungen zu erwarten? Und wie schaut es bei den Krankenkassen aus, wenn jahrelang im Bürgerkrieg oder im Flüchtlingscamp unterlassene Gesundheitsversorgung nachzuholen ist?

Vor allem aber fragt sich der misstrauisch gewordene Zeitgenosse: Wenn Flüchtlinge so einträglich sind, warum streiten sich die politischen Repräsentanten der Landkreise, der Bundesländer, der europäischen Nationen nicht um einen größeren Anteil am Flüchtlingsaufkommen, sondern nur darum, wie man diese Bereicherung anderen aufnötigen kann. Es scheint da zwei Wahrheiten zu geben: eine, an die man selber glaubt, und eine ganz andere, die man als Beruhigungspille dem Wahlvolk verabreicht.

Auch hier gilt natürlich: Die Frage der Einträglichkeit wirkt zynisch, wenn es um Humanität und grundgesetzliche Pflichten geht. Aber wer hat denn angefangen, mit einer demografischen Diskussion ökonomische Nützlichkeitserwägungen einzuführen? Wer hier eine beglückende Rechnung aufstellt, muss damit rechnen, dass sie auch hinterfragt wird und dass »vergessene« Aspekte nachgereicht werden. Und wieder stellt man fest, dass die Beschönigung der Lage die Menschen nicht beruhigt, sondern im Gegenteil zusätzlich aufregt. Postfaktische Thesen haben es an sich, spätestens zum Zeitpunkt ihrer Widerlegung kontraproduktiv zu wirken.

»Die Statistik beweist: Die Sicherheitslage ist prima!«

Seit Extremisten versuchen, Menschen ausländischer Herkunft überproportional kriminelle Neigungen zuzuschreiben – und das tun sie tatsächlich von Anfang an –, versuchen wir Repräsentanten der linken und liberalen Öffentlichkeit, mit polizeilicher Statistik dagegenzuhalten. Mit gutem Recht, mit gutem Grund.

Tatsächlich waren über viele Jahre, ja Jahrzehnte hinweg die pauschalen Beschuldigungen schlicht falsch. Immer wieder habe ich auch selber im Namen der Münchner Stadtverwaltung und in Übereinstimmung mit dem Münchner Polizeipräsidium bekannt gegeben, dass die sogenannte »Ausländerkriminalität« jedenfalls nicht signifikant größer ist als die der einheimischen Bevölkerung, insbesondere dann, wenn man jene Delikte ausklammert, die nur von Ausländern begangen werden können wie Verstöße gegen das Ausländerrecht. Dieses Resultat ist auch einleuchtend, denn warum sollte ein türkischer Facharbeiter, Fließbandarbeiter, Obsthändler, Gastwirt eher straffällig werden als sein deutscher Kollege? Selbst für die überwältigende Mehrheit der Flüchtlinge gilt, dass unter ihnen im Durchschnitt keine erhöhte Kriminalität nachzuweisen ist.

Umso mehr frage ich mich aber, warum die Medien sich selbst auferlegt haben, im Polizeibericht die Herkunft von Tatverdächtigen zu verschweigen. Dies soll vor Diskriminierung oder unzulässigen Verallgemeinerungen schützen, bewirkt aber genau das Gegenteil: Wenn »Ausländerkriminalität« vorsätzlich und zum Schutz des politischen Klimas verschwiegen wird, ist sie ja wohl noch schlimmer als bisher allgemein angenommen. Damit nicht genug: Wenn der Zeitungsleser keinen Hinweis erhält, welcher Nationalität der Tatverdächtige ist, wird er sich selber seinen Reim auf diese Frage machen – und der fällt gerade bei den »leicht entflammbaren« Menschen sicher ungünstiger aus, als die Realität dies nahelegen würde. Das Münchner Polizeipräsidium hat diesen Unfug übrigens nie mitgemacht, und ich kann nicht erkennen, dass dies dem politischen Klima in der bayerischen Landeshauptstadt geschadet hätte. Angaben über das Geschlecht und das Alter werden ja auch veröffentlicht, und niemand spricht davon, dass der erschreckend hohe Anteil männlicher Tatverdächtiger auf mangelnde Integrierbarkeit des männlichen Geschlechts schließen lasse oder der hohe Anteil jugendlicher Täter dem Ansehen der Jugend geschadet habe. Müssen Medien sich wirklich dem Verdacht aussetzen, sie würden relevante und gewünschte Informationen unter Verschluss halten, um bestimmte politische Wirkungen zu erzielen oder zu vermeiden? Obwohl sie sonst ihre Existenz auch damit begründen, dass der mündige Bürger sich seine Meinung über gesellschaftliche Themen auf der Grundlage ungefilterter Information selber bilden können müsse?

Viel wichtiger aber ist folgende Frage: Bedeutet die immer noch beruhigende Statistik, dass die Sicherheitslage prima sei, unbelastet durch den Zustrom von Migranten? Nehmen wir doch einige Ereignisse dieses noch jungen laufenden Jahres. Auf der Kölner Domplatte ist im Gegensatz zum vorangegangenen Silvesterfest zwar nichts wirklich Schlimmes mehr passiert, aber der Sicherheitsaufwand war gigantisch, beherrschte vorher und nachher die Medienlandschaft. Und auch der Karneval war nicht mehr mit den Vorjahren vergleichbar. Allerorten Betonklötze wie Panzersperren, um Anschläge mit Lastkraftwagen zu verhindern. Hält es da wirklich jemand für möglich, der Bürgerschaft Ängste, und seien sie noch so diffus, mit statistischen Werten auszureden? Hilft es wirklich, zur »Entwarnung« mitzuteilen, dass die meisten »Gefährder« schon länger im Land sind, also nicht den Flüchtlingsströmen angelastet werden können? Kann man nach dem Lkw-Anschlag auf den Berliner Weihnachtsmarkt noch aufrechnen, dass durch das rechtsextreme Oktoberfest-Attentat von 1980, durch die Morde des NSU und weitere Morde der rechtsextremen Szene mehr Tote zu beklagen waren als durch islamistische Terroranschläge in Deutschland? Was rechnerisch stimmt, aber an der aktuellen Gefährdungslage der Republik vorbeigeht? Kann man nicht einfach einräumen: Ja, es stimmt, dass die Sicherheitslage so bedrohlich geworden ist, dass wir vollkommen neue Register ziehen müssen, nicht nur Panzersperren bei Volksfesten, sondern alle vernünftigen und rechtsstaatlichen Mittel, um Risiken zu reduzieren und sowohl das subjektive Sicherheitsgefühl wie auch die objektive Sicherheitslage zu verbessern, weil der internationale islamistische Terror eine unleugbare Realität ist und kein Hirngespinst paranoider Menschen.

Verstehen Sie mich bitte nicht falsch: Ich habe als Münchner Oberbürgermeister 21 Jahre lang versucht, den rechtsextremen Charakter des Oktoberfest-Attentats offenzulegen und in Erinnerung zu halten, und ich leite jetzt als Pensionär einen Verein gegen rechte Gewalt, die ich unverändert für brandgefährlich halte. Aber dennoch war ich fassungslos, wie viele politische und kirchliche Vertreter für alle 890 000 Flüchtlinge des Jahres 2015 ihre Hand ins Feuer legten und beteuerten, dass diese Menschen auf der Flucht vor Gewalt und Krieg allesamt keine Straftäter seien. Ich kann mir überhaupt keine Menschenmenge dieser Größenordnung vorstellen, für die ich meine Hand ins Feuer legen würde, egal um welche Organisation, Konfession oder Berufsgruppe es gehen mag. Aber erst für 890 000 Menschen, über die der Staat in zahllosen Fällen nichts weiß, nicht einmal mit Sicherheit das Herkunftsland oder den Namen? Hier die Möglichkeit des Missbrauchs in einigen Fällen einzuräumen wäre nicht nur intellektuell redlicher gewesen, sondern es hätte auch die sofortige Debatte ausgelöst, wie zumindest eine provisorische Registrierung und Identitätsbestimmung nachzuholen sei. Stattdessen grenzenlose Vertrauensseligkeit in einer sonst durch Misstrauen gekennzeichneten Verwaltungswelt. So macht man aus Risiken (die kein Mensch hätte völlig ausschließen können) ein Glaubwürdigkeitsproblem der offiziellen Flüchtlingspolitik.

»*Kein Mensch ist illegal*«

Zu den Aussagen der Lichtgestalten, die einer näheren Überprüfung nicht standhalten, aber schön klingen und das Herz wärmen, gehört auch der Slogan: »Kein Mensch ist illegal!« Das ist zunächst einmal wunderbar sympathisch: Alle Menschen sind gleich, alle in ein und derselben/dieselbe Welt geboren, niemand ist bloß wegen seiner Herkunft illegal. Wer wollte da widersprechen. Wer es tut, kann kein Herz haben. Muss ein Nationalist sein, vielleicht gar ein Rassist. Grenzen sind doch Relikte einer vergangenen Zeit. Einer Zeit, die jetzt wirklich endlich überwunden werden muss. Entsprechend groß ist der Beifall bei Welcome-Partys und einschlägigen Demonstrationen, wenn ein Redner ausruft: »Keiner von euch ist illegal! Bleiberecht für alle! Macht die Grenzen auf!«

Das stimmt zwar nicht mit der Realität nahezu aller Länder dieser Welt überein (»nahezu« schreibe ich nur zur Vorsicht, tatsächlich kenne ich kein einziges), ignoriert das Staatsrecht, das Ausländerrecht aller Staaten und fände nirgendwo eine demokratische Mehrheit, macht aus dem Redner aber im Eilverfahren einen besseren Menschen und haut jeden in die Pfanne, der jetzt noch erklären will, wem das Grundgesetz Asylrecht einräumt (und wem nicht), für wen das Völkerrecht ein Bleiberecht geschaffen hat (und für wen nicht) und welche Voraussetzungen eine Einbürgerung hat.

Gegen Ende meiner Amtszeit fanden 2013 in München erst Hunger-, dann lebensgefährliche Durststreiks von Flüchtlingsaktivisten auf dem Rindermarkt in der Nähe des Rathauses statt. Sie forderten ultimativ sofort führende Bundespolitiker als Gesprächspartner (was ich bei Mieter- und Gewerkschaftsbund, Wohlfahrtsverbänden oder Städtetag auch bei dringlichsten Anliegen noch nie erlebt hatte) und natürlich ein Bleiberecht für alle Streikenden. Tatsächlich gelang es Ministerpräsident Horst Seehofer und mir bei einem Treffen in der Staatskanzlei, zwei bundesweit angesehene Spitzenpolitiker für ein nächtliches Gespräch zu präsentieren, den früheren Präsidenten des bayerischen Landtags und des Zentralrats der Katholiken in Deutschland, Alois Glück, CSU, und Dr. Hans-Jochen Vogel, ehemaliger Bundesjustizminister und SPD-Vorsitzender. Mit Engelsgeduld versuchten die beiden, dem Sprecher der Demonstranten klarzumachen, dass sie die Verfassung und die Gesetze nicht ändern und auch nicht anstelle der Gerichte über Einzelfälle entscheiden könnten. Kopfschütteln, Empörung, Kampfansagen. Als in der Folgezeit die ersten Streikenden kollabierten und Sanitätern sowie Ärzten der Zugang verwehrt wurde, hat die Polizei im vollen Einvernehmen mit Stadt und Staat die Zeltstadt geräumt und die Opfer der eigenen Aktion in Kliniken verbracht. Der bisherige Verlauf war schon befremdlich genug, aber jetzt erst geschah das Unbegreifliche: Die hellsten aller Lichtgestalten fielen über Politik und Polizei her, weil der Einsatz zur Lebensrettung unverhältnismäßig und verfrüht gewesen sei und die Politiker »nichts bieten konnten«. Eine Stadträtin der Linken sagte tatsächlich, man hätte warten müssen, ob tatsächlich einer stirbt. Helferkreise meinten, man hätte den Streikenden mehr bieten müssen, um Frieden zu stiften. Offenbar zumindest ein wenig »Bleiberecht nach Gutsherrenart«.

Nach manchem Spießrutenlauf durch die »Helferszene« erlebte ich dann noch bei zahlreichen Bürgerkontakten, wie viel Unverständnis, Wut und Zorn sich dort über die Dreistigkeit der Aktivisten aufgestaut hatte. Und die Moral von der Geschicht': Wer die haltlosesten Versprechungen macht, ist vielleicht doch nicht der beste Mensch, bereitet aber mit Sicherheit den Boden für rechte Stimmungen, die er vorgeblich bekämpfen will.

Es stimmt übrigens nicht, dass die Öffentlichkeit von Politikern stets erwartet, die Wahrheit zu sagen. Zweimal war im Fernsehen zu sehen, dass eine Politikerin einem Mitglied einer Flüchtlingsfamilie beim Besuch in der Unterkunft sagte: »Sie wissen aber schon, dass Sie nicht bleiben dürfen?!« Das war einmal die Kanzlerin, einmal die damalige bayerische Sozialministerin Emilia Müller. Eine Welle der Entrüstung schwappte darauf durch alle Medien: Wie kann man nur so herzlos sein? Schnell machte das Wort von der »Eisprinzessin« die Rede. (Erst später, im Herbst 2015, wurde dieselbe Kanzlerin von denselben Medien dann als »Mutter Theresa« aller Flüchtlinge gefeiert.) Muss das sein, dass man eine unerfreuliche Rechtstatsache auch noch ehrlich ausspricht? Aber was hätten die beiden Frauen denn sonst sagen sollen? Was hätten die entrüsteten Leitartikler und Fernsehkommentatoren wohl an ihrer Stelle gesagt? »Wir schaffen das schon!«? Oder: »Ich helfe Ihnen schon, dass für Sie das Gerichtsurteil aufgehoben wird!«? Oder nur salbungsvoll: »Glauben Sie mir, alles wird gut!«?

Muss man paranoid sein, um den Verdacht zu hegen, bei diesem Thema soll nicht unbedingt reiner Wein eingeschenkt, sondern lieber schöngefärbt werden?

Die Erfindung der Solidarität

Nicht nur das Versprechen, alle Grenzen auf diesem Globus einreißen zu können, ist trügerisch und vor allem dem eigenen Selbstbild gewidmet, sondern ebenso das deutsche Selbstverständnis, beim Flüchtlingsthema die Solidarität erfunden zu haben und von den anderen Mitgliedsstaaten schmählich verraten worden zu sein. Auch wenn uns dieses moralische Überlegenheitsgefühl guttut, beruht es wieder einmal auf Verdrängung.

Die gesamte Vorgeschichte wird unter den Teppich gekehrt, weil sie nicht so ruhmreich ist und mit dem Gedanken der Solidarität eher weniger zu tun hat. Dabei gab es, als die Abkommen Dublin I, II und III von den wirtschaftlich starken EU-Mitgliedsstaaten Deutschland und Frankreich durchgesetzt wurden – unter Gerhard Schröder genauso wie vorher unter Helmut Kohl und nachher unter Angela Merkel –, durchaus schon Erfahrungen mit Flüchtlingszahlen, die die Befürchtungen überschreiten und die Frage der gerechten Verteilung aufwerfen können. Schließlich hatte der Balkankrieg bereits an den Grundfesten des Asylrechts in Deutschland gerüttelt, weil das Land sich überfordert fühlte. Aber was war die Antwort? Der Grundsatz, dass das Anerkennungsverfahren für Asylbewerber und Flüchtlinge in dem Staat abzuwickeln ist, dessen Boden vom Antragsteller oder Flüchtling als Erstes betreten wird. Wen das verschonen und wen das besonders hart treffen würde, war dabei aufgrund der geografischen Verhältnisse von Anfang an klar. Länder wie die starken Mitglieder Deutschland und Frankreich kann man praktisch nur als erstes EU-Land betreten, wenn man mit dem Flugzeug anreist. Es ist nicht polemisch, hier von den »besser verdienenden Flüchtlingen« zu sprechen. Wer hingegen zu Fuß, mit einem Bus oder mit einem Schlauchboot ankommt, kann dies nur in Griechenland, in Bulgarien, auf italienischen Inseln, in Spanien (dort auch in Ceuta und Melilla) tun. Ich kann im Netz suchen, so lange ich will, ich finde einfach keine wütenden Proteste, Parteitagsbeschlüsse und Gesetzesinitiativen, um hier der Solidarität Geltung zu verschaffen. Übrigens auch keine Leitartikel und Fernsehkommentare. Die Lösung war doch schlicht genial: »Wir« garantieren jedem Flüchtling ein mehrmonatiges, wenn nicht mehrjähriges Anerkennungsverfahren, aber halt nicht bei uns, sondern in den wirtschaftlich schwächeren, ohnehin schon überschuldeten

Mittelmeerstaaten. Dürfen die Griechen, die Italiener und Spanier nicht ganzjährig dort leben, wo wir nur wenige Wochen Urlaub im Jahr verbringen können? Dann sollen sie jetzt auch mal den Preis einer derart privilegierten Lage bezahlen!

Die Erleuchtung, wie unverzichtbar und überlebensnotwendig Solidarität beim Flüchtlingsthema zwischen den Mitgliedsstaaten der Europäischen Union ist, kam zu uns nur auf Umwegen: über Griechenland, die Balkanroute und Ungarn sowie Österreich. Denn plötzlich waren sie da, die Flüchtlinge. Und mit ihnen kam der Gedanke der Solidarität: Muss man eine derartige Last, auch wenn sie bisher nur als Bereicherung gesehen wurde, nicht auf alle verteilen? So gerecht wie bisher die Schulden? Nein, Verzeihung, das war jetzt ein schlechtes Beispiel, denn Schulden sind immer selbst verschuldet, während wir mit den Fluchtursachen aber auch nicht das Geringste zu tun haben. Um es klar zu sagen: Wir haben solidarische Lastenverteilung immer abgelehnt, wo sie auf unsere Kosten hätte gehen können, und erst entdeckt, als wir selber etwas verteilen wollten. Zumindest gilt dies für die beiden zentralen Themen Schulden- und Flüchtlingskrise. Bei allgemeinen Finanzierungsfragen, vom Agrar- bis zum Strukturfonds, zahlen wir mehr ein, als wir herausbekommen. Aber gerade die Vertreter der EU und ihre glühendsten Verteidiger in der deutschen Politik haben immer – zu Recht! – darauf hingewiesen, dass Deutschland vom Binnenmarkt und seinen Regelwerken mehr profitiert als Geld hineingesteckt habe. Das kann den Mangel an Solidarität in der Schulden- und Flüchtlingskrise also nicht wettmachen.

Trotzdem hat Martin Schulz natürlich recht, wenn er erklärte Gegner von Merkels Flüchtlingspolitik wie Ungarns Viktor Orbán warnt, man könne nicht einerseits am Tropf der EU hängen und andererseits jede Solidarität verweigern, wenn man einmal selbst gefordert sei. Wer nehmen will, muss auch geben. Man kann nicht nur eigene Interessen durchsetzen, sondern muss auch Pflichten erfüllen – und nicht einfach abwälzen auf die Staaten, die stärker betroffen sind. Deutschland ist nicht besser als die anderen Staaten, aber mittlerweile betroffener. Das hat aber mit moralischer Überlegenheit nichts zu tun. Eher mit Interessenvertretung. Dann sollte man das aber auch so sagen. Und nicht als »Moraltante« die anderen so abstrafen, dass sie auf Gegenwehr sinnen.

»Herrgott, wir danken Dir, dass wir nicht sind wie Trump!«

Das letzte Kapitel über die postfaktischen Thesen der Freunde offener Grenzen steht auch deshalb am Schluss, weil es am aktuellsten ist – und mir am schwersten fiel. Ja, Donald Trump ist eine einzige Zumutung, ein Brechmittel, eine Schande für eine zivilisierte Nation, ganz zu schweigen für die Führungsmacht der freien Welt, die freilich noch mit weiteren Peinlichkeiten bei NATO-Partnern und Verbündeten (vom Abhörskandal bis zum Drohneneinsatz) aufwarten kann. Trumps Umgang mit Frauen, mit Minderheiten, mit der Pressefreiheit – einfach grauenhaft. Darum geht es aber an dieser Stelle leider nicht, sondern um den Umgang unserer Lichtgestalten – der Ausdruck ist übrigens nicht polemischer als das präsidiale »Dunkeldeutschland« – mit der vielschichtigen Wirklichkeit in Zeiten der Flüchtlingsströme. Gerade wenn man möchte, dass europäische Kritik an Trump sachgerecht, glaubwürdig und treffsicher wirkt, sollte man ihm nicht voller Entrüstung ausgerechnet das zum Vorwurf machen, was man selber auch tut, wenn auch nicht in derart rüpelhaftem Ton und pöbelnder Aggressivität. Stichworte: Erfassung von Illegalen, Abschiebung, Grenzziehung zu Mexiko.

Dass unser aller Grundgesetz, das gerade in diesem Punkt von keiner relevanten Kraft zur Disposition gestellt wird, nicht jedem Menschen ein Bleiberecht einräumt, sondern nur unter gesetzlichen Voraussetzungen, hatten wir schon. Dass abgeschoben werden kann, ist seit jeher klar, es wurde auch immer schon tatsächlich abgeschoben, wenn die rechtlichen Anforderungen erfüllt waren, nur das Ausmaß war unterschiedlich. Politisch strittig ist, ob die Voraussetzungen einer Abschiebung immer vorliegen, wenn sie seitens der Behörden angenommen werden, beispielsweise im Herkunftsland Afghanistan mit all seinen gefährdeten Landesteilen und seinen Terrorbanden.

Aber im Prinzip ist der längst klammheimlich vollzogene Wandel von der Willkommenskultur zur Abschiebepraxis weitestgehend akzeptiert. Und was die Grenzsicherung angeht, unterscheidet sich der mit Stacheldraht bewehrte gigantische Zaun um die spanische Exklave Ceuta gegenüber von Gibraltar nicht grundlegend vom bestehenden Zaun an der mexikanischen US-Grenze. Beide haben das Ziel der Unüberwindlichkeit. Trumps Mauer wäre ungleich teurer und von erschreckender Symbolik, von historischen Analogien ganz zu schweigen. Aber ist das eine Frage des Völkerrechts, der Menschlichkeit oder der Moral? Und unterscheidet sich Europas Flüchtlingspolitik, die derzeit fieberhaft angestrebt wird, in der Zielsetzung so grundlegend von Trumps Abschottungsversuchen, dass wir gerade an diesem Beispiel den in der Tat gewaltigen Unterschied zwischen Europa und dem aktuell herrschenden Zustand der USA festmachen sollten? Ich empfehle mehr Selbstkritik. Es wird lange dauern, bis an der mexikanischen Mauer mehr Menschen gestorben als im Mittelmeer ertrunken sind.

Die postfaktischen Thesen der Fluchtkritiker – oder: Die Herrschaft des Unrechts

Warum so eine ausführliche Widerlegung der einschlägigen Parolen gutmeinender Repräsentanten der Willkommenskultur? Ganz einfach: weil sie den Anspruch erheben, für moralische und intellektuelle Überlegenheit zu stehen, im Gegensatz zur dumpfen Stimmungsmache der Gegenseite die Wahrheit und nichts als die Wahrheit zu sagen und Widerspruch in die rechte Ecke schieben zu dürfen. Weil sie im Parlament, in der Medienwelt und der politischen Öffentlichkeit allgegenwärtig sind und selten kritisch hinterfragt werden. Weil sie auf ihre Art ihren Teil zur Spaltung der Gesellschaft beitragen, indem sie Halbwahrheiten zu Dogmen erheben, statt überprüfbare Argumente auszutauschen.

Dagegen stehen die Parolen der Flüchtlingsfeinde,
1. die alle Menschen auf der Flucht vor Krieg, Terror und Gewalt nach unbeschreiblichen Verlusten, Gefahren und Strapazen als dreiste Schmarotzer hinstellen,
2. jeden Menschen auf der Flucht vor Elend und Hoffnungslosigkeit des Missbrauchs bezichtigen und als Betrüger behandelt wissen wollen,
3. sämtliche Migranten unter Kriminalitätsverdacht stellen und jede Polizeistatistik als regierungsamtliche Lüge abtun,
4. vom christlichen Abendland faseln, aber mit christlichen Werten noch nie etwas anfangen konnten,
5. sich gerne eifernd aufs Recht berufen, wenn sich reichlich weltfremde EU-Abkommen wie Schengen und Dublin (wie im Herbst 2015) als nicht realisierbar erweisen, aber Grundrechte und Verfahrensgrundsätze und Verfassungsgerichtsurteile, die das Asylrecht betreffen oder die Menschenwürde oder

den Schutz des Lebens oder das Minimum sozialer Unterstützung, einfach vom Tisch wischen,
6. oft nicht einmal davor zurückschrecken, Selbstjustiz gegen »Überfremdung« zu billigen (vor allem, wenn der Bevölkerungsanteil von Menschen fremder Herkunft im eigenen Ort oder Landstrich unter zwei Prozent liegt!).

Das ist so dumm, so falsch, so gemein, dass man nicht aufwändig dagegen argumentieren muss (und kann). Trotzdem rechtfertigt es nicht, im Namen der Aufklärung selber auch den Boden der Tatsachen zu verlassen – und damit dem Misstrauen gegen »die da oben«, gegen Politik, Medien und Kirchen und engagierte Flüchtlingshelfer Auftrieb zu verschaffen.

Innerhalb des demokratischen Spektrums ist die Prüfung aller Refrains, die fast täglich abgesungen werden, aber schon geboten. Damit sind wir wieder in Bayern. Die heftigste Aussage im mehrjährigen Krieg der Schwesterparteien war der Satz des CSU-Vorsitzenden und bayerischen Ministerpräsidenten, der Merkels Flüchtlingspolitik als »Herrschaft des Unrechts« bezeichnete. Nicht eine einzelne Fehlentscheidung, nicht ein gelegentliches Unvermögen hat er ihr vorgeworfen, sondern eine »Herrschaft des Unrechts«. Und das in Zeiten, in denen bundesweit immer noch diskutiert wurde, ob die DDR ein »Unrechtsstaat« gewesen oder nur ein Staat, in dem auch Unrecht geschehen sei. »Herrschaft des Unrechts« – ein derart vernichtendes Urteil hat nach meiner Kenntnis noch nie in der bundesdeutschen Geschichte eine Opposition gegen eine Regierung gefällt. Hier hat es ein Koalitionspartner verkündet, der nicht nur mit drei Bundesministern und weiteren Würdenträgern am »Unrechtsregime« beteiligt ist, sogar an den fraglichen Entscheidungen, sondern auch – als wäre nie etwas geschehen, worüber man auch nur die Nase rümpfen könnte – um jeden Preis am angeprangerten Regime beteiligt bleiben wollte und will. Vervollständigt müsste der Satz so lauten, um seine Ungeheuerlichkeit deutlich zu machen und seine Auswirkungen auf das politische Klima zu erklären: »Die Herrschaft des Unrechts – wir bleiben dabei!« Und dabei bezieht sich der zweite Satzteil nicht etwa auf das im ersten ausgesprochene Urteil, sondern auf das dort angesprochene Unrechtsregime: Uns ist keine Verdammung dieses Regimes hart genug, aber wir wollen trotzdem weiter mitmachen.

Kann man es radikalisierten Protestlern verdenken, dass sie in ihrer Wortwahl über die Regierungskoalition entgleisen, wenn es ein führender Repräsentant der Regierungskoalition auch tut? Was ist schlimmer: »Unrechtsregime« oder »Volksverräter«? Und kommt es auf etwaige Nuancen überhaupt noch an? Oder ist nicht entscheidender, dass in beiden Fällen das Tischtuch zwischen dem Kritiker und dem Ziel der Attacke endgültig zerschnitten ist und sich schon die Frage des Widerstandsrechts stellt, um einen »Verrat am Volk« oder ein »Unrechtsregime« zu beenden?

Überhaupt keine Rolle kann es meiner Meinung nach spielen, wer hier Vorbild und wer Nachahmer war. Beides ist nämlich gleich schlimm: Wenn ein Parteivorsitzender und Ministerpräsident mit seinem schlechten Vorbild Maßstäbe des politischen Anstands sprengt oder wenn er pöbelnde Radikalinskis nachahmt, um in ihrer Anhängerschaft nach Wählern zu fischen.

Übrigens ist gerade im Freistaat der Unterschied bekannt, ob ein Staat selber Unrecht begeht oder nur zu schwach ist, das Recht immer und überall durchzusetzen. Die Staatsregierung hat es in Prospekten für Wirtschaftsunternehmen sogar schon als »Standortvorteil« gepriesen, dass hier weniger Betriebsprüfungen seitens der Finanzämter als andernorts durchgeführt werden, weil für eine intensivere Kontrolle das Personal fehlt.

Da der Widerspruch zwischen der Verurteilung eines Unrechtsregimes und der anhaltenden Mitgliedschaft in dieser Legislaturperiode nicht mehr aufhebbar ist, wurde das nächste starke Wort der kommenden Periode gewidmet: Niemals werde sich die CSU an einer neuen Regierung beteiligen, wenn diese Regierung nicht die »Obergrenze« für Flüchtlinge realisiere. Dabei wurde die Zahl 200 000 genannt. Diese Forderung ist fraglos populär. Schließlich wurde die Zahl so hoch gewählt, dass sie die Aufnahmebereitschaft der meisten EU-Länder in den Schatten stellt. Und andererseits so niedrig, dass sie gegenüber dem Schreckensjahr 2015 Linderung verspricht: Wenn 890 000 mit größter Mühe und viel Verdruss gerade noch zu bewältigen waren, müsste ja für 200 000 tatsächlich gelten: »Das schaffen wir!« Hätte man es also mit politisch beliebig gestaltbaren Größenordnungen zu tun, wäre der Vorschlag klug gewählt. Und jede Partei, die in einen Überbietungswettbewerb eintritt, arm dran.

Aber die Inanspruchnahme eines Grundrechts ist nicht beliebig politisch gestaltbar. Die CSU kann ja auch nicht sagen: »Die Meinungsfreiheit ist uns heilig. Aber so viele Meinungen, wie derzeit geäußert werden, überfordern unsere Wähler. Deshalb muss das auf ein vertretbares Maß begrenzt werden.« Wenigstens theoretisch wäre ja das Grundrecht auf Asyl durch eine weitere Verfassungseinschränkung noch reduzierbar, aber erstens hat die CSU immer zugesagt, das Asylrecht im noch verbliebenen Umfang zu respektieren, und zweitens würden damit die Genfer Flüchtlingskonvention und sonstiges Völkerrecht nicht aufgehoben oder eingeschränkt. Warum konnten dann Mazedonien und Ungarn dennoch die Grenzen dichtmachen? Erstens, weil ihnen die Sprengkraft verweigerter europäischer Solidarität völlig egal war und zweitens, weil sie sich auf das Dubliner Abkommen berufen haben, wonach die langwierigen Verfahren in dem EU-Land durchzuführen sind, dessen Boden zuerst betreten wurde. Für das Erstaufnahmeland Griechenland hat der Europäische Gerichtshof diese Regelung allerdings wegen unhaltbarer, die Menschenwürde verletzender Verhältnisse zeitweise aufgehoben. Sicherlich könnte Deutschland von den Möglichkeiten des Dubliner Abkommens in seiner jeweils gültigen Fassung rigoroser Gebrauch machen, aber das ändert alles nichts daran, dass in einem Kontinent offener Grenzen Flüchtlingsströme zu erwarten sind, die Flüchtlinge möglicherweise das Land der Erstaufnahme nicht nennen und nicht einmal das Herkunftsland, sodass die Rücksendung oder Abschiebung auf unüberwindliche Hindernisse stößt.

Vor allem aber stellt sich die Frage: Was ist nach den ersten 200 000 Flüchtlingen, die in den ersten Monaten eines Jahres registriert werden, mit den folgenden Flüchtlingen zu tun? Ist ihnen das Asyl trotz vorliegender Gründe zu versagen? So viele Talkshows mit bayerischen Regierungsvertretern ich auch gesehen, so viele Interviews und Aufsätze ich auch gelesen habe, ich fand keine Antwort.

Das ist der Punkt: Die Obergrenze ist populär, aber nicht realisierbar. Und das kommt uns allen doch irgendwie bekannt vor. Richtig! Die Pkw-Maut. Auch die sollte deutsche Wähler beruhigen und ausschließlich Ausländer treffen. Dass alle europäischen Länder mit Pkw-Maut diesen Finanzbeitrag von In- und Ausländern gleichermaßen verlangen, wurde einfach ignoriert, ebenso die Tatsache, dass eine Maut nach EU-Recht niemanden diskriminieren darf. Am Ende wird die Kanzlerin sagen können: »Ich habe ja gleich gesagt, dass es mit mir keine Maut geben wird.« Sie wird nur hinzufügen müssen: »In der Realität.«

Die Pkw-Maut ist die Blaupause für die Flüchtlingsobergrenze: Sie wird gewünscht und ist an den Stammtischen populär, das muss reichen. Die Sach- und Rechtslage spielt keine Rolle. Wenn CDU und SPD nochmals in diese Konstellation geraten sollten, werden sie sich keine weitere vierjährige Tortur antun und schlicht wie bisher schon beim Nein bleiben. Die anderen im Bundestag vertretenen Parteien stehen noch weniger für eine Koalitionsvereinbarung mit Obergrenze zur Verfügung. Aber sie soll den Bundestagswahlkampf befeuern wie beim letzten Mal die Pkw-Maut für Ausländer. Wie oft soll dieses Spiel noch gespielt werden, das den Eindruck hinterlässt, gerade bei den sensibelsten Fragen könne man sich über die Rechtslage einfach hinwegsetzen?

Es ist auch dieser Umgang mit dem Flüchtlingsthema, der die Verständigung zwischen unterschiedlichen Lagern in der Bevölkerung so erschwert, die Fronten verhärtet und das Ansehen der demokratischen Institutionen so nachhaltig, vielleicht sogar unwiderruflich beschädigt. Rechte sehen sich durch ihre Nachahmer bestätigt und Wähler durch scheiternde Versprechen zutiefst enttäuscht. Das ist Wasser auf die Mühlen der Rechten.

Einfach die Realität nehmen, wie sie ist

Die Aufgaben, die uns die Migrationsbewegungen stellen, wären auch ohne Ausweitung der Willkommenskultur auf die gesamte Menschheit, ohne ärgerliche Schönfärberei und ohne unhaltbare Versprechungen schon groß und schwer genug. Eigentlich so groß, dass sich jede Bevölkerung bemühen müsste, sie gemeinsam zu bewältigen, statt sich zuerst einmal selber zu spalten oder spalten zu lassen in »Volksverräter«, die Menschen in Not Hilfe leisten, und »Neonazis«, die lästige Fragen stellen und so denken wie die Mehrheit der Regierungen in der EU.

Inzwischen wird die Zahl der Flüchtlinge weltweit auf 65 Millionen geschätzt. Viele harren im jeweils eigenen Land aus, obwohl dort alles auseinanderbricht. Andere bleiben noch in den Flüchtlingscamps der Nachbarländer, aber auch diese Länder können die Last bald nicht mehr tragen, vor allem keinen Schutz vor Terror und schon gar keine Zukunftsperspektive bieten. Der Bürgerkrieg – etwa in Syrien – zerstört die Städte immer mehr und rückt die Chance einer Rückkehr in immer größere Ferne. Immer mehr Länder Afrikas und des Nahen und Mittleren Ostens vertreiben ihre Jugend durch Elend und fehlende Zukunftschancen – Richtung Europa. Es ist keine Paranoia und keine rechte Stimmungsmache, wenn man die Zahlen der Zukunft auf Millionen schätzt, mittelfristig sogar auf eine zweistellige Millionenzahl. Das ist die Frage, die Antwort verlangt. Hingegen hilft es nicht weiter, wenn man sich moralisch überlegen fühlen kann, für alles Sündenböcke ausmacht oder glaubt, den Wähler noch einmal hinters Licht führen zu sollen. »Alle große politische Action besteht in dem Aussprechen dessen, was ist, und beginnt damit«, sagte Ferdinand Lassalle 1862. Und weiter: »Alle politische Kleingeisterei besteht in dem Verschweigen und Bemänteln dessen, was ist.« Für die Flüchtlingsdebatte heißt das: Man muss endlich von den vorhersehbaren Realitäten ausgehen und nicht von der Illusion, man könne die Zahl von Flüchtlingen für alle Zukunft per Dekret unter 200000 pro Jahr halten.

Von diesen Menschen, die kommen, wird ein sehr großer Teil nach dem Grundgesetz, dem Völkerrecht, der Flüchtlingskonvention ein Bleiberecht haben, ob uns das gefällt oder nicht. Also wird es eine humanitäre Pflicht sein, diesen Menschen, die mit oder ohne Verfolgung Entsetzliches hinter sich haben, mit Anstand und Respekt zu begegnen und Hilfe zu leisten, damit sie die Verfahrensdauer, die ja nur wegen unserer Versäumnisse so lang ist, unbeschadet überstehen, möglichst sogar sinnvoll nutzen. Weitere werden sich auf ein Abschiebehindernis berufen können (schwere Krankheit, drohende Gefahren, keine Aufnahmebereitschaft des Herkunftslandes), aller Voraussicht nach wird die Summe beider Gruppen die heute diskutierten »Obergrenzen« überschreiten. Wer diese Realität nicht hinnehmen will, soll nicht länger behaupten, dass er das Asylrecht und die Genfer Konvention respektiere. Ich habe einmal eine öffentliche Diskussion gehabt mit dem bayerischen AfD-Vorsitzenden, der erst respektabel klingende Bekenntnisse zum Asylrecht ablegte, das er selbst in Deutschland in Anspruch genommen habe, um dann nahezu alle Flüchtlinge zu »Wirtschaftsflüchtlingen« zu erklären und ihre sofortige Abschiebung zu verlangen. Asylrecht ohne Asylfälle – das ist auch nur Lug und Trug.

Wenn aber schon die Fälle mit Bleiberecht oder zumindest mit Abschiebungshindernis unsere Aufnahmebereitschaft in der Praxis voll in Anspruch nehmen, ja vielleicht sogar angetan sind, uns an den Rand der Überforderung zu bringen – nicht bei der Willkommensparty am Bahnhof, sondern in den Monaten und Jahren danach –, dann verbietet es sich meines Erachtens, den Kreis der Bleibeberechtigten – abgesehen von wohlbegründeten Ausnahmefällen wie bei nichtstaatlicher Verfolgung durch Terroristen oder drohender Genitalverstümmelung bei Frauen – grenzenlos auszuweiten, wie es bei jeder »Niemand ist illegal«-Demo und »Bleiberecht für alle«-Kundgebung gefordert und versprochen wird.

Würde ein Einwanderungsgesetz, wie es Rot-Grün seit Langem fordert und die Union ebenso lange ablehnt, die Bundesrepublik entlasten oder den Andrang vergrößern? Es stimmt beides. Es wäre eine Entlastung für das Bundesamt für Migration und

Flüchtlinge, wenn nicht alle, die kommen wollen, einen Asylantrag stellen müssten, um eine Chance auf ein Bleiberecht zu erhalten. Diese Entlastung durch weniger Fallzahlen könnte auch die Verfahrensdauer verkürzen. Bedeutsamer wäre aber die Lösung eines Problems, das die Öffentlichkeit, aber auch die betroffenen Arbeitgeber regelrecht aufwühlt: Viele Asylbewerber erlernen während ihres Verfahrens die deutsche Sprache, schließen vielleicht sogar eine Ausbildung ab und finden einen Job, sind durch diese Arbeit bestens integriert, vielleicht auch noch im Sportverein. Doch dann wird ihr Antrag abgelehnt und die Abschiebung droht. Diese Fälle empören die Ausbildungsstätten, die Arbeitgeber und die Kollegen, die Vereinsfreunde und oft sogar die Nachbarschaft. Gäbe es neben dem Pfad des Asylrechts auch einen Weg des Einwanderungsgesetzes, könnten diese Fälle problemlos gelöst werden. Gesuchte Fachkräfte, die noch im Ausland sind, könnten die Einreise genehmigt bekommen, ohne jemals das Wort »Asyl« aussprechen und langjährige Verfahren in Gang setzen zu müssen. Das ist wahr. Aber leider ist auch wahr, dass dies alles nicht das Geringste ändert an der Situation beispielsweise von Afrikanern, die keine Deutschkenntnisse und keine Berufsqualifikation haben, aber trotzdem nach Europa wollen. Sie würden, wenn ihnen das Einwanderungsgesetz keine Tür öffnet, wie bisher den Weg des Asylrechts beschreiten. Ein Einwanderungsgesetz ist und bleibt sinnvoll: um humanitäre Probleme zu lösen und Fachkräfte zu gewinnen. Aber man sollte nicht den Eindruck erwecken, dadurch ließe sich die Zuwanderung reduzieren.

Zu den unendlich schwierigen Abwägungsfragen, denen wir uns stellen müssen, gehört auch der Familiennachzug bei unbegleiteten minderjährigen Flüchtlingen, die indirekte Förderung des kriminellen Schleuserunwesens und die Verwirkung des Bleiberechts. Niemand kann bezweifeln, dass die Humanität die Familienzusammenführung verlangt, wenn eine Familie durch Kriegswirren auseinandergerissen wird. Aber müssen Aufnahmestaaten das »Geschäftsmodell« akzeptieren, dass Großfamilien einen jugendlichen Mann vorausschicken, der erstaunlich lang unter 18 Jahren bleibt und damit aufwendige Fürsorge nach dem Jugendhilferecht erhält und einen Anspruch auf Familiennachzug auslöst? Hier findet viel Moral statt Politik statt: Die Bundesregierung geht restriktiv vor, um den Zuzug zu bremsen, die Pro-Asyl-Szene verurteilt die Politik, und Kritiker gefallen sich in ihrer moralischen Überlegenheit, ohne fürchten zu müssen, dass sie sich durchsetzen werden. Hauptsache, wir setzen unsere Politik selbst herab trotz der gigantischen Aufnahmezahlen und der großartigen ehrenamtlichen Hilfe, die viele andere europäische Länder sich verkneifen.

Stichwort: Rettung aus Seenot. Die ersten Bilder von sinkenden Schlauchbooten im Mittelmeer und gestrandeten Schiffbrüchigen auf Lampedusa haben uns alle erschüttert. Wo bleibt die Hilfe für die Ertrinkenden? Inzwischen werden die ehrenamtlichen Retter, die unser Gewissen beruhigt haben, auch kritisch gesehen: Ermöglichen sie nicht erst das Geschäftsmodell krimineller Schleuserbanden, Hunderte Flüchtlinge, die erst finanziell ausgequetscht werden, in todgeweihte Schlauchboote zu stopfen, weil man sich darauf verlassen kann, dass sie schon nahe der libyschen Küste von Hilfsorganisationen aufgenommen und nach Europa verbracht werden? Sind die bestürzend hohen Zahlen der Todesopfer dem Fehlen weiterer Rettungsboote oder dem oft funktionierenden Geschäftsmodell anzulasten? Ich wage kein Urteil, weil ich das Engagement bewundere und die Auswirkungen kritisch sehe. Aber ich bewundere Diskutanten, die sofort einen Freispruch für die eigene Meinung bereit haben und Schande für die Gegenmeinung – ohne die Notwendigkeit einer politischen Lösung auch nur zu erwähnen.

Und schließlich: Kann man das Asylrecht, wie Sahra Wagenknecht, die Vorsitzende der Linken im Bundestag, ausdrücklich so formuliert hat, auch verwirken? Sicher nicht, wenn dies zu einer Auslieferung an den Henker führt. Aber wenn dieser extreme Ausnahmefall nicht vorliegt? Selbst grüne Politiker betonen, wenn sie sich durch Kriminalitätsfälle von Asylberechtigten in die Enge getrieben fühlen, dass das Gesetz bei schweren Straftaten ja die Abschiebung erlaube. Bekenntnisse zu dem Grundsatz, dass man das Asylrecht auch verwirken könne, habe ich von Freunden offener Grenzen und ausgeweiteten Bleiberechts aber noch nicht gehört. In Wahrheit stehen uns die schwersten Fragen erst noch ins Haus. Aus Afghanistan gibt es bereits Asylbewerber, die vortragen, dass sie als ehemalige Taliban jetzt politisch verfolgt würden. Was tun, wenn aus Syrien nach Angehörigen von Rebellenmilizen unterschiedlichster Prägung nach einer hoffentlich bald erfolgenden Zerschlagung des IS dann dessen Dschihadisten anklopfen, weil sie nunmehr politisch verfolgt werden, ja ihnen sogar die Todesstrafe droht? Davon sind wir vielleicht nur Monate entfernt. Mich regt auf, dass solche nun wirklich atemberaubenden Fragen nicht öffentlich diskutiert werden, weil schon das Bewusstsein, was alles passieren könnte, unerwünscht ist und durch eine moralische Haltung, die sich wohlfeil über politische Notwendigkeiten erhebt, ersetzt werden soll.

Zur Wahrheit, die ausgesprochen werden muss, gehört auch, dass unser Land nicht von Einzelnen aufgesucht wird, die mit Müh und Not politischer Verfolgung in diktatorischen Staaten entkommen konnten, wie man das aus der Geschichte des Dritten Reichs kannte und wie es in den ersten Jahrzehnten des Grundgesetzes der Fall war, sondern dass plötzlich große Flüchtlingsströme aus kollabierenden oder schon kollabierten Staaten nach Europa kommen, wo sie sich dann zumindest bis zum Herbst 2015 relativ frei im »Schengen-Raum« bewegen konnten. Sowohl die Flucht in Freiheit und Sicherheit als auch die Verteilung der Flüchtlinge sind also ein europäisches Thema. Ich bin zutiefst erschrocken, als ich im Fernsehen zum ersten Mal den Satz »Wir schaffen das!« von Angela Merkel hörte. Nicht etwa, weil er zu freundlich war. Hätte sie Menschen in größter Gefahr verprellen sollen? Auch nicht, weil er zu optimistisch klang. Hätte sie etwa »Wir brechen zusammen!« ausrufen sollen? Nein, mich störte an diesem Satz nur ein Wort: »Wir«. Das konnte aus dem Mund der deutschen Regierungschefin nur »Deutschland« meinen. Und damit alle anderen Europäer ausschließen: schon bei der Entscheidung, aber auch bei der Lösung, bei der Verteilung der Lasten. Das Echo hieß folgerichtig: »Das ist ein deutsches Problem!« Inzwischen wird zurückgerudert: »Nein, nein, wir schaffen's nicht allein, wir brauchen eure Hilfe.« Dies ist wahr, wurde aber – um mit Jean-Claude Juncker zu sprechen – »gefickt eingeschädelt«. Es wäre besser gewesen, das Thema etwas geschickter einzufädeln, etwa mit dem Satz: »Europa kann das schaffen.« Das hätte niemanden vor den Kopf gestoßen und auch niemand aus der Mitverantwortung entlassen.

Wenn aber eine europäische Aufgabe europäisch gelöst werden soll, kann Deutschland nicht alle rechtlichen, verfahrenstechnischen und finanziellen Regeln vorgeben. Ich habe mich anlässlich einer Donau-Schiffsreise 2015 in den beiden EU-Ländern Bulgarien und Rumänien umgesehen und umgehört. Die vom Bundesverfassungsgericht verlangten finanziellen Mindeststandards für Flüchtlinge liegen erheblich über den dortigen Sozialhilfestandards, sogar über manchem Mindestlohn. Wenn Europa EINE Wertegemeinschaft und EIN Wirtschafts- und Sozialraum ist, kann es dann richtig sein, dass die Menschenwürde je nach Aufenthaltsort einen derart unterschiedlichen Wert hat und dass ein nationales Gericht die Flüchtlinge auf dem Kontinent mit einem generösen »Mir gebet mehr« ins eigene Land lockt?

Ich weiß natürlich, dass Karlsruhe die Grundsätze der Menschenwürde, der Existenzsicherung und des Sozialstaats nur auf deutschem Boden durchsetzen kann und nicht im Ausland. Aber da wir alle Europäer sind und noch bessere werden wollen, muss doch in der *einen* Welt, in der wir alle leben, die quälende Frage erlaubt sein, wieso die von deutscher Politik zu schützende Menschenwürde erst beginnt, wenn ein Syrer, Somali oder Eritreer, ein Iraker oder Afghane die Flucht ans Mittelmeer geschafft hat, die Unsummen für einen Schleuser auftreiben konnte, die Schlauchbootreise überlebt und alle Hürden auf der Balkanroute bis nach Deutschland überwunden hat?

Juristisch ergibt sich dies aus dem Geltungsbereich des Grundgesetzes. Aber sagen nicht gerade die Freunde progressiver Politik, dass nationale Grenzen überwunden werden müssen und internationale Solidarität das Gebot der Stunde sei (was ja stimmt). Dann muss man doch auch darüber nachdenken dürfen, ob die vielen Milliarden für die Flüchtlingspolitik, deren genaue Zahl wir erst nachträglich erfahren werden, nicht am Ort des Fluchtbeginns viel wirksamer und zum Nutzen von viel mehr Menschen eingesetzt werden könnten. Das darwinistische Prinzip, wonach man erst eine lebensgefährliche Schlauchbootfahrt überleben muss, bevor man in den Genuss deutscher Staatshilfe kommen könne, darf doch nicht der Weisheit letzter Schluss sein!

Um noch konkreter zu werden: In meinem Volkshochschulkurs hat im Mai 2017 Bundesentwicklungsminister Gerd Müller (CSU) die jährlichen Kosten des Bundes für Flüchtlinge in Deutschland von 30 Milliarden mit seinem Etat verglichen, der gerade um eine Milliarde auf sieben Milliarden erhöht worden ist. Mit einer Erhöhung auf ein Drittel der Flüchtlingskosten könnte unglaublich viel in Nordafrika verändert werden. Müller spricht von einem »Marshallplan mit Afrika«, an dem die Afrikaner selbstverständlich mitwirken müssten und der auch uns große wirtschaftliche Chancen eröffnen würde, beispielsweise beim Aufbau von Solaranlagen in der Sahara. Als Vorsitzender von Karlheinz Böhms Äthiopienhilfe »Menschen für Menschen« kann ich abschätzen, wie viel zu schaffen wäre. Böhms Stiftung, eine private Initiative (!), hat in den 35 Jahren ihres Bestehens 450 Millionen Euro aufgebracht und damit die Lebensverhältnisse von 5,5 Millionen Menschen in den allerärmsten Regionen spürbar und nachhaltig verbessert: durch Brunnen und Bewässerungsanlagen, den Bau von über 400 Schulen – sogar einer Hochschule –, von Straßen, Brücken und Treppen, durch Kliniken und Gesundheitsstationen, Landwirtschaftsprojekte und Wiederaufforstung ganzer Landstriche, durch Existenzgründungsprogramme für Frauen (!) und Wertschöpfungsketten, damit die Bauern ihre Produkte selbst vermarkten können. Weniger als eine halbe Milliarde, verteilt über einen langen Zeitraum. Man stelle sich vor, Deutschland würde zusätzliche Milliarden in Afrika investieren oder durch Bürgschaften ermöglichen, und andere wirtschaftlich starke Länder Europas würden diesem Beispiel folgen. Warum bekommt Müllers Vision von einem »Marshallplan mit Afrika« nicht die Aufmerksamkeit, die sie verdient? Afrika erwartet in den kommenden Jahrzehnten eine Verdoppelung seiner Bevölkerung. Bei gegenwärtiger Wirtschaftslage wären das Hunderte von Millionen Menschen ohne jede Perspektive und Existenzgrundlage. Das ist das Problem. Wie soll die Lösung aussehen? Stammeskriege um Ressourcen? Ruanda 2.0? Flucht als einzige Überlebenschance, aber mit tödlichen Gefahren vor allem bei der Überquerung des Mittelmeeres? Bleiberecht für alle, damit sie gefahrlos einreisen können? Oder der vorgeschlagene Marshallplan, auch wenn er allein Deutschland Milliarden kostet? Das sind die Alternativen, die wir diskutieren und entscheiden müssen.

Die viel beschworene »Bekämpfung von Fluchtursachen« wäre dann keine wenig konkrete, ablenkende Floskel mehr, sondern ein Investitions- und Handlungsschwerpunkt. In der Umweltpolitik haben wir eine klare Alternative erkannt und entschieden: »Vorbeugen ist besser als reparieren!« Wollen wir beim mindestens so gewichtigen Problem der Migration aus Afrika wirklich weiter sagen: »Vorbeugen kommt nicht in Frage, es bleibt bei den Reparaturversuchen, auch wenn sie nie gelingen werden und obwohl unsere Gesellschaft bereits jetzt erkennbar in Mitleidenschaft gezogen wird«?

Kapitel 9

Rolle rückwärts – oder:
Wir sind bunt und wagen weniger Demokratie

Zum Glück gehöre ich einem Jahrgang an, dem die Demokratie mit all ihren Grundrechten buchstäblich in die Wiege gelegt worden ist: Die bayerische Verfassung war im Dezember 1946 durch Volksentscheid (!) angenommen worden und in Kraft getreten. Sie war schon da, als wir 47er auf die Welt kamen. Und schon 1948 folgte die *Allgemeine Erklärung der Menschenrechte* durch die Vereinten Nationen. 1949 dann das Grundgesetz mit seiner »Ewigkeitsgarantie« für seine Fundamente. Diese Garantie, als Bollwerk gegen alle Anfechtungen und Missbrauchsversuche gedacht, wurde leider von allzu vielen nur als Beruhigungspille verstanden: Warum einen Finger krümmen, warum einem gefährlichen Trend entgegenwirken, es kann ja ohnehin nichts passieren!

Abgesehen von den beiden totalitären Systemen des 20. Jahrhunderts schien es seit der amerikanischen Unabhängigkeitserklärung von 1776 nur einen ständigen Fortschritt der Demokratie und der Grundrechte zu geben. Das betraf sowohl ihre inhaltliche Reichweite (erst nur Abwehrrechte gegen den Staat, dann auch Teilhaberechte mit staatlicher Hilfe) als auch ihre personelle Gültigkeit – erst nur für weiße Männer, dann auch für schwarze Sklaven, erst nur für Männer, dann auch für Frauen (Wahlrecht!), schließlich auch für bislang strafrechtlich diskriminierte Minderheiten wie Schwule oder faktisch diskriminierte Minderheiten wie Sinti und Roma. Dabei hinkt die Verfassungswirklichkeit hinter den Verfassungsgeboten her: Die Nichtdiskriminierung von Homosexualität beispielsweise ist auch in Deutschland erst wenige Jahre alt (der »Schwulenparagraf« 175 wurde erst 1975 abgeschafft) und noch nicht abgeschlossen (Ehe und Adoptionsrecht!). Der gleiche Lohn für gleiche Arbeit von Mann und Frau ist nach wie vor eine Zukunftsaufgabe. Und Kinder als Grundrechtsträger sind in der deutschen Politik erst im Jahr 2017 so richtig entdeckt worden, 25 Jahre nach der entsprechenden UN-Charta. Trotzdem: Der »persönliche Geltungsbereich« weitet sich aus, wird bald allumfassend sein.

Ebenso wurde die räumliche Reichweite ausgedehnt: Aus besonderen Errungenschaften weniger Länder sind universelle Grundrechte geworden. Mit dem Zusammenbruch des Ostblocks und der Demokratisierung der Nachfolgestaaten schien auch das Problem gelöst, dass in den kommunistischen Staaten die Unterzeichnung der Menschenrechte nur propagandistisch war. Jetzt also wirklich: Universalität, kein Unterschied mehr zwischen drinnen und draußen.

Für meine Generation und die folgenden war klar, dass mit der sachlichen, persönlichen und räumlichen Ausweitung der Grundrechte und dem Anspruch auf deren universelle Gültigkeit der Siegeszug der Freiheit nicht mehr aufzuhalten ist. Das eindrucksvollste Zeichen dieser Entwicklung ist, dass die Gesellschaft immer bunter geworden ist – mit Menschen unterschiedlicher Herkunft, mit zunehmender Internationalität des Bildungswesens, der Wirtschaft, des kulturellen und religiösen Lebens, ja des Straßenbilds, was auch eine Zunahme von Freiheiten bedeutet. Es gab mehr und mehr Pluralismus, Alternativen der Lebensentwürfe, Vielfalt statt

Einfalt. Bereichert euch an euren Unterschieden! Wie oft habe ich das gesagt, weil es auch meine eigene Lebenserfahrung war.

Meine Mutter kam aus der französischen Schweiz, ich war zur Hälfte ein »Ausländerkind«. Amerikanische Soldaten, die in der Garage gegenüber unserer Wohnung ihre Jeeps reparieren ließen, schenkten uns Kindern für unsere Kunststücke auf dem Tretroller päckchenweise Kaugummis. Schwarze waren besonders freigiebig. Freiheit war, flotte Musik vom Ami-Sender AFN hören zu können. Mit der ganzen Schulklasse erlebte ich, wie Charles de Gaulle auf dem Münchner Odeonsplatz die deutsch-französische Freundschaft verkündete: Nie wieder Nachbarn als Erbfeinde beschimpfen! Die erste Bekanntschaft mit der großen angelsächsischen Welt machte ich während eines Trips nach London. Zu Studienbeginn lernte ich in der Türkei den Reiz des Orients, die Welt des Islam und die Armut in den Herkunftsorten unserer Gastarbeiter kennen. Dank der Olympischen Spiele von 1972 durfte Hitlers ehemalige »Hauptstadt der Bewegung« die »Jugend der Welt« rufen, nach München zu kommen. Und sie kam! In diesen Jahren machte ich in der Münchner SPD-Zeitung Sonderseiten für Gastarbeiter – auf Spanisch, Türkisch und Griechisch. Gastarbeiter mit ihren Mietproblemen waren die ersten großen Mandantengruppen in meiner Kanzlei. »Münchner Griechen« waren zuverlässige Stammwähler, in der türkischen Community erwarben immer mehr progressive Mitglieder – vor allem Kurden und Aleviten – die deutsche Staatsbürgerschaft und damit das Wahlrecht. Während der Balkankriege kamen Bürgerkriegsflüchtlinge in großer Zahl. Deutschland war plötzlich Zufluchtsstätte von Kriegsopfern, nicht mehr Brutstätte der Kriegstreiberei und des Völkermords.

Internationalität war für mich und Gleichgesinnte das Tor zu mehr und noch mehr Freiheit. So habe ich das erlebt, so haben es viele erlebt, aber eben nicht alle. Die Gleichung »Je bunter, desto freier« wurde durch viele Beispiele belegt, aber nicht durch alle. Tatsächlich gibt es schon seit geraumer Zeit Entwicklungen, die wir lieber verdrängt haben, weil sie nicht ins Bild, nicht zu unserem Anspruch passten, mit dem Ja zur Zuwanderung und einer schier unerschöpflichen Toleranz gegenüber ihren Protagonisten immer gleichzeitig auch die Liberalität der Gesellschaft und das Miteinander zu fördern. Das soll auf einmal nicht mehr stimmen? Das wäre eine Enttäuschung, die man sich ungern eingesteht. Das bestätigt womöglich sogar Kritik und Verdacht, die man nicht hören wollte, weil sie aus der falschen Ecke kamen.

Spätestens Recep Tayyip Erdoğan hat uns in den Monaten nach dem Putsch 2016 vor Augen geführt, dass nicht jede Zuwanderung mehr Liberalität gebracht hat. Zuwanderung, so lernen wir, macht eine Gesellschaft nicht nur bunter und freier. Sie kann auch bedeuten, dass manche Anhänger autoritärer Regime es auf dem Boden der Bundesrepublik, also im Wortsinn des Grundgesetzes, zu bunt treiben. Es ist schrecklich, aber wahr: Wir müssen wieder einmal anfangen, sorgfältig zu differenzieren, wo wir bisher sehr pauschale Freund-Feind-Klischees bevorzugt haben.

Ich kenne die Reaktion aller Hüter der reinen bunten Lehre: Wer auch nur mit Differenzierung beginnen will, betreibt das Geschäft der Rechten. Wehret den Anfängen! Nein, Freunde, so simpel ist die Sache nicht (mehr). Es geht vielmehr um die ganz und gar gegensätzliche Frage, ob wir nicht besonders ratlos, hilflos, auch naiv und weltfremd sind, wenn rechte (!) Ideologien, Feindbilder, Bräuche, Verhaltensweisen und Machtansprüche nicht aus der deutschnationalen Ecke kommen, sondern durch die breit geöffneten Pforten einer Multikulturalität, die in ihrer Offenherzigkeit auch autoritären und autoritätshörigen, antiliberalen, antidemokratischen, fundamentalistischen, extrem nationalistischen und sogar faschistoiden Kräften offensteht.

Alles noch mal von vorn – oder: Zurück zur religiösen Bevormundung?

Bei kaum einem Grundrecht ist uns Europäern mehr Bescheidenheit und Scham auferlegt als bei der Religionsfreiheit. Es ist wahr, dass es keinen sehr direkten Weg vom christlichen Menschenbild zur allgemeinen Religionsfreiheit gegeben hat. Da hätte sich sonst Religionsfreiheit schon in den ersten Jahrhunderten nach Christus zumindest im christlichen Abendland ausbreiten müssen. Doch das Gegenteil war der Fall: Schlimmste Jahrhundertverbrechen wie die mörderischen Kreuzzüge ins Heilige Land und die Raubzüge der Konquistadoren mit missionarischer Begleitung und christlichem Bekehrungsauftrag geschahen im Namen der Kirche. Die Morde der heiligen Inquisition, insbesondere die Hexenverbrennungen, wurden sogar von ihr selbst ausgeführt. Die Tötung eines Drittels der deutschen Bevölkerung im Dreißigjährigen Krieg war ein Produkt des christlichen Konfessionsstreits, die Segnung der Waffen (auf beiden Seiten!) im Ersten Weltkrieg eine Perversion christlichen Glaubens. Das Schweigen zum größten Menschheitsverbrechen des Holocaust an den Juden Europas war der schlimmste Sündenfall der christlichen Kirchen. Und der konfessionell begründete Terror in Irland reicht weit in die Jetztzeit hinein.

Wenn also das christliche Abendland eine besondere Kompetenz in Fragen der Religionsfreiheit vorweisen kann, dann die leidvolle Erfahrung, wohin religiöser Fanatismus und religiös begründetes Machtstreben führen, nämlich in einen mörderischen

Abgrund. Leider ist es schlichtweg nicht wahr, dass dies nur für das »dunkle Mittelalter« gelte und mit der lichtvollen Aufklärung beendet worden sei, sodass wir vom Islam heute bloß verlangen müssten, endlich bei dieser »Erleuchtung« in unsere christlichen Fußstapfen zu treten. Einige der oben genannten Verbrechen geschahen bekanntlich lange nach dem Zeitalter der Aufklärung, das offenbar zwar die Effizienz der Mordmaschinen, aber nicht den Geist der Toleranz und Menschlichkeit befördert hat.

Also Schluss mit jeder überheblichen Pose, die nur Lawinen von Vorwürfen der islamischen Seite lostreten kann. Aber qualvolle Erfahrungen und befreiende Einsichten dürfen wir schon selbstbewusst vertreten. Vor allem die Erfahrung, dass verschiedene Konfessionen und erst recht Religionen nicht in Frieden miteinander leben können, wenn sie die Unterschiede ihrer Glaubensüberzeugungen nicht aushalten, sondern mit Zwang oder Gewalt im eigenen Sinn beenden wollen. Und die Einsicht, dass Glaubensgemeinschaften, die sich auf Gottes Wort beziehen, zwar glauben dürfen, das absolut Wahre erkannt zu haben, aber niemals befugt sind, anderen das Recht abzusprechen, an eine andere absolute Wahrheit zu glauben oder sogar ungläubig zu sein. Die Alternative zu dieser späten europäischen Einsicht heißt Mord und Totschlag, womit man sich am Gott der Juden und der Christen genauso versündigt wie an Allah, dem Allerbarmer – oder schlicht an den Geboten der Humanität und des menschlich gesetzten Rechts. Deshalb kann und darf diese grundsätzliche Absage an religiös begründete absolute Wahrheits- und Machtansprüche in der Gesellschaft und im demokratischen Rechtsstaat unter keinen Umständen zur Disposition gestellt werden. Jeder Gläubige kann und darf die Botschaften und Gebote seiner Religion für absolut wahr und verbindlich halten – für sich in seinem Verhältnis zu Gott, aber nicht als Machtanspruch an Staat und Gesellschaft.

Eine Religionsfreiheit ist nie die Freiheit einer Religion, sondern immer die Freiheit aller, an ihre Religion oder an keine Religion zu glauben. Deshalb war es ungeheuerlich, als eine angesehene Frankfurter Zeitung im Leitartikel schrieb, Artikel 5 des Grundgesetzes gelte nur für Christen- und Judentum, weil die Väter des Grundgesetzes noch keine andere Religion im Sinn gehabt hätten. Purer Quatsch – oder gilt die Meinungsfreiheit auch nur für Meinungen, von denen der Parlamentarische Rat damals bereits Kenntnis hatte?

Das Verstörende an unserer aktuellen gesellschaftlichen Situation liegt aber nicht darin, dass die christlichen Kirchen Monopolansprüche erheben würden (was historisch durchaus geschehen ist), sondern darin, dass ausgerechnet religiöse Minderheiten, die erst in den letzten Jahrzehnten zugewandert sind, solche Ansprüche erheben wollen und durchzusetzen versuchen – sowohl mit politischen Druck als auch mit Gewalt, die zwar nicht »vom Islam« verübt wird, sondern missbräuchlich in seinem Namen, aber doch unter dem Beifall Hunderttausender Demonstranten in muslimischen Ländern und Sympathisanten auch bei uns.

Somit gehört der »Karikaturenstreit« durchaus hierher. Die islamische Lehre darf ihren Gläubigen Karikaturen des Propheten verbieten, wie die katholische Sexuallehre einst ihren Schäfchen freizügige Filme verbieten und eine »saubere Leinwand« vorsetzen wollte und die Pille immer noch untersagt. Aber in dem Moment, in dem dies auch anderen aufgezwungen werden soll, damals durch Krawall vor den Kinos oder heute mit unvergleichbarem, da mörderischem Terror gegen Journalisten und Künstler, hat dies nichts mehr mit Religionsfreiheit zu tun, sondern nur noch mit Anschlägen auf die Freiheit anderer.

Haben wir uns während des demokratischen Aufbruchs in den Sechziger- und Siebzigerjahren gegen katholische und staatliche

Bevormundung gewehrt, um ein halbes Jahrhundert später muslimische Bevormundung hinzunehmen, ja sogar als Integrationskonzept zu feiern?

Ich höre schon den Einwand: »Aber das tut doch keiner! Schon diese Frage ist Ausdruck purer Islamophobie!« Das habe ich anfangs auch so gesehen, als rechte Dumpfbacken in Städten ohne statistisch relevanten muslimischen Bevölkerungsanteil vor der »Islamisierung des Abendlands« warnten, als stünden sie mit dem Rücken zur Wand.

Aber wir haben in verschiedenen Nachbarländern Anschläge auf Zeichner und ihre Redaktionen erlebt. Die Verbrechen wurden im politischen und publizistischen Diskurs zwar klar und zutreffend »Verbrechen« genannt. Aber ihre Begründung wurde abgetrennt, als hätte es sie nie gegeben oder als spielte sie keine relevante Rolle, auch wenn man in den Abendnachrichten sehen konnte, dass unüberschaubare Massen für sie auf die Straße gingen. Internationale Massenbewegungen ohne gesellschaftliche Relevanz?

Dabei würde ich niemals Mohammed-Karikaturen als Fortschritt betrachten. Wenn man weiß, dass es religiöse Gefühle einer Religionsgemeinschaft verletzt, den Propheten abzubilden, sollte es in einer Gesellschaft der religiösen Toleranz gelingen, Satire an den Repräsentanten und Gläubigen einer Religion, an ihren Werken und Widersprüchen, ihren Ansprüchen und Fehlern zu äußern, ohne bewusst religiöse Gefühle zu verletzen. (Kleiner historischer Hinweis: Die Karikaturen der Reformatoren vor 500 Jahren waren sogar brutal und obszön, als sie den Papst und seine Kardinäle anprangerten, aber sie haben Gott, Gottes Sohn und den Heiligen Geist nie in diesen grafischen Meinungskampf mit einbezogen!) Satire als Form der Auseinandersetzung unter Menschen muss nicht religiöse Glaubensinhalte verunglimpfen mit dem Risiko, dass brandgefährliche Konflikte eskalieren. Aber selbstverständlich muss diese Selbstbeschränkung aus Respekt vor der Religionsfreiheit anderer freiwillig erfolgen, nicht wegen der Drohung mit Terroranschlägen und Mord. Der nicht hinnehmbare Sündenfall bestand hier darin, dass aus Geboten der eigenen Religion unabhängig von der Gesetzeslage auch Gebote für andere gemacht wurden, deren Verletzung mit Gewalt bestraft werden darf, als wäre die religiöse Gruppe selber der Staat. Ein »Islamischer Staat«, den es als abschreckende Perversion dieses Anspruchs ja schon gibt.

Beim Terror gegen unseren Lebensstil mit Musik in Konzertsälen und Discos, mit Flirts und Alkoholgenuss in Straßencafés war es nicht anders: Das waren, auch wenn wir dies nicht gerne zur Kenntnis nehmen, eben nicht einsame Irre mit krimineller Energie, sondern Menschen, die in religiösen Gruppen, in Moscheen und von religiösen Einpeitschern im Netz fanatisiert worden sind und ihr Handeln als religiöse Verpflichtung verstanden oder verstehen wollten – natürlich in aberwitziger Verkennung der Gebote des Allerbarmers. Aber dieser Irrtum hat sie nicht als geisteskranke Einzeltäter heimgesucht, sondern in einem radikalisierten muslimischen Umfeld, mit zahlreichen Gleichgesinnten in verschiedensten Städten und Ländern Europas. Wenn das kein Problem ist, weiß ich nicht, was überhaupt noch ein Problem sein soll.

Jede Gleichsetzung einer Weltreligion mit ihrem kriminellen Missbrauch verbietet sich. Aber das ändert doch nichts daran, dass jede Religion wie jede politische Gruppe mit extremistischen Anhängern oder jeder Fußballclub mit kriminellen Fans deutlich machen muss, was ihre wahre Botschaft ist, wie sie selber in einem Gemeinwesen zu dessen Rechtsordnung steht und wo ihr Name, ihrer Meinung nach, schändlich missbraucht wird.

Wir haben in Europa gelernt, was Religionen – auch säkulare – nicht nur stiften, sondern auch anrichten können. Deshalb lassen wir uns aber die daraus folgenden Fragen nicht verbieten. Sie lauten: Ist jede hier vertretene Religion bereit, andere Religionen und vollkommen »Ungläubige« genauso zu respektieren, wie sie selbst respektiert werden will? Also ohne jede Abwertung? Und ohne jeden Versuch, der Gesellschaft die eigenen Auffassungen im staatlichen, im öffentlichen Bereich aufzuzwingen? Auch bei so sensiblen Themen wie der Rolle der Frau, die ich noch gesondert behandeln will? Die Antwort, fast alle Muslime würden hier ja friedlich und gesetzestreu leben, ist zwar richtig, reicht aber nicht. Die Frage lautet, ob die Religionsfreiheit, die andere Religionen mit anderen »Wahrheiten« und anderen »Botschaften« genauso toleriert, wie es für die eigene Religion gefordert wird, wirklich Anerkennung erfährt oder nur taktisch und vorübergehend als politische Gegebenheit hingenommen wird.

Religiöse Vereinnahmung beginnt neuerdings schon mit der Statistik. Bei den christlichen Kirchen muss man immerhin Mitglied sein – auch wenn man bei der Taufe nicht gefragt wird – und sogar Kirchensteuer bezahlen. Auch wenn man nur Mitglied ist oder bleibt, um nicht negativ aufzufallen, um soziale Einrichtungen zu fördern, um sich bei Familienfesten in der Kirche gut zu fühlen oder den Kindern keinen Stein in den Weg zu legen, muss man doch eine persönliche Entscheidung treffen, um in der Bevölkerungsstatistik als Katholik oder Protestant aufzuscheinen. Bei Muslimen ist das anders. Da reicht die Herkunft aus einem islamischen Land, um als Moslem in die Statistik einzugehen, was natürlich nicht die Muslime, sondern die Statistiker zu vertreten haben. Eine »Mitgliedschaft« gibt es im Islam nicht, Eintritte gibt es genauso wenig wie Austritte. Es kostet auch nichts. Das treibt die Zahlen hoch. Und Repräsentanten des Islam sind genauso wie ihre schärfsten Kritiker an hohen Zahlen interessiert. Die einen brauchen sie für ihre Machtansprüche, die anderen für ihre Paranoia. Und so spielt »Religion« allein aus statistischen Gründen eine immer größere Rolle. Mögen die Kirchen auch leer sein und die Zahl der Moscheen gemessen am Bedarf viel zu gering, die Summe aus »Christen, Juden und Muslimen« stellt plötzlich angeblich die Gesamtbevölkerung. Angeblich sind diese »durch die Bank« auch gläubig, zumindest durch eine Religionszugehörigkeit definierbar, nur weil bei den Menschen aus islamischen Ländern dafür die Herkunft ausreicht und bei den Einheimischen dann – aus Gleichbehandlungsgründen (!) – die nichtreligiösen Menschen verschwiegen werden. Gerade in den neuen Bundesländern gibt es Städte, in denen »die Christen« nicht einmal ein Fünftel der Bevölkerung ausmachen und der Anteil aus muslimischen Ländern ebenso wie die Juden verschwindend gering, kaum statistisch erfassbar ist. Kann man da ernsthaft den Eindruck erwecken, dass »Christen, Juden und Muslime« die Gesamtbevölkerung darstellen?

Ich erlebe immer wieder, dass die christlichen Kirchen und die israelitischen Kultusgemeinden bei der Verteidigung der Religionsfreiheit für alle, auch und gerade für die Muslime, eine hervorragende, aufgeklärte, freiheitliche und faire Rolle spielen. Aber die oft weit über 50 Prozent der Bevölkerung, die sich nicht durch eine Religionszugehörigkeit definieren, sollten sie in ihrer Rhetorik nicht einfach weglassen. Im interreligiösen Dialog, im Trialog, auch in Kulturveranstaltungen im Zeichen der Toleranz kommen die nichtreligiösen Menschen gar nicht mehr vor, auch wenn sie vor Ort die Mehrheit der Bevölkerung ausmachen. Ist das ein Integrationsmodell?

Religionsfreiheit bedingt auch die Freiheit, keine Religion zu haben, aber als Grundrechtsträger genauso ernst genommen zu werden wie Gläubige und Kirchensteuerzahler. Das schreibe ich als evangelischer Christ, der das Jüdische Zentrum in München für den größten Glücksfall seiner Amtszeit hält und gerne mitgeholfen hätte, eine Moschee in seiner Heimatstadt zu realisieren, damit sich islamisches Leben nicht in Hinterhöfen abspielen muss, sondern am städtischen Leben teilnimmt und sich im Stadtbild wiederfindet.

Die Unterdrückung der Frau – oder: Wie überholte Rollenmodelle wieder gesellschaftsfähig werden

Zum schwierigsten Thema mit Auswirkungen auf das Alltagsleben ist die Rolle der Frau geworden, hier vollzieht sich die »Rolle rückwärts« buchstäblich vor unser aller Augen.

Zunächst haben wir alle in den vergangenen Jahren in Sachen Gleichstellung einen Perfektionierungskurs nach dem anderen verpasst bekommen. Vor allem auf sprachlichem Gebiet. Immer geschlechtsneutral, immer »genderkorrekt«. »Der/Die Vorsitzende« musste es auf einmal in der Satzung heißen, um von vornherein klarzustellen, dass nicht zwingend ein Mann an der Spitze stehen muss. Das habe ich eingesehen, genauso, dass die Münchnerinnen auf dem Platz genauso zu begrüßen sind wie die Münchner. Aber dann! Beim Kulturempfang musste es schon heißen: »Liebe Architektinnen und Architekten! Liebe Autorinnen und Autoren! Liebe bildende Künstlerinnen und Künstler! Liebe Musikerinnen und Musiker! Liebe Schauspielerinnen und Schauspieler! Liebe Theaterregisseurinnen und -regisseure!« Wenigstens musste man nach der Anrede nichts Inhaltliches mehr sagen, weil die Redezeit und das Publikum schon erschöpft waren. Die Steigerung las ich in einer Broschüre der Jungsozialisten, in der von den »Oberbürgermeisterinnen* Thomas Wimmer, Hans Jochen

Vogel und Georg Kronawitter« die Rede war. Das Sternchen führte zu der Fußnote, dass mit der weiblichen Form auch die männliche gemeint sei. Dann kam auch noch »gender budgeting«: Penibel und mit bürokratischer Perfektion wird Haushaltsstelle für Haushaltsstelle ermittelt, in welchem Verhältnis diese Ausgabe welchem Geschlecht zugutekommt. In nahezu jeder Kommune Deutschlands! Meinen Aufruf als Städtetagspräsident, mir überraschende Erkenntnisse dieses bürokratischen Großprojektes zu melden, die uns allen nicht schon vorher bekannt waren, kann ich hier viele Jahre später nur noch einmal wiederholen. Bislang hat mich keine Mail ereilt.

Und dann erzählte mir meine Frau, die als Stadträtin einst die Münchner Gleichstellungsstelle beantragt hatte, dass sie als Fotografin für die Innere Mission türkische Frauen in München fotografiert habe. Alle lebten hier schon dreißig oder mehr Jahre, ohne ein Wort Deutsch zu sprechen. Warum? Sie durften nie einen Kurs aus dem reichhaltigen Angebot der Volkshochschule besuchen. Warum jetzt aber schon? Weil sie jetzt Witwen sind. Da kommt man schon ins Grübeln, ob das Sternchen zwischen »Münchner« und »innen« wirklich das bedeutsamste Problem der Benachteiligung von Frauen war. Meine Versuche, die häuslichen Hindernisse für das Erlernen der hiesigen Sprache zum Thema der Gleichstellungspolitik zu machen, sind kläglich gescheitert, obwohl es den Frauen erst Teilnahme am öffentlichen Leben ermöglicht hätte. Obwohl es die Startchancen ihrer Kinder verbessert hätte. Die Frauenbewegung, besser: was davon übrig geblieben war, kämpfte in diesen Jahren lieber darum, Gewerkschaftsfunktionärinnen und Millionenerbinnen schneller in die Aufsichtsräte zu bringen, was den Gewerkschaften und den Eigentümerfamilien ohne gesetzliche Vorschriften wohl nicht schmackhaft zu machen war.

Halten wir also fest: Während der Perfektionierungsphase der sprachlichen Gleichstellung und der Gleichberechtigung in Aufsichtsräten gab es im Laufe der Zeit immer mehr Frauen, die jahrzehntelang hier lebten, arbeiteten und Kinder großzogen, ohne ein Wort Deutsch zu sprechen – und ohne dass es irgendjemand in der »Gleichstellungsszene« interessiert hätte. Die Benennung des Problems wäre ja schon diskriminierend gewesen, eine unzulässige Einmischung in das Rollenbild anderer Religionen, hätte familiäre Konflikte ausgelöst, was wir plötzlich vermeiden sollten. Dann lieber: Der Mann geht, die Bildung kommt. Zwar erst am Lebensabend, und nur wenn Aysche ihren Ahmed überlebt, aber immerhin.

Und dann das Kopftuch! Was haben wir alle gelacht, wenn niederbayerische Kabarettisten immer wieder erzählten, dass in ihrer Kindheit und Jugend alle Frauen in der Heimat Kopftuch getragen haben, bei der Feldarbeit und danach. Das soll heute furchtbar sein? Bravo, so entspannt kann man das sehen. Wirklich? Das erste Mal wurde ich stutzig, als mir Helmut Schmidt erzählte, er habe den türkischen Ministerpräsidenten Bülent Ecevit bei einer Fahrt durch Istanbul gefragt, warum man hier viel weniger Kopftücher sehe als in den »Türkenvierteln« von Berlin. Ecevits Antwort: »Das ist doch klar. Alle, die etwas gelernt haben oder sich etwas zutrauen, versuchen hier ihr Glück. Nur die religiöse Landbevölkerung, die nichts gelernt hat, fährt weiter nach Deutschland.« Das Kopftuch hat also gerade in der Türkei nicht den Charakter einer landesüblichen Kleidung (Staatsgründer Mustafa Kemal Atatürk hat sie ja an Universitäten verboten) oder einer für Muslima verbindlichen religiösen Pflicht (die hätte für alle Türkinnen gegolten), sondern ist schon seit Längerem ein Unterscheidungsmerkmal: zwischen religiösen ländlichen Frauen und säkularen großstädtischen Frauen, zwischen Anhängern streng muslimischer

Lehren und dem kemalistischen Laizismus. Bis zur Aufhebung des Kopftuchverbots unter Recep Tayyip Erdoğan im Jahre 2008 haben sich auch Feministinnen entrüstet, dass Kopftuchträgerinnen in der Türkei doppelt diskriminiert wurden: durch den ehelichen Erwartungsdruck, es zu tragen, und durch das öffentliche Verbot, dies zu tun, was unlösbare Konflikte schuf. Doch inzwischen hat sich die Situation grundlegend geändert, in der Türkei und bei den Türken in Deutschland: Wer Kopftuch trägt, ist fromm, lebt gottgefällig, lässt auch Patriotismus erkennen; wer dies nicht tut, verrät seine Religion, seine Heimat, alle Werte der eigenen Gemeinschaft – ist als Gegnerin identifiziert.

Auch mir waren Fragen der Kopfbedeckung lange zu läppisch, um darin mehr als Ersatzkampfplätze zu sehen, die vom Wesentlichen ablenken sollen. Aber wenn muslimische Frauen mit Unterstützung ihrer Verbände zu Tausenden in Wien gegen Kopftuchverbote demonstrieren und sich vor deutschen Gerichten durch die Instanzen klagen, um als Richterin Kopftuch tragen zu dürfen, werde ich hellhörig. Gerade weil das Kopftuch nicht einfach auf eine Herkunft verweisen, sondern eine religiöse Pflicht erfüllen soll, macht es eine Voreingenommenheit deutlich, die kein Richter haben sollte und demonstrieren darf. Auch der strenggläubigste Katholik darf als Richter nur deutsches Familienrecht und deutsches Sexualstrafrecht anwenden und nicht katholische Sexuallehre, weshalb er auch nur die Robe tragen darf und keinen Ordensmantel und kein Parteiabzeichen. Ich habe richtig aufgeatmet, als der Grafiker Klaus Staeck, der auch Rechtsanwalt und Ehrenpräsident der Berliner Akademie der Künste ist und der uns seit Jahrzehnten mit aufsässigen Plakaten politisch aufrüttelt, Ende 2016 klar Stellung bezog: »Es geht um die Wahrung der weltanschaulichen Neutralität im Bereich der Justiz, die keiner Verwässerung, aus was für religiös begründeten Motiven auch immer, ausgesetzt werden darf.« Und weiter: »Auch die Religionsfreiheit konkurriert mit anderen Grundrechten!« Ist es politisch »rechts«, wenn man rechten Ansprüchen entgegentritt, auch wenn sie unter einem Kopftuch daherkommen? Und wie ist es in der Kita? Wirklich ganz anders? Das Bundesverfassungsgericht unterscheidet seit 2015 ebenso zaghaft wie nebulös, ob durch das Kopftuch der Erzieherin eine »hinreichend konkrete Gefahr« für den Schulfrieden oder nur dessen »abstrakte Gefährdung« ausgelöst wird. Na, dann prozessiert mal schön.

Lasst uns lieber baden gehen. Anfangs habe ich das Thema des Frauenbadetages auch lächerlich gefunden. Wenn Frauen – wahrlich nicht nur Musliminnen – im Badeanzug lieber unter sich bleiben, warum nicht? In alten Bädern gab es sogar Herren- und Frauenbecken als Ausdruck des christlichen Abendlands, nicht als dessen ultimative Gefährdung. In Münchens reichhaltiger Bäderlandschaft war es auch kein Problem, ein, zwei Hallen an einem Wochentag jeglichem Männerblick zu entziehen. In Gemeinden mit einem einzigen Schwimmbad sieht das schon anders aus. Und die Forderungen wurden auch immer – nun ja – seltsamer. Auf einmal sollten riesige Glasfenster von oben bis unten verhängt werden, Bademeister nicht mehr in die Halle dürfen, lange Klamotten auch Frauen jeden Blick auf unbekleidete Schultern oder Knöchel verwehren. Einzelfälle, aber von Verbänden eingefädelt. Warum fragen wir nicht einfach mal zurück, ob die verkorkste religiöse Sexualmoral aus der Heimat tatsächlich Männer, Buben und Opas derart in geile Böcke verwandelt, dass sich die deutsche Kommunalpolitik mit solchen Fragen auseinandersetzen muss? Es geht auch um die Frage, in welche Opferrolle hier Frauen von einer öffentlichen Institution hineinfantasiert werden sollen und wie diskriminierend das Männerbild der öffentlichen Verwaltung sein darf. In Wahrheit geht es hier nicht um den Schutz von Frauen, sondern um ihre schrankenlose Diskriminierung und Abwertung nicht nur durch den eigenen Mann, sondern auch noch durch den städtischen Badebetrieb und alle für ihn politisch Verantwortlichen: Der weibliche Körper ist sündig, lautet die Botschaft, die wir unterzeichnen sollen, abgrundtief sündig! Jede Frau würde sich wie eine läufige Hündin verhalten, wenn wir sie nicht vom Hals bis zum Knöchel einpacken! Keine wäre von sich aus bereit und in der Lage, ihre jungfräuliche Unschuld oder die eheliche Treue zu bewahren und männliches Begehren zurückzuweisen! Ein niederes Wesen, das in der Öffentlichkeit der Einwicklung und zu Hause der Züchtigung bedarf!

Wer diese Zusammenfassung »islamophob« findet, sollte vorsichtig sein: Die authentischen Zitate sind viel derber. Liebe Leser*innen, soll solche Frauenfeindlichkeit wirklich wieder gesellschaftsfähig sein, nur weil sie sich auf fremdländische Wurzeln beziehen kann? Sollen wir gar frauenfeindliche Klischeevorstellungen vorsichtshalber übernehmen, damit die Kleidung unserer Töchter nicht als Einladung zu Übergriffen missverstanden wird? Sollten wir nicht lieber offensiv den Grundsatz verteidigen, dass sich jeder privat in der Öffentlichkeit kleiden darf, wie er will, mit Kopftuch oder Kippa auf dem Kopf und mit Burkini im Bad, auch wenn das für ihn persönlich eine religiöse Bedeutung hat, dass wir aber niemandem gestatten, die Neutralität der Justiz und der öffentlichen Verwaltung auch noch demonstrativ in Zweifel zu ziehen und die eigene religiöse Überzeugung über unsere demokratisch beschlossenen Normen zu setzen?

Und die Vollverschleierung? Wir kennen sie zwar meist nur von gern gesehenen Touristinnen, die viel Geld zum Einzelhandel tragen, aber auf der nächsten Eskalationsstufe wird sie bestimmt eine größere Rolle spielen. Das Gesetz verbietet es seit vielen Jahren allen Bundesbürgern, sich bei Ausübung eines der wichtigsten Grundrechte, nämlich der Versammlungsfreiheit und des Demonstrationsrechts, zu vermummen. Und eine bundesweite Initiative für Toleranz nannte sich vor etlichen Jahren »Gesicht zeigen«. Mir ist unbegreiflich, warum »Vermummung« plötzlich als Ausdruck eines Grundrechts angepriesen wird, warum »Gesicht verstecken« mit dem Respekt vor der Individualität eines jeden Menschen vereinbar sein soll. Hier geht es ja nicht um den Schutz des Gesichts vor Sonnenbrand oder Sandsturm, sondern darum, eine Persönlichkeit jedes persönlichen Charakters zu entkleiden und auf die Geschlechterrolle der strengsten Regeln unterworfenen Frau zu beschränken. Mehr als dieses Unterworfensein ist von der vollständig verschleierten Frau ja nicht zu sehen und zu erkennen.

Damit wir uns nicht missverstehen: Niemals und nirgendwo wäre ein »Islam-Gesetz« gerechtfertigt, dem die Verfassungswidrigkeit ja schon durch den Namen auf die Stirn geschrieben wäre: Es geht ihm nicht um Regeln für uns alle, sondern um Ausgrenzung, Diskriminierung und Sonderbehandlung für eine Weltreligion. Unfassbar, dass sich mit Julia Klöckner und Jens Spahn zwei CDU-Granden dafür hergegeben haben. Was wir brauchen, ist das glatte Gegenteil: die Entschlossenheit, Gleichbehandlung durchzusetzen – keine Sonderverbote, aber auch keine Sonderrechte für den Islam, der die Religionsfreiheit der anderen Religionen und die Freiheit der nichtreligiösen Menschen genauso ernst nehmen muss, wie es den christlichen Kirchen in langwierigen Prozessen abgerungen wurde.

Verbrechen mit religiösem Mäntelchen

Die schlimmste, grausamste Form der Unterdrückung der Frau ist ihre Tötung, weil sie eine Frau ist und ihren eigenen Willen hat. Um nichts anderes aber geht es bei »Ehrenmorden«. Sie treffen meist junge Frauen zwischen 18 und 29 Jahren, und zwar deshalb, weil diese Frauen ihre weibliche Sexualität nicht dem patriarchalisch geprägten Familienwillen unterwerfen. Männer sind fast nur betroffen, wenn sie Partner solchen weiblichen Ungehorsams waren. Das Bundeskriminalamt ermittelte zwischen 1996 und 2005 78 Fälle mit 109 Opfern und 122 Tätern. Die Täter sind fast ausnahmslos Väter, Brüder und andere Verwandte der Opfer. Durchschnittlich rund zehn Todesfälle im Jahr sind schon eine beklemmende Zahl. Eine unvorstellbare letzte Eskalationsstufe bei der Unterdrückung der eigenen Tochter, Schwester, Cousine. Wie groß muss da der vorangehende Druck mit zahlreichen Verboten, Bedrohungen, körperlichen Übergriffen sein! Aufklärung und Ahndung von Ehrenmorden ist Sache der Strafverfolgung und der Gerichte, aber das Frauenbild, die Einstellung zu Frauen und ihren Rechten, die den Taten und allen ihren Vorstufen zugrunde liegt, ist ein gesamtgesellschaftliches Thema. Ein unverzichtbares Unterrichtsthema. Ein Thema für die offene Jugendarbeit, für Freizeitstätten und Sportvereine. Für Beratungsstellen, die in anderen Fällen auch präventiv tätig werden. Nur wer dieses Frauenbild als »religiöse Prägung«, als »kulturelles Phänomen«, als »gesellschaftliche Ungleichzeitigkeit« hinnimmt, trägt zur nachhaltigen Ausgrenzung des Islam bei und lässt überdies Musliminnen im Stich.

Und, nein, liebe Leser*innen: Auch wenn es in unserer Kultur Männer gibt, die ihre Frauen schlagen und töten, weil sie »fremdgehen«, Männer also »Besitzansprüche« stellen, so ist das doch nicht vergleichbar mit aus einer Religion – zu Recht oder Unrecht – abgeleiteten Werten, die ein solches Verhalten legitimieren. Der christliche oder areligiöse Chauvi kann keinerlei gesellschaftliche Konvention oder übergesetzlichen Wert für seine Taten reklamieren.

Es gibt aber nicht nur diese triste Perspektive der Entfremdung. Das »Münchner Forum für Islam«, gegründet von dem Penzberger Imam (und Buchautor) Benjamin Idriz, tritt nicht nur gemeinsam mit vielen Imamen anderer Gruppierungen gegen jedweden religiös begründeten Terror an (»Nicht im Namen Allahs – und nicht in unserem Namen!«), sondern auch für die Gleichberechtigung der Frau. Gerne bin ich Vorsitzender seines Kuratoriums, dem auch der evangelische Landesbischof Heinrich Bedford-Strom und der frühere Präsident des Zentralrats der Katholiken in Deutschland Alois Glück (CSU) angehören. In einer Broschüre, die in vielen Sprachen an alle ankommenden Flüchtlinge und hier lebenden Migrantengruppen verteilt wird, heißt es: »Die Frau und der Mann sind gleichgestellt, was ihre Aufgaben und ihre Verantwortung gegenüber Gott und dem Rechtsstaat betrifft. Männer und Frauen haben in Deutschland die gleichen Rechte. Homosexualität ist in Deutschland erlaubt, was Muslime respektieren müssen, auch wenn der Islam die Ehe nur zwischen Mann und Frau vorsieht. Jeder und jede wählt seinen Partner oder seine Partnerin selbst und entscheidet frei, ob er oder sie diese Person heiraten will. Ein Zwang seitens der Familie kommt zwar in den Traditionen einiger Länder vor, widerspricht aber dem islamischen Recht. So hat das Mädchen die Freiheit, ihr Leben mit dem eines Mannes zu verbinden oder nicht zu verbinden. Sie darf für ihre freie Entscheidung nicht bestraft werden, erst recht nicht mit Gewalt.« Nach einer Erläuterung des Ehe- und Scheidungsrechts sagt die »Wegweisung für islamische Migranten«: »Polygamie ist in Deutschland nicht erlaubt und im Islam nicht erforderlich.

Ebenso ist auch Vollverschleierung der Frauen weder islamisch erforderlich noch gesellschaftlich erwünscht. Das Gesicht macht die Identität des Menschen aus, und diese soll nicht verhüllt und verschleiert, sondern gezeigt werden.«

Reicht das als Happy End, oder ist es zu »blauäugig«? Dann noch eine Geschichte aus dem wirklichen Leben, die schon stattgefunden hat. Es war einmal ein kleines Mädchen in der Türkei, das bei ihrer lieben, liberalen Großmutter lebte. Die strengen Eltern und der große Bruder waren schon in Berlin, wo der Vater arbeitete. Dann kam der Familiennachzug. Das Mädchen wollte, wie vorher bei der Oma, selbst bestimmen, was es zu tun hat, und suchte sich eine Schule und einen Freund aus. Das fand die Familie unerhört, unerträglich, schändlich. Die Verbote und Drohungen steigerten sich zu Übergriffen und Morddrohungen. Da vertraute sich das Mädchen dem Jugendamt an. Kein Vermittlungsversuch fruchtete, dann bekam das Mädchen vom Berliner Senat eine neue Identität, neue, falsche Papiere (!) und tauchte in einer westdeutschen Stadt unter, um ihre Ausbildung zu machen. Nach einigen Jahren Berufspraxis wurde sie Unternehmerin, heute hat sie über 100 Mitarbeiter. Auch ihr Mann verdient gut. Um der »Gesellschaft etwas zurückzugeben«, haben die beiden die Koch-Ebersperger-Stiftung gegründet. Sie hilft unbürokratisch in Notfällen, stockt bei ganz Armen die Sozialhilfe auf und legt vor großen Feiertagen bei der »Münchner Tafel« kulinarische Köstlichkeiten und Essensvorräte drauf, damit es wirklich ein Fest wird. Da ich den Stiftungsrat leite, kann ich wirklich sagen: Hier stimmt jedes Wort, auch wenn es wie ein Märchen klingt. So können die unversöhnlichen Gegensätze zwischen archaischem Patriarchat und moderner Gesellschaft auch ausgehen, wenn die Gesellschaft Partei ergreift und hilft! Übrigens: Inzwischen ist die Familie stolz auf die erfolgreiche Tochter und kommt sogar zu Besuch!

Nationalismus und Antisemitismus –
als Importartikel wohlgelitten

Ausgerechnet die Grünen mussten 2016/2017 die Erfahrung machen, dass Zuwanderung nicht nur zu mehr Vielfalt führt, sondern sie auch gefährden, bedrohen, gar beseitigen kann. Ausgerechnet bei der größten und einer der ältesten Migrantengruppen! Ausgerechnet der türkischstämmige Vorsitzende Cem Özdemir brachte verärgert zum Ausdruck, dass seine in Deutschland lebenden Landsleute, denen offenbar ein autoritäres Regime mit Todesstrafe lieber sei als eine offene demokratische Gesellschaft, doch in die gelobten Verhältnisse zurückkehren könnten. Was für ein Wandel! Im Herbst 2015 die Willkommenskultur für alle, im Frühjahr 2017 die Klarstellung, dass der Willkommensgruß für die seit Jahrzehnten hier lebenden Migranten zu einem großen, erschreckend großen Teil nicht mehr uneingeschränkt gelten soll.

Doch es wäre ungerecht, nur die grüne Partei vor einem Scherbenhaufen zu sehen. Für Sozialdemokraten ist es nicht minder bitter, dass die vielgelobte Integrationsarbeit der letzten Jahrzehnte bei der Mehrheit der hier lebenden Migranten viel zu wenig verfangen hat, soweit es liberale Grundeinstellungen und demokratische Werte betrifft. Und die Union braucht auch nicht den Rechthaber zu spielen, hat sie doch das Erdoğan-Regime ausgerechnet vor den letzten Wahlen des vergangenen Jahres in einer Weise hofiert und aufgewertet, dass es die türkische Opposition empört hat. Und nicht zu vergessen: Die Anwerbeabkommen wurden von CDU-Kanzlern geschlossen; man kann dies nicht bei jedem Jahrestag gemeinsam mit den Türken feiern und zwischendrin in den Bierzelten der Konkurrenz in die Schuhe schieben. Nehmen wir das Problem also als das, was es ist: unser aller Problem.

Wir können uns nicht mehr mit erfundenen Kausalketten

herummogeln. Natürlich hätte die EU, und Deutschland allen voran, die EU-Mitgliedschaft der Türkei mit mehr Tempo und Nachdruck betreiben oder, umgekehrt, früher ehrlich sagen können, dass daraus eh nichts werden soll. Aber wer weiß schon, ob dann die Reaktionen Erdoğans auf PKK-Terror, Islamischen Staat, Gülen-Bewegung und Putschversuch gemäßigter ausgefallen wären? Natürlich hätte man die Beitrittsverhandlungen auch unterlassen oder ganz früh abbrechen können. Aber welchen Einfluss hätte das auf die türkische Entwicklung genommen? Aller Wahrscheinlichkeit nach keinen besseren. Warum, so sollten wir uns lieber fragen, soll eine Verantwortung für die jüngste türkische Entwicklung, die klar in Ankara liegt, unter deutschen Parteien hin und her geschoben werden wie ein Schwarzer Peter? Nur weil bald Bundestagswahl ist? Solche Spiele steigern nur die Politikverdrossenheit.

Kommen wir zurück auf die Aktualität, die uns beunruhigen muss: Es gibt in Deutschland wieder einen fanatischen, überheblichen, andere Völker und Staaten verächtlich machenden, in seinem territorialen Anspruch unerträglichen und brandgefährlichen Nationalismus, mit aggressiven Kundgebungen in überfüllten Stadien und mit Fahnenmeer auf großen Plätzen – aber er ist nicht deutsch, sondern türkisch. Er nimmt sich das Recht heraus, demokratische europäische Rechtsstaaten mit dem Verbrecherregime des Nationalsozialismus auf eine Stufe zu stellen, was beim Nazi-Opfer Niederlande besonders verletzend ist. Er fordert für seine Staatsspitze Ermächtigungen, die allen Nachbarn Angst machen müssen. Er brandmarkt missliebige Gruppen ohne jeden Beweis als Terroristen und fordert gleichzeitig für Terroristen die Todesstrafe. Die Meinungsfreiheit der Medien und die Unabhängigkeit der Justiz hat er bereits weitgehend abgeschafft.

In der Beurteilung dessen, was Ankara tut und verlauten lässt, ist sich das demokratische Spektrum Deutschlands erfreulich einig. Aber was bedeutet dies für die Mehrheit der Anhänger des türkischen Nationalismus unter den türkischen Wählern in Deutschland? Wenn Nationalismus grundfalsch und brandgefährlich ist, dann ist dies unabhängig davon, welchen Pass (oder welche Pässe!) die Fanatiker haben und welche Nation sie über alle anderen stellen wollen. Wenn man bedenkt, wie auf jede Äußerung, die als deutscher Nationalismus empfunden werden kann, von Presse, Funk und Fernsehen, Zivilgesellschaft, Parteien und Parlament reagiert wird, muss man sich wundern, wie wenig Auseinandersetzung mit nationalistischen Türken in Deutschland stattfindet.

Niemand kommt einfacher und intensiver an Jugendliche jedweder Herkunft heran als die Schulen. Tun sie genug, um unsere europäischen Erfahrungen und die Gründe, warum wir Nein sagen zu Nationalismus und Antisemitismus und Ja zu den Grundrechten, auch den Migrantenkindern zu vermitteln? Und um ihren Eltern erforderlichenfalls die Grenzen unserer Offenheit für politische Meinungen deutlich zu machen? In den letzten beiden Jahren, vor allem nach dem Putsch in der Türkei und seit dem Beginn des Referendums, sind mir da Zweifel gekommen in einem Ausmaß, das ich mir vorher nicht vorstellen konnte. Diese Zweifel erstrecken sich auch auf die doppelte Staatsbürgerschaft, die ich vorher jahrzehntelang unterstützt hatte.

Warum ich dafür war? Weil ich am Beispiel meiner Mutter gesehen habe, wie schwer es einem Menschen fällt, sich von seiner Heimat, seinen Wurzeln »loszusagen«, und sei es nur in einer so abstrakten Frage wie der Staatsangehörigkeit. Die Gefühlslage ist so ähnlich wie bei Menschen, die längst nicht mehr in die Kirche gehen, aber doch nicht austreten möchten, weil dafür die Prägung, die sie einst erfahren haben, noch zu stark ist. Dann lernte ich immer mehr Lebensläufe von Migranten kennen, die zu

Hause Verwandtschaft haben oder Geschäftsanteile besitzen oder ein Ferienhaus, die vielleicht einige Berufsjahre oder ihr Rentnerleben im Herkunftsland verbringen möchten – warum dann die Staatsangehörigkeit aufgeben? Auf der anderen Seite leben, wohnen und arbeiten sie hier, zahlen Steuern und Sozialabgaben, sind ehrenamtlich aktiv, schicken ihre Kinder hier zur Schule und ziehen sie hier auf, warum sollten sie Bürger zweiter Klasse sein, ohne Wahlrecht? Nur weil unser Staatsbürgerrecht sich weigert, »mit der Zeit zu gehen«, so wie Deutschland sich lange geweigert hat, die Realität der Zuwanderung anzuerkennen? Darf man den Arbeitnehmern immer mehr Mobilität und Internationalität abverlangen und täglich die Globalisierung im Munde führen, ohne wenigstens die seit den Sechzigerjahren des letzten Jahrhunderts erfolgten Wanderungsbewegungen und ihren Charakter zur Kenntnis zu nehmen? Es waren eben keine Umzüge für alle Zeiten und in ferne Kontinente, keine Trennungen für immer, sondern zunächst nur Arbeitsaufenthalte, von denen man mit dem Auto jederzeit nach Hause fahren konnte. Zwei Pässe, die die Realität des Lebens widerspiegelten, das schien mir die angemessene, sachgerechte Lösung.

Zu diesen Gedanken hat sich aber eine quälende Frage hinzugesellt: Ist es richtig, ausgerechnet in Deutschland, dem Land der konsequentesten und rigidesten Ablehnung jedweder nationalistischen Neigung, neben dem modernen Staatsbürgerrecht des Geburtslandes dauerhaft und für alle Zukunft auch noch das Staatsbürgerrecht des »Blutes«, also der nationalen Herkunft und Abstammung, zu gewähren, und zwar als Regelfall, als ob die deutsche Staatsangehörigkeit für »türkeistämmige deutsche Jugendliche« zwangsläufig von minderer Bedeutung wäre und die Zugehörigkeit zum türkischen Staat gleichwertige Loyalitäten begründen könnte, auch wenn sie diesen Staat nicht kennen und die Wertordnungen sich immer krasser unterscheiden, ja unversöhnlich gegeneinanderstehen. Wäre ein Wahlrecht, für diese oder jene Staatsangehörigkeit votieren zu können, nicht auch bereits vorbildlich liberal? Wäre eine Einzelfallprüfung, weshalb ausnahmsweise zwei Staatsbürgerschaften benötigt werden, nicht angemessen? Sollen wirklich alle hier geborenen und hier lebenden türkeistämmigen Deutschen das doppelte Wahlrecht erhalten, damit sie im Herkunftsland das Parlament entmachten und den Präsidenten mit Allmachten ausstatten können und sich gleichzeitig hier in Deutschland diesem ausländischen Präsidenten zu Gefolgschaft verpflichtet fühlen – beispielsweise wenn er Integration als Menschenrechtsverletzung anprangert oder Zustimmung zur Todesstrafe fordert, die vor allem für Terroristen gelten soll, zu denen bereits kritische Journalisten und oppositionelle Politiker erklärt worden sind. Hier keine Konsequenzen für das Konstrukt der doppelten Staatsbürgerschaft zu ziehen, ja nicht einmal eine kritische Diskussion über die Verdoppelung einer solchen Wahlberechtigung zu führen, heißt praktisch »weiter so!«. Das ist »Willkommenskultur« für fanatischen, staatlich befeuerten und brandgefährlichen Nationalismus auf deutschem Boden.

Kapitel 10

Türkei – oder: Krise ohne Ende

Beim Thema »Türkei« ging es mir bisher in diesem Buch um staatlich angeordneten, staatlich organisierten und staatlich propagierten türkischen Nationalismus auf deutschem Boden, der für unsere offene Gesellschaft inakzeptabel ist und nicht zu einer innenpolitischen Dauerkrise führen darf. Eine klare Sache, weil keine ausländische Macht den vom Grundgesetz vorgegebenen Rahmen, was hierzulande geht und was nicht, nach Belieben ändern kann. Im Folgenden wird es mir um den Umgang der Bundesrepublik und der Europäischen Union mit der Türkei gehen, ein komplexes zwischenstaatliches Thema, bei dem Wahrheit und Täuschung, Licht und Schatten, Ton und Misston nicht gerade übersichtlich verteilt sind und das zeigt, wie weit sich unser politisches Establishment aus dem »Machen von Politik« verabschiedet hat und wie fatal das ist.

Das Land und die Leute

Obwohl die Türkei ein höchst bedeutsames Land mit engsten Beziehungen zu Deutschland ist, wissen wir erschreckend wenig über Land und Leute, von der türkischen Geschichte ganz zu schweigen. Meist reichen uns Klischees, was es erleichtert, Sympathien oder Antipathien auszuleben. Manche betrachten die Türkei seit jeher nur strategisch (ein willkommener Handelspartner, ein unverzichtbarer NATO-Brückenkopf), andere voller Ängste (sie werden uns überschwemmen, ganz Europa islamisieren, uns zu Fremden auf dem eigenen Kontinent machen). Da lohnt es, erst einmal verdrängte Fakten zur Kenntnis zu nehmen.

Die Türkei ist ein großes Land mit 80 Millionen Einwohnern – geringfügig weniger als Deutschland, genug, um als wichtige Größe in der internationalen Politik ernst genommen zu werden, aber zu wenig, um mit einem ins Exil drängenden Bevölkerungsteil die gesamte EU zu überschwemmen (auch wenn einige Europäer die Türken immer »vor Wien« sehen werden).

Einerseits scheint die Türkei ein fernes Land, dessen Existenz außerhalb unseres Interesses schon Goethe beschrieb, andererseits ist es mit seiner Metropole Istanbul auch teilweise europäisch. Das, was in Europa liegt, macht aber nur einen kleinen Bruchteil der Fläche und höchstens ein Achtel der Bevölkerung aus. Das gehört seit über einem halben Jahrhundert zu den meistverdrängten Tatsachen der europäischen Politik. Weil nicht sein kann, was nicht sein soll. Ohne jede Frage ist die Türkei aber eine bedeutsame Brücke zwischen Okzident und Orient, zwischen christlich geprägtem Europa und der islamischen Welt des Nahen und Mittleren Ostens. Jedenfalls könnte sie es sein, wenn sie dies will. Von strategischer Bedeutung ist die Türkei vor allem für die USA, für die sie die wichtigste militärische Operationsbasis in Richtung Naher und Mittlerer Osten ist, aber auch für Europa, für das sie einen bedeutsamen Puffer darstellt.

Für uns Deutsche ist die Türkei vor allem das Herkunftsland von drei Millionen Arbeitsmigranten, die anfangs noch »Gastarbeiter« genannt wurden und als ins Land gerufene Arbeitskräfte am anhaltenden Wirtschaftsaufschwung mitgewirkt haben. Daneben ist das Land Urlaubsziel von jährlich fünf Millionen deutschen Touristen (so die Zahl des Jahres 2014, ehe der Tourismus wegen Terroranschlägen, Putschversuch und Repressionswelle ins Bodenlose absackte). Beide »Völkerwanderungen« – zur Arbeit in Deutschland und zum Urlaub in der Türkei – haben uns das einst ferne Land wirtschaftlich und emotional nahegebracht, aber auch Reibungen verstärkt. Trotz der aktuellen Krise gehen der Import (über 14 Milliarden/Jahr) und vor allem der deutsche Export (über 22 Milliarden/Jahr) zumindest derzeit noch nahezu unverändert weiter.

Mit ihrem Beitrittswunsch hat die Türkei die EU seit den Sechzigerjahren bis in die Gegenwart beschäftigt. Seit dem 3. Oktober 2005 führt sie Beitrittsverhandlungen, weshalb sie allein zwischen 2007 und 2013 rund 4,8 Milliarden Euro »Heranführungshilfe« erhielt. Anschließend entfernte sie sich bis zum Volksentscheid für die weitgehende Alleinherrschaft von Recep Tayyip Erdoğan wie seit Jahrzehnten nicht mehr von der europäischen Werteordnung.

Eigentlich wäre das seit mindestens einem Jahrzehnt ein alle bewegendes, viele aufrüttelndes Diskussionsthema gewesen: Wie kann man einem so bedeutsamen Bündnis- und Handelspartner nach jahrzehntelangen Beitrittsversprechen den Stuhl für die Tür stellen? Und umgekehrt: Wie kann man ein Land, das geografisch, kulturell und religiös so wenig zu Europa gehört, trotz aller noch hinzukommenden politischen Unterschiede in die Europäische Union aufnehmen? Wer will das überhaupt? Und warum?

Stattdessen gab es ein oppositionsumgreifendes großkoalitionäres Schweigegelübde: immer so tun, als ob alles auf einem guten Weg wäre! Nie daran glauben, denn es wird sowieso nichts daraus! Nie darüber reden, denn das mögen unsere Wähler überhaupt nicht! Zweifler diskret daran erinnern, dass sie seit den Sechzigerjahren mit im Boot sitzen! Noch Fragen? Keine!

Die bittere Ironie der Geschichte ist, dass wegen dieses Schweigegelübdes auch keine Argumente für den Beitritt vorgetragen wurden, dass es keinerlei Anstrengungen gab, das Meinungsbild der Bevölkerung aufzuhellen, dass es auch keine türkischen Initiativen gab, Zweifel in der europäischen Wählerschaft zu zerstreuen, dass sich niemand bemüßigt fühlte, die durch Umfragen längst nachgewiesene Kluft zwischen Brüssel und den real existierenden Europäern zu schließen. Nein, die Züge fuhren vom gemeinsamen Ausgangsbahnhof aus in entgegengesetzte Richtung, und da kann man sich sehr lange darauf verlassen, dass sie nicht zusammenstoßen. Ein Schelm ist, wem dieses Verfahren von politischem Opportunismus nur allzu bekannt vorkommt, zum Beispiel im Zusammenhang mit dem Brexit.

Versäumte Geschichtslektionen

Noch schlechter als um die Landeskunde ist es häufig um die Geschichtskenntnisse bestellt. Meistens wimmelt es in historischen Blitzkursen deutscher Blätter und Fernsehsender nur so von grausamen Muselmanen, egal aus welchem Jahrhundert. Dass das türkische Geschichtsbild eher von abendländischen Kreuzzügen geprägt ist, die mit frommen Sprüchen über den »gottgefälligen Krieg« eingeleitet wurden und mit Plünderungen und Massenmorden endeten, mögen wir uns nicht so gerne klarmachen. Schon gar nicht, dass der Vierte Kreuzzug Konstantinopel ausplünderte und in Schutt und Asche legte, als dies noch die größte Stadt der orthodoxen Christenheit war. Unsere historischen Sünden können wir uns noch lange gegenseitig vorwerfen.

Im Jahr 2016 war das Massaker der osmanischen Türken an den christlichen Armeniern und anderen christlichen Minderheiten zwar schon über (!) ein Jahrhundert vorbei (1915!), trotzdem sah sich der Deutsche Bundestag auf einmal genötigt, die Tötung von über einer Million Menschen durch einen Staat, den es seit 1923 überhaupt nicht mehr gibt, einen Völkermord zu nennen, was nach allen historischen Erkenntnissen und nach allen Begriffsbestimmungen des Völkerrechts korrekt ist. Die Resolution verschwieg nicht, dass das deutsche Kaiserreich trotz ausreichender Kenntnisse »nicht versucht hat, diese Verbrechen gegen die Menschlichkeit zu stoppen«. Bei aller Selbstkritik doch eine recht erträgliche Rollenverteilung: dort die Völkermörder, die es heute durch Parlamentsbeschluss zu benennen gilt, hier nur das Versäumnis, den Mördern nicht in den Arm gefallen zu sein. Wohl jeder Satz in der Resolution ist historisch zutreffend, um Ausgewogenheit und Versöhnung bemüht – und dennoch stellt sich die Frage, warum es dem Reichstag in seiner demokratischen Zeit und dem Bundestag seit seiner Gründung bis 2015 niemals ein Bedürfnis war, die Verbrechen des Osmanischen Reiches während seines Krieges mit Nachbarstaaten durch Parlamentsbeschluss zu verurteilen, warum dann aber plötzlich 2016 schwerstes moralisch-politisches Geschütz aufgefahren werden musste. Fühlen wir uns plötzlich aufgerufen, die Weltgeschichte in Parlamentsbeschlüssen aufzuarbeiten? Haben wir alle anderen Versäumnisse etwa des NATO-Landes Deutschland seinen Bündnispartnern gegenüber schon in Bundestagsresolutionen aufgearbeitet? Wäre der völkerrechtswidrige Angriffskrieg der Vereinigten Staaten unter George W. Bush im Irak mit all seinen verheerenden Auswirkungen auf mehrere Völker nicht aktueller und näherliegend gewesen? Gibt es ein historisches Beispiel dafür, dass sich eine Erinnerungskultur im Ausland durch einen parlamentarischen Akt erzwingen lässt? Ist dann am Ende bei uns das Ausland mit seinen unterlassenen Parlamentsbeschlüssen daran schuld, dass sich nazistisch belastete Ministerien, Gerichte, Gesetzgeber, Verbände und Zeitungen erst einmal 70 Jahre Zeit gelassen haben, ehe sie mit der Aufarbeitung ihrer Vergangenheit begonnen haben? Oder werden solche Vorgänge erst nach 100 Jahren brisant? Es tut mir leid, aber für mich war das eine unangemessene Selbstinszenierung als weltumfassende moralische Institution – und ein klassisches Beispiel bloßer Symbolpolitik. Allerdings nicht ohne Wirkung. Niemand hat davon so profitiert wie Erdoğan.

Der türkische Staat, wie wir ihn heute kennen, wurde erst im Oktober 1923 von Mustafa Kemal »Atatürk«, dem »Vater aller Türken«, ausgerufen. Er hat das (weltliche) Sultanat und das (religiöse) Kalifat, die Scharia und den Fes abgeschafft, die lateinische Schrift und das Recht europäischer Länder, die Koedukation und das Frauenwahlrecht eingeführt, eine unglaubliche »Selbsteuropäisierung« in kürzester Zeit. Diese »kemalistischen« Reformen sind aber nicht so unumkehrbar, wie der allgegenwärtige Personenkult um den Staatsgründer vermuten lässt. Erdoğan hat manches wieder islamisiert, was bei Atatürk bereits in einem laizistischen Sinn geregelt schien, etwa in der Kopftuchfrage. Am krassesten ist die aktuelle Kehrtwende bei der Religionsbehörde. Atatürk hatte sie geschaffen, um den Islam, um alle Moscheen und Imame unter staatlicher Kontrolle zu halten; das sollte der beste Schutz vor jeder Radikalisierung und Politisierung der Religion sein. Ich gebe zu, dass ich dies als beruhigende Aufsicht empfand und deshalb ein Moscheeprojekt des türkischen Moscheeverbands Ditib, der der Religionsbehörde unterstellt ist, in München jahrelang unterstützt habe, bis es trotz Baurecht und Baugenehmigung daran scheiterte, dass Ankara der vermutlich zu liberalen und integrationswilligen Gemeinde kein Geld gab. Heute wissen wir, dass die »kemalistische« Aufsicht ins glatte Gegenteil gemündet ist, in die staatlich gewollte Radikalisierung und Politisierung der Moscheen bis hin zur Bespitzelung von Gemeindemitgliedern durch staatliche Imame. Was lernen wir daraus? Dass institutionelle Garantien ein Verfallsdatum haben, sodass man nicht unabänderliche Vereinbarungen treffen, sondern konkrete überschaubare und befristete Projekte realisieren sollte.

Was »Militärputsch« in der Türkei bedeutet

Zu den unzureichend verarbeiteten Geschichtslektionen gehören auch die Militärputsche, die in der Türkei alle demokratischen Kräfte nachhaltig traumatisiert haben, in Europa aber offenbar nicht sonderlich tragisch genommen werden. Der erste Putsch endete 1960 mit der Hinrichtung des Ministerpräsidenten Adnan Menderes, der ein Ermächtigungsgesetz gegen die Opposition erwirken wollte. Ein Putsch ist seitdem für den Regierungschef ein Kampf um Leben oder Tod. Der zweite Putsch endete im September 1980 nach Jahren der Instabilität und des Terrors von rechts und links außen mit 650 000 Festnahmen, 210 000 eingeleiteten Gerichtsverfahren, 30 000 Flüchtlingen, die das Land verließen, 23 000 Vereinsverboten sowie Junta-Terror gegen Linke und Kurden. Deshalb zeigten nicht nur die Regierungsanhänger, sondern auch die Oppositionsparteien Solidarität, als Teile des Militärs am 15. und 16. Juli 2016 einen neuerlichen Putschversuch unternahmen.

Auch wenn die europäische Öffentlichkeit mit Desinteresse,

ja Gleichgültigkeit reagierte: Der Putsch war blutiger Ernst. Teile aller Waffengattungen machten mit, auch Teile der türkischen Gendarmerie, über 247 Menschen wurden getötet, weit über 2000 zum Teil schwer verletzt, Parlamentsgebäude und Präsidentenpalast aus Flugzeugen bombardiert, das Hotel des urlaubenden Präsidenten von Soldaten besetzt. In jener Nacht und den folgenden Tagen gab es bei uns so etwas wie ein »klammheimliches Bedauern« über das Scheitern des Putsches. Jedenfalls haben es Türken in Deutschland so wahrgenommen, dass man hierzulande trotz pflichtschuldigster regierungsamtlicher Solidaritätsadressen Bomben aufs Parlament und Hunderte Tote nicht so schlimm fand wie die Niederschlagung des Putsches, die ja erst später jedes Maß und jede Verhältnismäßigkeit verloren hat. Wenn ich daran denke, wie gerade meine Generation mit Entsetzen und Empörung auf Militärputsche gegen demokratisch gewählte Regierungen reagierte, von Griechenland bis Chile, kann ich nur sagen: Das war jetzt eine gewaltige »Rolle rückwärts«! Diese bestenfalls durch historische Ignoranz entschuldbare Verharmlosung eines Militärputsches, die Antipathie über demokratische und rechtsstaatliche Grundsätze stellte, hat abermals viele Türken nicht nur in Deutschland verärgert und mit Sicherheit kontraproduktiv gewirkt.

Gehört der Palast vergittert?

Letzte Geschichtslektion: die Gülen-Bewegung. Mein Wissensstand ist schnell zusammengefasst: Ich weiß, dass ich nichts weiß, obwohl ich mich durchaus um Kenntnisse bemüht habe. Meine persönlichen Erlebnisse sind aber kaum aussagekräftig: Alle Begegnungen mit Institutionen der Gülen-Bewegung waren stets sehr kultiviert, respektvoll und sympathisch, Erzählungen von türkischen Journalisten, Gewerkschaftern und Oppositionspolitikern hingegen jahrelang voller düsterer Andeutungen: Gülen sei viel reaktionärer, fundamentalistischer und gefährlicher als Erdoğan, er arbeite an einem »Staat im Staate«, da müsse man viel vorsichtiger sein ... Was man so zusammengoogeln kann, ist auch nicht ergiebiger als die wenigen Bücher: »Die einen sagen so, die andern sagen so.«

Das ist schon bemerkenswert bei einer Unternehmensgruppe, die über 1000 Schulen in mehr als 100 Ländern betreibt, die über Universitäten, Bildungsvereine, Radio- und Fernsehsender, Krankenhäuser, Versicherungen, eine Bank und eine Nachrichtenagentur, Wohnheime und sowohl über einen Arbeitgeberverband als auch über Gewerkschaften (!) verfügt. Die Sympathisanten werden weltweit auf zwölf Millionen geschätzt, allein in der Türkei auf mindestens acht. Aber was strebt dieser Riesenapparat an? Fethullah Gülen, der 1941 geboren wurde, als staatlicher Prediger begann und sich ab 1982 seiner Bewegung widmete, wird von seinen Anhängern als Lichtgestalt, als Weiser und Gelehrter gesehen. Von zahlreichen Kritikern wird seine Bewegung aber mal mit dem erzkatholischen Opus Dei, mal mit der aggressiven Kommerzsekte Scientology und mal mit dem Revolutionsrat von Ajatollah Chomeini verglichen. Er gibt sich bis heute nur an Bildung und Dialog interessiert (und leistet auf diesen Gebieten auch Bewundernswertes), predigte hinter der freundlichen Kulisse aber auch: »Ihr müsst in die Arterien des Systems eindringen, ohne dabei bemerkt zu werden. Ihr müsst warten, bis der richtige Moment gekommen ist, bis ihr die gesamte Staatsmacht an euch gerissen habt.« Bei einer Bewegung, die tief in die Führungsebene von Militär, Polizei und Justiz eingedrungen ist, könnte sich bei dieser Denkungsart schon ein Staatsstreich anbieten. Beweise gab es für die Anschuldigung, Gülen stecke hinter dem Putsch, allerdings bis Redaktionsschluss dieses Buches nicht, und alle Versuche der türkischen Führung, westliche Geheimdienste von dieser These zu überzeugen, fruchteten auch nichts.

Fest steht allerdings, dass Fethullah Gülen, der angebliche Drahtzieher des Putsches, ab 2000 zunächst einmal der engste Verbündete von Erdoğan war, mächtig genug, um bei der Gründung und den ersten sensationell erfolgreichen Kampagnen der AKP eine Schlüsselrolle zu spielen. Zweierlei steht somit fest: So unpolitisch, harmlos und unschuldig, wie er von vielen Medien im Westen jetzt dargestellt wird, war er nie. Aber wenn jetzt, wie Erdoğan sagt, jeder hinter Gitter gehört, der je mit ihm Bekanntschaft machte oder je zusammengewirkt hat, müsste als Erstes der Palast in Ankara vergittert werden. So kompliziert ist Politik in der Türkei und so schwer die Wahrheitsfindung.

Erdoğan: Erst Hoffnung, dann Verzweiflung

Recep Tayyip Erdoğans AKP (Partei für Gerechtigkeit und Entwicklung) wurde erst 2001 von ehemaligen Mitgliedern anderer Parteien gegründet, zog aber schon 2002 triumphal ins Parlament ein. Erst 2003 konnte Erdoğan, der frühere Oberbürgermeister Istanbuls, Ministerpräsident werden, da er vorher einige Monate Haft verbüßen musste wegen des schrecklichen fundamentalistischen Gedichts von »den Moscheen als Kasernen und den Minaretten als Bajonetten«. Doch dann präsentierte sich die überwiegend ländliche, konservative, religiöse, wirtschaftsliberale, unternehmernahe und durch enge Verflechtungen gekennzeichnete Partei (wem fällt da nicht ein bayerisches Pendant ein?) als erfolgreich und erstaunlich reformfreudig.

Die Partei bescherte dem Land jahrelang ein nie dagewesenes hohes Wirtschaftswachstum bis zu neun Prozent, die ausländischen Investitionen waren mit 400 Milliarden Euro im ersten Jahrzehnt bis 2013 über zehnmal so groß (!) als vorher in zwei Jahrzehnten (35 Milliarden Euro von 1983 bis 2003). Das Land blühte sichtlich auf, die Städte boomten, es entstand ein neuer Mittelstand. Dies alles muss man auch wissen, wenn man die für Erdoğan schwärmenden Türken verstehen will, vor allem in Deutschland, wohin man ja vor Dauermisere und Misswirtschaft geflohen ist. Viele dieser Wähler sind einfach vorrangig ökonomisch orientiert, was auch in anderen Ländern vorkommen soll.

2005 konnte ich einen Parteitag der noch jungen AKP in Istanbul als Begleiter eines Oppositionspolitikers miterleben. Ich traute meinen Ohren nicht: Erdoğan versprach neue Verhandlungen mit den Kurden und schockierte sein Publikum regelrecht mit der Meinung, es schände die Türkei nicht, sondern mache sie noch größer, wenn auch andere Völker wie die Kurden dazugehörten und sich wohlfühlten. Es sei an der Zeit, dass die Kurden sich in ihrer Sprache und mit ihrer Kultur friedlich entfalten könnten. Er nahm sogar Verhandlungen mit dem Kurdenführer Abdullah Öcalan auf, die er allerdings später abrupt abbrach – auch mit der Begründung neuerlicher Terroranschläge. Das Wirtschaftswachstum brach ebenfalls ein, es sank schon 2013 auf drei Prozent, also noch vor den großen Anschlägen von IS und PKK und vor dem Putschversuch. Aber diese Rückschläge sind nichts neben der Repressionswelle nach dem Putsch: Die Pressefreiheit kam ins Gefängnis, die Unabhängigkeit der Justiz wurde in die Tonne getreten, Forschung und Lehre und Schulwesen wurden durch Massenentlassungen auf den Boden geworfen, das Parlament leitete mit AKP-Mehrheit die eigene Entmachtung ein, alle Kritiker sind Terroristen, und allen Terroristen droht nach einem weiteren Volksentscheid die Todesstrafe. Von der Hoffnung zur Verzweiflung, zumindest für jene knappe Hälfte der türkischen Bevölkerung, die trotz aller Maulkörbe und Risiken Nein zur Ein-Mann-Herrschaft sagt.

Reden wir doch mal über Interessen

Warum behandele ich dieses Thema in diesem Buch in einem eigenen Kapitel? Weil es viel über unseren »politischen Diskurs« aussagt, über unrealistische Verheißungen des politischen Establishments, über das Verschweigen von Interessen, über selbst gemachte Sachzwänge, über den Rückzug der politischen Parteien aus politischen Kontroversen, über den Vorrang von Befindlichkeiten vor Konzepten, über die beherrschende Rolle politischer Korrektheit, über das Fehlen von Alternativen. Wieder einmal.

Vor 13 (!) Jahren, anno 2004, hat mir der frühere Büroleiter des Außenministers Willy Brandt, der spätere deutsche Botschafter in vielen Ländern und schließlich bei den Vereinten Nationen, Hans Arnold, sein Buch »Wie viel Einigung braucht Europa?« geschenkt. Arnold ist Diplomat und Sozialdemokrat durch und durch, leitete zwei Jahrzehnte lang das Kuratorium des »Kulturforum der Sozialdemokratie« in München. Seine damals schon niederschmetternde Analyse: »Die USA haben gute Gründe für eine EU-Mitgliedschaft der Türkei: Sie würde die Türkei stabilisieren und gleichzeitig einem zu engen Zusammenwachsen innerhalb der EU entgegenwirken.« Und Europas Interessen? Arnold: »Statt klarer Stellungnahmen nichtssagende Nebelschwaden«, etwa: Man dürfe »keine Tür zuschlagen«. Die EU sei »in den Fall

Türkei durch eigenes Unvermögen hineingeschlittert«. Und dann bohrende Fragen:
1. Soll die EU Grenzen mit dem Iran, Irak, Syrien, Georgien und Armenien haben?
2. Wollen wir ein Mitgliedsland, das weitestgehend außerhalb Europas liegt? Mit welchem Recht wollen wir dann Israel, Weißrussland, die Ukraine, Moldawien oder Marokko, Algerien und Tunesien abweisen?
3. Wollen wir im Jahr 2025 (laut UNO-Schätzung) 90 Millionen Muslime in der EU haben?

Ich schäme mich noch heute, dass ich diese Fragen nur einen Abend lang mit Arnold und etwa hundert erschrockenen und ratlosen SPD-Mitgliedern diskutiert und anschließend verdrängt habe. Und warum? Weil die Beitrittsdiskussion »von dem Streben nach politischer Korrektheit überlagert wird«, wie Arnold schreibt. Genauso war es, auch bei mir. Und das alles ist schon 13 Jahre her!

Indianer sollen das wunderbare Sprichwort erfunden haben, dass man von seinem Pferd absteigen solle, wenn man merkt, dass es tot ist. Mit dem EU-Beitritt der Türkei ist es wohl so weit. Der Anteil der Befürworter ist im letzten Jahrzehnt von 73 auf 44 Prozent abgesackt – wohlgemerkt in der Türkei! Sollen Austritts- und Beitrittsverhandlungen gleich parallel geführt werden? Oder verlässt man sich darauf, dass die Aufnahme sowieso scheitert? Wir kennen kein EU-Land, das garantiert dafür ist, aber über 20, die garantiert dagegen sind. Schlechte Karten angesichts des Einstimmigkeitsprinzips! Was wird hier eigentlich noch produziert außer Politikverdrossenheit?

Dabei stimmt doch alles, was hier über die enorme Bedeutung der Türkei, über ihre im Glücksfall mögliche Brückenfunktion, über ihre strategische und wirtschaftliche Bedeutung, über die wirtschaftlichen und emotionalen Beziehungen zusammengefasst wurde.

Also: Was tun?

1. Eine ganz tolle Idee wäre es schon einmal, auf Provokationen zu verzichten, die Konflikte in Deutschland und zwischen den Staaten anheizen. Lässt sich sofort realisieren und kostet nichts. Und gilt niemals nur für die andere Seite (absurde Nazi-Vergleiche und Terror-Vorwürfe), sondern stets auch für die eigene. Ich bin beispielsweise trotz aller Begeisterung für die Satire gegen rassistische Pöbeleien, auch wenn in einem gequirlt-geistreichen Vorsatz gesagt wird, dass der folgende Text satirisch gemeint sei und eigentlich nur zeigen solle, was man hierzulande nicht sagen dürfe, weil es als reine Schmähung verboten sei. So kann man zwar – Glückwunsch, Jan Böhmermann – durchaus Quote und Spektakel machen, aber eben auch eine ethnische Gruppe in Rage versetzen, sodass sie bei nächster Gelegenheit »zurückschlagen« will. Wobei nicht der Satiriker das Problem war, sondern die Heerscharen von Politikern, Journalisten und Internet-Usern, die sich mit dem Text solidarisierten und wochenlang in sämtlichen Medien zitiert wurden, auch in türkischen mit hoher Reichweite in der Community. In meiner Schulzeit wurden die ersten Gastarbeiter, wenn sie sich sonntags am Bahnhof trafen, von alten Nazis als »Ziegenficker« bezeichnet. Da lacht der ach so zivilisierte und geistreiche Herrenmensch. Es war schon überraschend, solche Redensarten Jahrzehnte später im öffentlich-rechtlichen Fernsehen zu hören und als Sternstunde der

Satire und Ausdruck unserer Kunstfreiheit erläutert zu bekommen. Zum Glück haben namhafte Kabarettisten klipp und klar gesagt, dass sie dies weder satirisch noch witzig noch künstlerisch wertvoll fanden. Aber wie tief der Stachel saß, durfte ich mir nicht nur monatelang bei unzähligen Gesprächen von beleidigten Türken anhören, sondern auch beim Volksentscheid sehen. Warum hat in Deutschland ein weit größerer Prozentsatz für Erdoğans Verfassungsreform gestimmt als in der Türkei selbst? Nicht wegen des Einkommens und der Sozialleistungen, die weit besser sind als im Herkunftsland, sondern wegen der erlebten Ausgrenzung und Arroganz sowie der fatalen Ambivalenz hoch gepriesener europäischer Werte. Dafür hat Böhmermann das aktuellste und provokanteste Beispiel geliefert. In den Niederlanden war es der Ministerpräsident, der in einem regierungsamtlichen Schreiben an alle Haushalte sämtliche Muslime als Erziehungsobjekt staatlicher Sonderpädagogik behandelt hat. Er schaffte sogar 70 Prozent für Erdoğan.

2. Misstöne sollte man auch bei Sicherheitsfragen vermeiden. Wie ernst Terroranschläge sind, wie sehr sie unter die Haut gehen, wie sie das gesamte Klima vergiften und die gesellschaftlichen Zustände verändern, müssten wir doch noch aus den Jahren des RAF-Terrors wissen, der insgesamt in einem Jahrzehnt so viele Opfer forderte wie heute in der Türkei mancher einzelne Anschlag. Was denken sich deutsche Sicherheitsbehörden eigentlich, wenn bei einer großen zentralen Kundgebung auf der Tribüne überlebensgroß das Porträt des PKK-Führers Abdullah Öcalan prangt, obwohl die PKK von allen Staaten Europas mit lückenloser Beweisführung als Terrororganisation eingestuft wird und Öcalans Porträt ausdrücklich als Werbung für eine terroristische Vereinigung verboten ist? Die Flut der Einwendungen, die dieser Frage entgegengehalten werden

kann, kenne ich, mehr noch, ich halte sie für verständlich, aber sie ändert nichts an der Pflicht von Sicherheitsbehörden, die Rechtslage durchzusetzen. Ja, ich habe schon zu Beginn der Siebzigerjahre und später weitere Male kurdische Dörfer im Südosten der Türkei gesehen, die von der »eigenen« türkischen Luftwaffe zerbombt worden waren. Ich habe auch auf Bitten der polizeilichen Einsatzleitung miterlebt, wie eine militante kurdische Gruppe ein Münchner Haus besetzt und das Treppenhaus mit Molotowcocktails bestückt hat, um sich dann doch im Benzinduft von unerfüllbaren Forderungen abbringen und zum friedlichen Abzug überreden zu lassen – eine rechtswidrige, aber dann doch gewaltfreie Aktion, der es offenbar darum ging, die Öffentlichkeit mit dem kurdischen Thema aufzurütteln. Ich weiß auch, dass Öcalan aus der Haft heraus zur Waffenruhe und zu Friedensverhandlungen aufgerufen hat – und von Erdoğan zurückgewiesen wurde. Aber man kann nicht leugnen, dass die PKK auch 2016 und 2017 Terroranschläge mit zahlreichen Todesopfern in der Türkei verübt hat. Und dass der bewaffnete Kampf bisher schon über 40 000 Opfer auf beiden Seiten gefordert hat. Daran ändert auch die großartige Rolle der kurdischen Peschmerga im Kampf gegen den IS nichts. Das zeigt nur, wie kompliziert die Realität ist und wie differenziert man ihr begegnen muss. Ja, es gibt Gewalt in militärischen Auseinandersetzungen und bei bewaffneten Volksbewegungen (von der französischen Revolution bis zum Kampf von Nelson Mandela), aber nein, wir können und dürfen sie nicht akzeptieren, wenn sie sich gegen verbündete Staaten richtet, die wir nach unseren Bündnisverträgen gegen Gewalt sogar verteidigen müssen. Der kurdische Oppositionsführer Selahattin Demirtas, der als Vorsitzender der kurdischen HDP ein Hoffnungsträger der türkischen Demokratie ist, sagte 2016 im *Spiegel:* »Wir als HDP betrachten die PKK als bewaffnete Volksbewegung. Das heißt jedoch nicht, dass wir Gewalt legitimieren.« Was heißt es dann? Dass die HDP Nein sagt zur Gewalt in der Türkei? Das sagt er auch nicht. Weil der Weg von der Gewalt zur Gewaltlosigkeit schwerfällt, nicht von allen Mitstreitern gegangen wird. In Deutschland wollen sich Verbündete an einer revolutionären Pose wärmen, für die es aber in der Türkei keine revolutionäre Situation gibt. Liebäugeln mit Gewalt, auch das ist eine »Rolle rückwärts«, weil das Gewaltmonopol des Staates zu den größten Errungenschaften und den Grundbedingungen friedlichen Zusammenlebens gehört (natürlich im demokratischen Rechtsstaat, den man aber mit tödlichen Anschlägen auf Polizeistationen auch nicht näherbringt, sondern in noch weitere Ferne rückt). Vor allem ist rhetorische Gewaltzündelei, wie sie auch in den RAF-Jahren Mode war, bestenfalls nur Symbolpolitik zur Befriedigung eigener Befindlichkeit. Schlimmstenfalls ist sie der Motor für den rasanten Ausbau des militärisch-polizeilich-justiziellen Komplexes eines immer autoritärer werdenden Regimes. Auch der linke Teil des politischen Spektrums muss sich gelegentlich auf Politik als Richtungsentscheidung zwischen realen Alternativen zurückbesinnen.

3. Zusammenarbeit kann es auch ohne EU-Mitgliedschaften geben, etwa in der NATO gegen den IS-Terror oder zwischen den Polizeiorganisationen Europas und der Türkei bei jeder rechtsstaatlich korrekten Terrorbekämpfung oder bei großen Infrastruktur- und Wirtschaftsprojekten, bei denen die Ressourcen und Potenziale beider Seiten zusammengefügt werden können. Solche Kooperationen sollten nicht an unerfüllbaren Vorbedingungen scheitern, sondern sich auf projektbezogene Vereinbarungen stützen. Seit drei Jahren berate ich gemeinsam mit Messe-, Stadtplanungs- und Finanzierungsexperten eine

500 000-Einwohner-Kommune im asiatischen Teil Istanbuls bei dem Projekt einer zweiten Messe, das dem aus allen Nähten platzenden Messewesen Auftrieb geben und der anatolischen Seite Attraktivität und Aufschwung bescheren könnte. Dieses Projekt des CHP-Bürgermeisters von Maltepe, Ali Kilic, bringt nur Vorteile und könnte ein Symbol deutsch-türkischer Zusammenarbeit werden, und das sogar schnell, denn der staatliche Grund, der Verkehrsanschluss mit dem Flugzeug, der Autobahn, der U-Bahn und dem Schiff, ist schon da. Die Frage ist nur: Wird künftig an Brücken oder an Hürden gebaut?
4. Weder die Verständigung zwischen Migranten aus der Türkei und deutscher Mehrheitsgesellschaft noch zwischen EU und Türkei ist so gut, wie wir jahrzehntelang glauben wollten beziehungsweise sollten oder leichtfertig unterstellt haben. Das heißt, dass die Themen der Kommunikation ausgeweitet und die Kommunikation selbst vertieft werden müssen. Keine Beschränkung mehr auf folkloristischen Volkstanz auf Straßenfesten, nichtssagende Floskeln am Tag der offenen Tür in Moscheen oder diplomatische Rituale auf internationalem Parkett. Wir müssen zur Sache kommen. Wer sich ernst nimmt, nimmt auch die Meinungsverschiedenheiten ernst. Es ist nicht so, dass wir die Zuwanderung von Türken als Integrationsaufgabe »abhaken« können, weil jetzt die Syrer kommen. Eher können wir aus unseren »türkischen Erfahrungen« lernen, was alles schiefläuft, wenn man sich nicht immer wieder zu Verständigung, Respekt und Diskurs aufrafft. Erreichen Kulturveranstaltungen tatsächlich Arbeitsmigranten oder immer nur die gleichen Experten für multikulturellen Austausch? Werden Volkshochschulkurse auch von Müttern ohne Deutschkenntnisse besucht oder nur von sprachbegabten jungen Leuten mit hoher Motivation? Vermitteln Sportvereine mehr als

Freizeitangebote? Werden Migranten in Parteien und Gewerkschaften mit ihren Themen und Ansichten auch ernst genommen oder reicht es, dass sie sich als Alibi nützlich machen? Wird mit Imamen auch über Religionsfreiheit diskutiert oder nur über kulturellen Reichtum durch Vielfalt? Und mit Kurden auch über Gewaltverzicht? Und wann werden die Parteien vor Ort die Migranten ihres Einzugsbereichs zu einem Dialog einladen, dessen Themen von beiden Seiten vorgeschlagen werden können? Dialog auf Augenhöhe statt mit erhobenem Zeigefinger!? Und wann werden unsere Medien darüber erschrecken, dass sie für die von ihnen besonders geschätzten Migranten nahezu irrelevant sind, weil sie an den Erlebnis- und Gefühlswelten, am Bildungsniveau und Sprachverhalten dieser Gruppen vollkommen vorbeigehen? Der Hörfunk hatte es lange Zeit geschafft, die »ausländischen Arbeitnehmer« gezielt anzusprechen, das Fernsehen schafft es nur mit Sport und Entertainment. Kann man sich als Journalist entspannt zur Ruhe legen, wenn im Land von ARD und ZDF ein größerer Prozentsatz einer Bevölkerungsgruppe Pressezensur und Todesstrafe befürwortet als in dem Land, in dem kritische Medien schon verboten und Redaktionen besetzt wurden?

5. Bevor die Kriegsgegner des Zweiten Weltkriegs sich näherkommen konnten, haben die Städte dies getan. Zwischen Deutschland und der Türkei gibt es über 200 Städtepartnerschaften, zwischen Millionenstädten, zwischen großen und kleinen Kommunen. Einige dieser Beziehungen sind schon Jahrzehnte alt, andere wurden erst in den letzten Jahren begründet. Manchmal heißt es »außer Spesen nichts gewesen«. In anderen Fällen aber gibt es Schüler- und Jugendaustausch, Gruppenreisen in die Schwesterstadt, oft von Migranten, die ihre alte Heimat wiedersehen wollen. Es gibt zusätzlich

Partnerschaften von Schulen und Universitäten, Unternehmen und Wirtschaftskammern, Kulturvereinen und Berufsverbänden, Kulturinstituten und freier Szene, Tourismus und Wirtschaftsförderung. Wenn es auf der staatlichen Ebene klemmt, führt an der kommunalen kein Weg vorbei!

Was sagt uns dieses Kapitel? Auf keinen Fall: Weitermachen wie bisher! Und genauso wenig: Brücken abbrechen, Stuhl vor die Tür setzen, Türe zuschlagen! Der erste Vorschlag wäre nur hilflos angesichts des Scherbenhaufens, der zweite ein Akt der Zerstörung, unter dem Deutschland und Europa genauso zu leiden hätten wie die Türkei, auch wenn die schneidigen Stimmen in beiden Ländern dies nicht zugeben wollen. Die Lehre ist eine andere: Bei Großprojekten mit bedeutsamen gesellschaftlichen Veränderungen darf es weder ein grob fahrlässiges »Es wird schon irgendwie gut gehen!« geben noch vor lauter Angst und Unsicherheit ein Schweigegelübde nach dem Motto »Nicht darüber reden, wir wissen ja selber, dass wir keine Mehrheit dafür haben«. Man hätte ein Europa derart veränderndes Projekt niemals ohne die Einbeziehung der Wähler auf den Weg bringen und dann für unumkehrbar erklären dürfen. Das verlangt ja nicht zwingend Volksabstimmungen, die es in Deutschland (noch) nicht gibt. Aber ebenso, wie es über die Westorientierung und die Wiederbewaffnung und später die Ostverträge heftige kontroverse Diskussionen und Wahlkämpfe gegeben hat, hätte es in dieser Frage auch ablaufen sollen. Stattdessen wurde auf EU-Beschlüsse verwiesen, die uns binden und aus denen aber eh nichts wird – warum also aufregen? Gleichzeitig wurde völlig unnötig Porzellan zerschlagen und dem Partner keine Grenze aufgezeigt, die er hätte ernst nehmen müssen, weil sie auch ernst gemeint ist.

Sowohl bei der Integration, die in unendlich vielen Fällen

reibungslos funktioniert hat, nicht aber bei religiös dominierten und nationalistischen Kreisen, als auch im Verhältnis zwischen den Staaten fehlte die offene und ehrliche Benennung der Konflikte und Probleme, die Einbeziehung der Zivilgesellschaft und die realistische Zustandsbeschreibung, die einfach durch bunte Träume und feierliche Sprüche ersetzt wurden. So heißt es auch hier: Wir brauchen eine Rückkehr zu sachlicher Politik. Die darf, ja soll sogar von kühnen Visionen ausgehen wie seinerzeit bei Willy Brandts Ostpolitik, muss dann aber die Bevölkerung einbeziehen und vor die Wahl stellen, wie es bei den Ostverträgen geschehen ist. Die Politik darf nicht einfach weiter hinter verschlossenen Türen Weichen stellen und dann zwischen unerschöpflicher Duldsamkeit oder polternder Kraftmeierei hin und her torkeln. Wo die Realität differenziert ist, muss es auch die Politik sein.

Kapitel 11

Griechenland – oder: Trugbilder als Markenkern

Die Griechen können von Glück reden, dass ihnen die Türken auf der internationalen Bühne mit ihren Konflikten und Krisen die Schau gestohlen haben. Vorher stand Griechenland als Gefahrenherd im Mittelpunkt unserer Aufmerksamkeit. Und es stand nicht gut da. Europa aber auch nicht.

Es hätte ein Lehrbeispiel dafür werden können, wie Europas Länder sich in einer Krise durch Hilfeleistungen näherkommen, wie der politisch geeinte Kontinent die Krise eines kleinen Landes mit schwacher Wirtschaft mit der Hilfe starker Partner meistern kann. Stattdessen ist das Gegenteil geschehen: Die beteiligten Völker sind nach milliardenschweren Hilfsprogrammen zerstrittener denn je, und ein Ende des Elends ist immer noch nicht abzusehen. Allen Fehlern, die im politischen Betrieb neuerdings so gerne gemacht werden, begegnet man hier noch einmal: Bloß nicht »sagen, was ist«, sondern im Gegenteil zahlreiche Nebelkerzen werfen. Ebenso grandiose wie haltlose Versprechungen machen, auch wenn dies den Frust nur steigert. Die Gegenseite dämonisieren, auch wenn dies nichts bewirkt außer nachhaltiger Verpestung der Atmosphäre. Selber Sachzwänge schaffen, aus deren Labyrinth man nicht mehr herauskommt, statt pragmatisch mit den Problemen umzugehen. Keine Konzepte vorlegen, sondern vor allem die eigene Befindlichkeit pflegen: Man möchte gerne mal besonders streng sein als Sparkommissar oder besonders gnädig als wirklich guter Mensch. Grundsätze, die man dauernd lautstark verkündet und anderen vorhält, muss man dabei selber nicht ernst nehmen. So lässt sich auch in einem kleinen Land unendlich viel politisches Porzellan zerschlagen, so viel, dass es am Schluss einem ganzen Kontinent zu schaffen macht.

Alle wollen bei diesem endlosen Trauerspiel das unschuldige Opfer sein: Die Griechen glauben, dass sie ohne eigenes Zutun in die Überschuldung getrieben wurden und dann durch die Austeritätspolitik der »Institutionen« in die Verelendung. Die Gläubiger sind hingegen überzeugt, um Milliarden geprellt worden zu sein, während ihre hellenischen Schuldner selbst in Saus und Braus leben, in Yachten und Pools, von Steuern befreit. Kapitalismuskritiker schließlich wollen erkannt haben, dass man die Griechen vor jeder Reformzumutung bewahren müsse, weil ausschließlich die Banken das Schlamassel ausgelöst und sich dabei auch noch eine goldene Nase mit überhöhten Zinssätzen verdient hätten.

Es ist wie so oft bei komplexen Sachverhalten: Keine These ist ganz falsch, aber eben auch keine ganz richtig. Am ehesten kann ich noch die Meinung der Steuerzahler in Slowenien, in der Slowakei und im Baltikum akzeptieren, die an der Vorgeschichte wahrlich gänzlich unbeteiligt waren und nicht einsehen mögen, warum sie Griechenlandhilfen mitfinanzieren sollen, obwohl sie selber mit noch niedrigeren Renten und noch niedrigeren Mindestlöhnen zurechtkommen müssen als die Griechen.

Wo beginnt die Geschichte einer Krise?

Aber was stimmt denn nun? Die Antwort hängt wesentlich davon ab, wann man mit der Geschichte beginnt. Fängt man einfach im Krisenjahr 2015 an, als die griechischen Zahlen die Finanzwelt und die europäischen Staaten gleichermaßen zutiefst erschreckten, ist die Antwort klar: Bei einem Schuldenberg von 340 Milliarden Euro hat eine winzige Volkswirtschaft über die eigenen Verhältnisse gelebt, muss jetzt den Gürtel immer enger schnallen und kann froh sein, wenn sie überhaupt noch Kredite und Hilfen gewährt bekommt. Zur Jahresmitte konnte eine Rate des Internationalen Währungsfonds nicht mehr bedient werden, die Rating-Agenturen konnten eine Bankrotterklärung nur noch mit dem Kunstgriff vermeiden, dass sie allein auf die Zahlungsunfähigkeit gegenüber privaten Gläubigern abstellten. Athens Finanzminister Yanis Varoufakis musste einräumen, dass die griechischen Steuerzahler beim Fiskus unvorstellbare 76 Milliarden Euro Steuerschulden hatten. Wenn dieses Schlamassel nicht selbst verschuldet ist!

Bis zu diesem Jahr 2015 hatten die EU-Partner, der Eurorettungsfonds EFSF und der IWF bereits zwei Hilfsprogramme gewährt, mit dem dritten, das jetzt nach langem Hängen und Würgen folgte, stieg die Gesamtsumme auf 246 Milliarden Euro an. Dabei hatten 2012 bereits private Gläubiger (Banken und Versicherungen) auf 100 Milliarden Euro verzichtet. Es stimmt also schlichtweg nicht, dass es keinen Schuldenschnitt – auch »haircut« genannt, das klingt professioneller – aufseiten der privaten Gläubiger gegeben habe.

Waren die europäischen Institutionen und die Banken demnach barmherzige Samariter? Das wahrlich nicht. Als die Finanzwelt nach der Pleite der Lehman Brothers 2007 ins Trudeln geriet, musste Griechenland, wie so viele andere Staaten auch, zur

Bankenrettung schreiten, selber Kredite aufnehmen und deshalb immer schneller steigende Zinslasten verkraften. Banken haben mit ihrer eigenen Krise und Hilfsbedürftigkeit die Staaten in eine höhere Verschuldung getrieben, und deshalb mussten die Staaten wegen gesunkener Bonität immer höhere Zinsen bezahlen. So war die Griechenlandkrise auch eine Folge der Bankenkrise. Aber eben nur auch. Dass das Leistungsbilanzdefizit schon vorher jahrzehntelang besorgniserregend war, kann schon zeitlich und logisch nichts mit der Bankenkrise zu tun gehabt haben, es lag schlicht an fehlender Wettbewerbsfähigkeit, an fehlenden Exportgütern, die eine Chance auf dem Weltmarkt hätten haben können. Trotzdem war jahrelang in der deutschen Diskussion gebetsmühlenartig immer wieder zu hören, dass für die Misere nur die »schamlosen Banken« verantwortlich seien, was mit der komplexen Realität so gut in Einklang zu bringen war wie die Gegenthese, die Schuld liege ausschließlich bei den »dreisten Griechen«, die selber nicht sparen wollten – und das wohlgemerkt nach dramatischen Kürzungen der Renten und Gehälter, die sich in diesem Ausmaß noch kein europäisches Volk hatte zumuten müssen. Wo schon die Analyse derart unzulänglich und parteiisch ist, können keine durchdachten Konzepte entstehen.

Der Misserfolg hat viele Väter

Mit der Feststellung, dass die Griechen an der eigenen Misere wahrlich nicht unbeteiligt waren, ist die Verantwortung aber noch nicht präzise genug benannt. Welche Griechen denn? Nur der Krisenpremier Alexis Tsipras, der im Sommer 2015 gemeinsam mit seinem smarten und sehr professoralen Finanzminister Yanis

Varoufakis die Nerven aller Brüsseler Gipfelteilnehmer und der europäischen Öffentlichkeit marterte? Seine neue Partei Syriza hatte in jenem Jahr als einzige noch keine Gelegenheit gehabt, den Staat mit den vielen Inseln zu ruinieren. Er lag längst am Boden, als die Griechen es nach jahrzehntelangem Totalversagen der beiden großen Parteien mal mit einer Alternative zu den Totengräbern der griechischen Wirtschaft und Staatsordnung versuchen wollten. Zwischen der linken Pasok und der konservativen Nea Dimokratia kann man dabei die Hand nicht umdrehen. Beide haben in verblüffender Ähnlichkeit immer wieder Familiendynastien mit ihrem jeweiligen Anhang an die Macht gebracht, schamlose Klientelpolitik für den eigenen Clan, die eigenen Mitglieder und Wähler betrieben, auf Steuereinnahmen verzichtet, Korruption in größtem Stil zumindest geduldet und die unsinnigsten Großaufträge vergeben. Aber darf sich Europa darüber wirklich moralisch entrüsten, als seien das unbeschreibliche Laster aus einer fremden Welt? Mitnichten. Beide griechischen Volksparteien mit ihren endlos langen Sündenregistern waren Schwesterparteien der beiden großen deutschen Volksparteien und Mitglied der beiden großen Fraktionen im Europa-Parlament. Sie wurden wegen ihrer ruinösen Steuer-, Finanz-, Wirtschafts- und Sozialpolitik niemals laut und deutlich vernehmbar gerügt, als sie am Ruder waren, dafür aber tatkräftig in ihren Wahlkämpfen unterstützt. Hauptsache, ihr seid welche von uns und tragt zu unserer Stärke bei. Es gibt zwar eine gesamteuropäische Währung, die uns voneinander abhängig macht, aber keine gesamteuropäische Öffentlichkeit, in der Maßstäbe gesetzt, Standards eingehalten und kritische Vorhaltungen ausgetauscht werden, bevor das Kind in den Brunnen gefallen ist. Erst wenn Nachfolger an der Reihe sind, mit denen wir nichts zu tun haben, fliegen nachträglich die Fetzen! Die Maxime, »Schwesterparteifreunden« nicht allzu sehr auf die Füße zu treten, gilt übrigens heute noch, weshalb die Fraktion der christdemokratischen Europäischen Volkspartei EVP sogar Ungarns Victor Orbán trotz schwerster Bedenken in ihren Reihen behält.

Die CDU/FDP-Bundesregierung hat 2001 zum Euro-Beitritt dem damals schon überschuldeten Land noch den Kauf sündteurer U-Boote aufgeschwatzt, zusammen mit Frankreich, das den Griechen Fregatten verkauft hat – ein Schelm, der Böses dabei denkt –, und deutsche Konzerne haben sich bei der Korruption auch noch erwischen lassen. Wer werfe da den ersten Stein?

Keine Seite, keiner der Beteiligten war wirklich an der vielbeschworenen »vorbehaltlosen Aufklärung« interessiert, allen in Regierung, Parlament und Wirtschaft war nur an einem »Schwarzer-Peter-Spiel« gelegen. Das ist das Gegenteil von »Sagen, was ist« und führt in ein Dickicht gegenseitiger Verstrickung.

Billiges Geld kommt teuer zu stehen

Hätte ein wirtschaftlich derart schwaches Land im Jahr 2001 überhaupt in den Euro aufgenommen werden dürfen? Auch damals spielten wie so oft bei der EU große Versprechungen und schöne Verheißungen eine verhängnisvolle Rolle. Den Griechen wurde »billiges Geld« in Aussicht gestellt, das auch tatsächlich anschließend das Land regelrecht überschwemmen sollte. Aber die bittere Wahrheit, dass man Kredite zurückzahlen muss und »billiges« Geld einen durchaus teuer zu stehen kommen kann, wurde der griechischen Bevölkerung nicht ebenso klar vermittelt – nicht von der EU, nicht von den eigenen Politikern. Brüssel wollte Aufbruchsstimmung verbreiten, und die Finanzwelt wollte Kredite gewähren, ohne die sonst üblichen Sicherheiten oder Risikozuschläge.

Schließlich konnte sie sich darauf verlassen, dass – nicht aus rechtlichen, sehr wohl aber aus währungs- und finanzpolitischen Gründen – notfalls die europäischen Staaten für die Rückzahlung geradestehen würden, auch wenn dies streng genommen nach europäischem Recht gar nicht zulässig ist.

Den Europäern hingegen wurde wie schon bei der Gründung der neuen Einheitswährung 1999 abermals beteuert, dass dem Euro trotz eines ökonomisch schwächelnden Mitgliedslandes nichts Schlimmes widerfahren könne, da es doch die Stabilitätskriterien des Maastrichter Vertrages gebe: Das Haushaltsdefizit darf nicht mehr als drei Prozent des Bundesinlandsproduktes ausmachen und die gesamtstaatliche Verschuldung sollte 60 Prozent des BIP nicht übersteigen. Doch dann die Ernüchterung: Die Grenzwerte waren schon vor dem Beitritt weit überschritten worden. Ein Schurkenstück Athens? Ich habe dazu den damaligen Ministerpräsidenten Konstantinidis Simitis (1996–2004) bei einem »Economic Summit« 2014 in München befragt: »Habt ihr mit gezinkten Karten gespielt?« Seine entrüstete Antwort: »Die Zahlen waren doch gar nicht von uns, sondern von Goldman Sachs. Brüssel hatte Goldman Sachs eingeschaltet, von denen waren auch die Finanzprodukte, mit denen die Staatsschulden für die Statistik noch mehr gesenkt wurden.« Wollten die EU und die Bundesregierung Gerhard Schröder getäuscht werden, um grünes Licht für die politisch gewollte Erweiterung der Euro-Zone geben zu können? So wie 1998, als Bundeskanzler Helmut Kohl Italien unbedingt aufnehmen wollte, obwohl viele fachkundige Stimmen bestritten, dass Bella Italia die Kriterien einhalten würde?

Die Größe Europas hatte offenbar zumindest zeitweise Vorrang vor den ökonomischen Daten, vielleicht war das sogar eine wichtige und richtige Weichenstellung »ohne Erbsenzählerei«. Aber dann muss das große Europa auch mit den Folgen des eigenen

Vorgehens fertigwerden, und die »großen Europäer« müssen sich zu dieser Politik mit guten Gründen bekennen, statt nach getaner Arbeit die Urheberschaft an diesem Werk zu bestreiten und den Schwarzen Peter dem jeweils anderen zustecken.

Dämonisierung statt Aufklärung

Wenn es eindeutig nur einen Übeltäter gibt, reicht es aus, ihn zu überführen. Aber wenn fast alle die Finger im Spiel hatten und dabei ihre Unschuld verloren, wird groß angelegtes »negative campaigning« erforderlich, um von den eigenen Fehlern abzulenken und sie relativ klein erscheinen zu lassen, sodass nur der Gegenspieler als Sündenbock übrig bleibt und aller Ärger auf ihm abgeladen werden kann. Auf deutschen Titelseiten zeigte Aphrodite den Europäern den Stinkefinger – ein erstaunlich bildungsbürgerlicher Auftakt zum mehrmonatigen Griechen-Bashing, das nicht nur den bekannten Akteuren, sondern ausdrücklich auch dem »faulen« und »gierigen« Volk galt, wie Boulevardblätter gleich mehrmals klarstellten. Dabei hatten wir geglaubt, gegen nationale Überheblichkeit immun zu sein. Von wegen.

Griechische Blätter präsentierten die deutsche Bundeskanzlerin Angela Merkel mit SS-Uniform und Hitler-Bärtchen (übrigens ein geschmackloses Vorspiel zu den Vorwürfen Erdoğans, Deutschland würde Nazi-Methoden anwenden). Selbst griechische Künstler und Publizisten, die wir vorher ernst genommen hatten, schwadronierten vom »Vierten Reich«, das Europa jetzt ins Haus stehe. Der weltweit verehrte und geliebte Mikis Theodorakis, Volksheld und Leitbild in Jahrzehnten der Verwirrung, verstieg sich in seinem Zorn zu dem Urteil, nicht Misswirtschaft, sondern

»Europas Rationalismus« habe die Hälfte der griechischen Bevölkerung ins Elend getrieben und betreibe »unter der Ägide der Strategen Merkel, Schäuble und jetzt auch Syriza unser aller Zerstörung«. Die Dämonisierung der Gegenseite wird offenbar in der internationalen Politik sowohl in Regierungen als auch in Medien immer »salonfähiger«, in Ankara ist sie ja sogar schon »palastfähig«. Wenn sich Medien und Politiker dies nicht einmal innerhalb der Europäischen Union verkneifen können, fragt man sich, wie der Ton bei noch schärferer Gegnerschaft erträglich gehalten werden soll.

Sachzwang-Logik statt Pragmatismus

Am spannendsten aber ist für mich die Frage, warum die internationale Finanzwelt mitsamt der europäischen Bürokratie und Diplomatie an den Fall Griechenland nicht mit jener Kompetenz und Weisheit herangehen konnte, die jeder Filialleiter einer Kreissparkasse aufbringen muss, um seine bedeutende Funktion zu erhalten. Um es kurz zu machen: Jeder Filialleiter weiß, dass er bei einem drohenden Konkurs eines betrieblichen Kunden zwei sehr gegensätzliche Regeln beachten muss.

Erstens: Einem nackten Mann kann man nicht in die Tasche greifen. Mit anderen Worten: Man kann ihn nicht weiter ausnehmen wie eine Weihnachtsgans, sondern muss erst einmal dafür sorgen, dass er wieder auf die Beine kommt und bald wieder Zahlungen zur Tilgung seiner Schulden und nicht nur zur Bedienung der Zinsen leisten kann.

Zweitens: Dem schlechten Geld, das man vermutlich schon verloren oder jedenfalls in größte Gefahr gebracht hat, soll man kein gutes Geld hinterherwerfen, schon gar nicht in ein Fass ohne Boden. Der Schuldner muss schon Belege liefern, dass er wieder auf die Beine kommen will und kann.

Für Griechenland hätte dies bedeutet, dass die »Troika« und später die »Institutionen« und jetzt die neuen Fonds keine überzogenen Auflagen hätten machen dürfen, die dem Land die letzte Perspektive nehmen und die Nachfrage der Verbraucher auf ein Minimum drosseln. Auf der anderen Seite wäre es aber auch erforderlich gewesen, dass die Linke in Deutschland (damit meine ich hier alle links orientierten Kritiker der Austeritätspolitik) nicht bloß Kontra gibt, wenn die Sparkommissare die Daumenschrauben immer weiterdrehen, sondern rational diskutiert hätte, was sich in Griechenland dringend ändern muss, damit seine Wirtschaft wieder wettbewerbsfähig und sein Staat handlungsfähig werden. Genau dies hat aber nicht stattgefunden. Den uneingeschränkten Forderungen der einen Seite nach immer noch schmerzhafteren sozialen Kürzungen und allumfassenden Privatisierungen wurde nur ein »Nein zur Sparpolitik« entgegengestellt, als ob jede noch weitergehende Staatsverschuldung eine soziale Wohltat und ein Stück Zukunftssicherung wäre. So kam beim Publikum der Verdacht auf, dass die Kritiker neoliberaler Rosskuren freigiebig deutsche Steuermilliarden in ein Fass ohne Boden schütten würden, das gerne auch ohne Boden bleiben kann.

Dabei zeigt doch gerade das griechische Beispiel, dass eine Staatsverschuldung, wenn sie keine Zukunftssicherung finanziert, sondern nur fehlende Einnahmen ersetzt, kein emanzipatorischer Schritt zu größerer Freiheit ist, sondern ganz im Gegenteil ein Schritt in immer noch unerträglichere Abhängigkeit von den Finanzmärkten bis hin zur Abschaffung der Demokratie. Der Verzicht auf differenzierte Antworten, die der schwierigen Lage gerecht geworden wären, ist wohl auch ein Grund dafür, dass die linken Parteien zu Recht nach den Jahren der Griechenlandkrise noch weniger Wirtschaftskompetenz zugewiesen bekamen als vor diesem Milliardenpoker. Dabei sollte doch eigentlich internationale Solidarität ihre Kernkompetenz sein!

Glaubwürdigkeit in Scherben

Der Vertrauens- und Ansehensverlust europäischer und nationalstaatlicher Institutionen war und ist ein sprudelnder Quell zusätzlicher Politikverdrossenheit. Doch das war noch nicht alles. Alexis Tsipras, der Volksheld der Linken im gesamten Mittelmeerraum und bis zu uns, griff zum Äußersten und bat sein Volk in einem Hals über Kopf durchgeführten Referendum zum dritten Hilfspaket um ein klares, ultimatives Nein, das er trotz aller internationaler Warnungen bekam und unverzüglich in ein kleinlautes Ja zu einem noch strapaziöseren Sparprogramm umwandelte. Mir ist kein Fall »direkter Demokratie«, also eines Volks- oder Bürgerentscheids, bekannt, in dem ein Regent den Volkswillen, den er obendrein selbst erfragt hat, kaltschnäuziger vom Tisch gewischt und ins Gegenteil verkehrt hätte.

Die nächste Brüskierung der Demokratie folgte auf dem Fuße: Die Syriza-Regierung erklärte mit gesteigerter Aggressivität, es sei undemokratisch, wenn sich die anderen Völker der Euro-Zone nicht an den Wunsch des griechischen Volkes hielten, gefälligst weitere Milliarden zu bekommen, ohne Einsparungen vornehmen oder Auflagen erfüllen zu müssen. Immerhin sei dieser Wunsch ja durch griechische Wahlen, Parlamentsbeschlüsse und einen Volksentscheid zum Ausdruck gebracht worden, also unter ordentlichen Demokraten bindend. Eine ganz neue Erfindung der Demokratie:

Sie soll nicht mehr Volksherrschaft über den eigenen Staat und das eigene Budget sein, sondern Herrschaft eines Volkes über andere und deren Budgets. Da dieser Anspruch aber von einer Links-Regierung (allerdings mit rechtsradikalem Juniorpartner, aber das bleibt lieber unerwähnt, weil es den moralischen Höhenflug in Frage stellt) geäußert wurde, plapperten viele »Linke« diese angeblich demokratische Benimmregel nach. Noch eine modische »Rolle rückwärts«, weil das Budgetrecht eines Parlaments über die *eigenen* Mittel zu den ältesten und zentralen Errungenschaften der parlamentarischen Demokratie überhaupt zählt.

Fortsetzung folgt: Bundeskanzlerin Angela Merkel und ihr Finanzminister Wolfgang Schäuble beteuerten in Brüssel und Berlin immer wieder, dass Europa niemals und unter keinen Umständen eine »Haftungsunion« werden dürfe, um dann ganz nebenbei einzuräumen, dass Deutschland längst in dreistelliger Milliardenhöhe hafte, aber dies sei ja bislang »nur« eine Haftung und noch keine abgeflossene Zahlung.

Ihr CSU-Parteichefkollege Horst Seehofer malte derweil gegen jede weitergehende Haftung eine »rote Linie« nach der anderen auf den Boden, die sich dann aber nach einem treffsicheren Wort seines eigenen Stellvertreters Peter Gauweiler alle miteinander als »rote Wanderdünen« erwiesen haben.

Die SPD hingegen hat keine starken Worte gebraucht, hat nicht die Muskeln spielen lassen, die sie nicht hatte. Vorbildlich? Das auch wieder nicht, denn sie hat genau genommen gar nichts gesagt. Keine öffentlich ausgetragene Kontroverse mit dem Kurs der Troika und des Ministers Schäuble, aber auch keine mit Alexis Tsipras und den noch unrealistischeren Teilen der griechischen Öffentlichkeit. Vor allem kein parteiinterner Diskussionsprozess, wie man sich in dieser heiklen Frage positionieren solle, wofür genau man stehe.

Übrigens kritisiere ich hier nicht die getroffenen Entscheidungen, zu denen ich in der konkreten Situation auch keine wundertätige Alternative gewusst hätte, sondern die Scharlatanerie im Vorfeld und deren Nachbetrachtung: Wie kann man einen Volksentscheid erst veranstalten und dann in die Tonne treten? Wie kann man einem überschuldeten Volk einreden, es könne über das Verhalten einer Vielzahl von Partnern selber entscheiden? Wie kann man voller Pathos eine Mithaftung ausschließen, die man längst eingegangen ist, wenn auch in anderer Rechtsform? Wie kann man als Chef einer von 16 Landesregierungen eines einzelnen Mitgliedsstaates den Eindruck erwecken, man könne das gesamte europäische Orchester dirigieren?

Trugbild als Markenkern?

Warum tat man die ganze Zeit Dinge, die man selber nicht versteht? Nach der Finanz- und Bankenkrise fragte ich einmal den Vorstandsvorsitzenden der Münchner Stadtsparkasse, wie es eigentlich zu erklären sei, dass dieses Geldinstitut aus der schlimmsten Krise der eigenen Branche gestärkt mit mehr Umsatz und Gewinn denn je hervorgegangen sei. Seine Antwort: »Das war ganz einfach. Wir kaufen nur Papiere, die wir selber verstehen.« Warum hielten und halten die ganz Großen der Finanzwelt sich nicht an diese Maßgabe? Der Internationale Währungsfonds beispielsweise versteht nicht, wie die gigantischen Schulden von Griechenland je zurückbezahlt werden sollen. Warum berücksichtigen die europäischen Institutionen diesen Erfahrungsschatz nicht? Weil nicht sein kann, was nicht sein soll! Jedenfalls nicht vor der Bundestagswahl. Und nicht vor den Wahlen hier oder dort, was bedeutet: nie. Weil wir doch niemals eine Haftungsunion werden dürfen, was wir zwar längst geworden sind, aber nicht wissen sollen. Erst recht nicht die Länder, die sich gerne auf einen Präzedenzfall berufen würden. Aber sind diese Länder wirklich mit dem vergleichbar, was die Griechen nach unverzeihlichen alten Zeiten in den allerletzten Jahren durchmachen mussten? Soll das Trugbild, es werde alles schon irgendwie irgendwann gut gehen, auch in Italien, tatsächlich zum Markenkern der Europäischen Union werden?

Kein Ökonom kann erklären, wie eine Volkswirtschaft wieder auf die Beine kommen soll, wenn die Nachfrage bei vielen auf die Armutsgrenze heruntergeschraubt worden ist und keine Investitionen getätigt werden können. Zum rigiden Sparprogramm, das nach Jahrzehnten unsolider Finanzpolitik mangels Masse in der Kasse unvermeidbar war, hätten also ein Solidaritätsbeitrag zur gezielten Linderung der größten Not und ein Investitionsprogramm zum Aufbau mittelständischer Strukturen hinzukommen müssen. Es stimmt schon: Geld, das man nicht hat, kann man nicht unter die Leute bringen. Aber die Milliarden-Jongleure hätten gezielte Hilfen, die den Sozialstaatsanspruch Europas auch bei den Hellenen wiederherstellen, durchaus finanzieren können, ebenso Investitionshilfen, die nicht versickern oder gar im Ausland verschwinden, sondern Kristallisationspunkte künftigen Wachstums schaffen. Wir reden ja, erschreckt durch Flüchtlingsströme, sogar schon von einem Marshallplan für Afrika (was ich übrigens für den einzig richtigen Ansatz halte). Daneben wären Aufbauhilfen für das kleine Griechenland doch nur eine Fingerübung.

Hilfe zur Selbsthilfe

Jede Hilfe muss aber immer Hilfe zur Selbsthilfe sein. Es kann nur Hilfspakete und keine Geschenkkörbe geben. Deshalb sollte sich die griechische Politik vor falschen Freunden hüten, die ökonomisch noch nie etwas zustande gebracht haben, es aber für »Solidarität« halten, sich in der Kritik der Bankenwelt zu erschöpfen und Handlungsbedarf in Griechenland selbst zu leugnen. Es ist keine »neoliberale Ideologie« und keine »soziale Kälte«, wenn man einem Gemeinwesen abverlangt, genauso wie die anderen Hilfeempfänger und vor allem wie die ständig angepumpten Helferländer

1. mit sozial ausgewogener Gesetzgebung und rigider Steuerfahndung für solide Steuereinnahmen zu sorgen,
2. eine effiziente Staatsverwaltung mit Katasteramt und mit zumutbaren Bearbeitungszeiten aufzubauen,
3. die Günstlings- und Privilegienwirtschaft der Altparteien zu beseitigen und keine neue aufzubauen.

Erst wenn auf allen Seiten alle Hebel in Bewegung gesetzt werden, kann es eine fruchtbare Debatte geben, wann die öffentlichen Gläubiger den privaten mit einem wirklichen Schuldenschnitt folgen, um das Licht am Ende des Tunnels zu zeigen, und welche der bisherigen Auflagen überzogen oder unangemessen waren. Damit meine ich beispielsweise die Forderung nach einer Privatisierung der öffentlichen Wasserversorgung, während gleichzeitig in den anderen Mitgliedsstaaten eine Million Unterschriften für genau diese kommunale Daseinsvorsorge als »Menschenrecht« (!) gesammelt wurden – Europas bislang einzige erfolgreiche plebiszitäre Aktion. Und dieses Ergebnis wurde in Verhandlungen mit Athen glatt vom Tisch gewischt, ja ins Gegenteil verkehrt!

Ich halte auch gar nichts von einem »Grexit«, den manche Ökonomen den Griechen andienen wollen, weil eine anschließende Abwertung der Drachme sie angeblich wettbewerbsfähiger machen könnte. Mir hat nämlich noch niemand die Frage beantworten können, welche griechischen Produkte dann die Weltmärkte erobern sollen. Aber eine offene Diskussion solcher vermeintlichen Alternativen könnte endlich überzeugen statt nur überrumpeln. Die nächsten Zweifel kommen bestimmt – vielleicht sogar noch vor der Bundestagswahl im September.

Wenn die Europäische Union dieses Thema nicht meistert, erübrigen sich Debatten, wie Vertrauen in Europa, das ja auch aufgrund zahlreicher anderer »Baustellen« angeschlagen ist, wiederhergestellt werden kann. Mit der Vermeidung bitterer Wahrheiten sicher nicht, sie stärkt nur die zentrifugalen, nationalen bis nationalistischen Kräfte.

Kapitel 12

Alle Wahlkampfjahre wieder: Es geht um Gerechtigkeit!

»Ein Staat ohne Gerechtigkeit«, hat der Bischof von Hippo, der heilige Augustinus Aurelias, um 400 n. Chr. gesagt, »ist nichts anderes als eine Räuberhöhle.« Das ist jetzt über 1600 Jahre her. Wir betreten also nicht gerade Neuland, wenn wir fragen, ob es gerecht zugeht in unserem Staat, in unserem Staatenbund und in der Staatenwelt insgesamt. Man könnte sogar sagen: Keine Frage war seit den Tagen des alten Kirchenvaters brennender und dauerhafter von Aktualität als diese. Dabei hatten aber nicht alle Menschen dasselbe mit »Gerechtigkeit« verbunden. Manche werden an die Befolgung göttlicher Gebote gedacht haben, andere an die Rechtsprechung, ob es faire Prozesse und sachgerechte Urteile gibt, andere an die Chancengleichheit, wieder andere an das, was sie unter Leistungsgerechtigkeit verstehen, die allermeisten aber, die nicht mit vielen Gütern gesegnet waren, an die soziale Gerechtigkeit: Werden die Lasten der Gemeinschaft gerecht verteilt, auch die Kosten der Risiken des Lebens? Sind die Löhne und Gehälter, ist die Verteilung der Einkommen und Vermögen gerecht?

Für die bundesdeutsche Wirtschaftsordnung war diese Frage nach 1945 so zentral, dass sie »soziale Marktwirtschaft« genannt wurde. Das sollte zum Ausdruck bringen, dass sie nicht nur um

Effizienz, Produktivität und Steigerung der Profitrate bemüht ist, sondern grundlegend auch um den sozialen Ausgleich, den der Markt selbst nicht zustande bringt. Das Ergebnis dieser Korrektur der reinen Marktwirtschaft lässt sich dann an Qualität und Höhe der sozialen Leistungen und an der Leistungsfähigkeit der Sicherungssysteme ablesen, auch an der Verteilung der Bildungschancen und Aufstiegsmöglichkeiten, vor allem aber an der Einkommens- und Vermögensverteilung.

Schaut man sich den aktuellen Stand bei der »sozialen Gerechtigkeit« an, so ist dies ernüchternd, weil sich die Ungleichheit weltweit verstärkt hat. Zu Jahresbeginn 2017 erschreckte die Entwicklungshilfeorganisation Oxfam mit der Schlagzeile, dass die acht Reichsten der Welt mit einem Vermögen von 426 Milliarden Dollar mehr besitzen als die ärmere Hälfte der Weltbevölkerung mit 209 Milliarden Dollar. Die »Finanzindustrie«, die schon Helmut Schmidt zusammen mit Gräfin Dönhoff als »Raubtierkapitalismus« bezeichnet hat, erwies sich dabei als Brandbeschleuniger. Thomas Piketty hat in seiner grundlegenden Untersuchung über »Das Kapital im 21. Jahrhundert« nachgewiesen, dass die Kapitalgewinne die Wachstumsrate derart übertreffen, dass dies extreme Ungleichheit hervorbringt und den sozialen Frieden gefährdet. Hans-Jürgen Jakobs beantwortete die Frage »Wem gehört die Welt?« mit einer Darstellung des personell überschaubaren, ökonomisch aber allmächtigen Finanzsektors und erschreckenden Zahlen zur immer mehr wachsenden ungleichen Verteilung der Vermögen überall auf der Welt durch den Renditehunger der weitgehend ungeregelten »Kapitalsammelstellen«. Zu Jahresbeginn 2017 waren es noch 62 Milliardäre gewesen, aber in der Zwischenzeit hat sich nicht der Reichtum derartig gesteigert, sondern die Berechnungsgrundlage zur Ermittlung der Armut. Aber spielt das eine Rolle? Einige Dutzend Menschen besitzen so viel wie die ärmere Hälfte der Menschheit – ist dann nicht diese Welt eine Räuberhöhle? Natürlich kann man im Detail Kritik üben: Da vom Vermögen die Schulden abgezogen werden, ist in dieser Statistik ein hochverschuldeter Jungakademiker in den USA mit optimalen Verdienstchancen für den Rest seines Lebens genauso »arm« wie ein Habenichts in einem Entwicklungsland, der es immer bleiben wird. Aber ändert dies irgendetwas am Gesamtbild?

Zu denken gibt allenfalls, dass mit Bill Gates von Microsoft, Jeff Bezos von Amazon, Mark Zuckerberg von Facebook und Larry Ellison von Oracle vier Wegbereiter des digitalen Zeitalters zum Club der acht Reichsten der Welt gehören, die nicht durch Erbschaft großer Landstriche oder Firmengründungen ihres Großvaters oder weltumspannende Aktienpakete ihrer Sippschaft zu den unvorstellbaren Großvermögen gekommen sind, sondern durch eigene Innovationen, Geschäftsmodelle und unternehmerisches Geschick. Vier von acht – da ist die »soziale Durchlässigkeit« zum Club der acht Reichsten fast größer als in deutschen Akademikerkreisen, in die ganz überwiegend nur Akademikerkinder nachrücken! Diese vier haben den Reichtum nicht geraubt, sondern von Milliarden Kunden für ihre Produkte, die wir offensichtlich nutzen wollen, erhalten. Aber ist eine Marktwirtschaft, die solche Ungleichheit hinnimmt, »sozial«? Mit Sicherheit nicht. Sind Staaten, die es dabei belassen, gerecht? Auf keinen Fall. Die weltweite gesellschaftliche Spaltung, die dadurch bedingt ist, dass die Reichen immer reicher und die Armen nur zahlreicher werden, hat so krasse Züge angenommen, dass der Internationale Währungsfonds besorgt ist, die Ungleichheit behindere das Wirtschaftswachstum! Und die Vereinten Nationen wollen »die Ungleichheit verringern, in den Ländern und zwischen den Ländern«.

»Problem erkannt« heißt aber nicht »Problem gelöst«. Die intellektuelle und politische Herausforderung beginnt mit der

Erkenntnis, dass mehr umverteilt werden muss, und zwar von oben nach unten, das Problem ist damit nicht gelöst. Erstaunlich viele beenden dieses Thema aber mit dem Postulat, die Ungleichheit zu reduzieren, ohne sagen zu können, welche Instrumente welchen konkreten Beitrag leisten können. Das lässt die Linke derzeit international so kraftlos erscheinen.

Im nationalen Rahmen schaut es trotz der programmatischen Allparteien-Verständigung auf die »soziale Marktwirtschaft« nicht besser aus. Die aktuellste Zahl aus Deutschland: 36 Milliardäre besitzen so viel wie die ärmere Hälfte der Bevölkerung. Der einzige signifikante Unterschied zum globalen Club der Reichsten liegt darin, dass der Anteil der Erben, denen die Spitzenstellung in die Wiege gelegt worden ist, bei uns deutlich größer ist.

Die Einkommensentwicklung ist nicht ganz so krass, zeigt aber auch in die Richtung wachsender Ungleichheit. Das renommierte und ganz bestimmt nicht klassenkämpferische Deutsche Institut für Wirtschaftsforschung (DIW) ermittelte, dass die Spitzenverdiener, genauer: die einkommensstärksten zehn Prozent der Haushalte, ihr verfügbares Einkommen seit Beginn der Neunzigerjahre um 20 Prozent steigern konnten, die Normalverdiener (mittlere Gruppe) aber nur um zehn Prozent, während die einkommensschwächsten zehn Prozent der Haushalte sogar einen Verlust (!) von zehn Prozent hinnehmen mussten. Die Schwächung der Schwächsten hat zweifellos mit dem Anstieg der atypischen, oft als »prekär« bezeichneten Arbeitsverhältnisse zu tun, die sich laut Statistischem Bundesamt Ende 2015 auf rund 7,5 Millionen beliefen, im Verhältnis zu knapp 25 Millionen Normalarbeitsverhältnissen. Allerdings war die Ausgangszahl von 6,1 Millionen atypischer Arbeitsverhältnisse im Jahr 2002 auch nicht gerade »sozial verträglich«, und trotz des Anstiegs im prekären Bereich ist die Zahl der Normalarbeitsverhältnisse um über eine Million gestiegen, von 23,6 auf 24,8 Prozent. Auch wenn die Zahl der Arbeitslosen seit dem Beginn der Wirkung der Agenda 2010 um zwei Millionen zurückgegangen ist und Anfang 2017 die Zahl der offenen Stellen über einer Million lag, was vielen europäischen Ländern als traumhaft erscheinen muss, sind Einkommensverluste im untersten Zehntel schon ein Alarmsignal. Wenn man die Niedriglohngrenze bei zehn Euro pro Stunde zieht, liegt der Anteil der Niedriglöhner im Westen bei 19, im Osten aber bei 34 Prozent (so die aktuellsten verfügbaren Zahlen aus 2014). Damit ist die Menge des sozialen Sprengstoffs klar. Es geht nicht um ein Randproblem, wie Besserverdienende in mancher Boomtown des Westens glauben, sondern in weiten Landesteilen um ein Drittel der Erwerbstätigen, die sich zwar nicht unbedingt auf Sozialhilfeniveau befinden, aber mit Fug und Recht von der Wohlstandsentwicklung abgehängt fühlen. Der Handlungsbedarf, sie wieder ins Boot zu nehmen, ist unabweisbar. Nur: Heißt dies, dass die Agenda 2010 nur schlecht war? Immerhin hat sie die Zahl der Arbeitslosen um zwei Millionen verringert! Sicherlich oft nur durch ein Ersatzangebot prekärer Arbeitsverhältnisse. Aber wäre deshalb die Beibehaltung der Arbeitslosigkeit – wie in Frankreich, wo jetzt über die Nachholung von Reformen diskutiert wird – vorzuziehen gewesen? Ist die Chance, jetzt – angesichts ausgeglichener Haushalte und einer Million offener Stellen – über eine Aufbesserung prekärer Arbeitsverhältnisse diskutieren zu können, nicht auch ein Erfolg? Natürlich ist es populärer, in jeder konjunkturellen Phase nur das Beste für alle zu versprechen. Erfolgreich praktiziert wurde dies bislang aber noch bei keiner der Krisen.

Wenn Politik den Eindruck vermittelt, bei jeder Lage der Konjunktur, des Arbeitsmarktes, des Haushalts und der Sozialkassen Wohltaten verteilen zu können, wird sie in der nächsten Krise mit Sicherheit Lügen gestraft. Damit nicht genug: Sie liefert selbst Grund für die Anschuldigung, in der Vergangenheit völlig unnötig gespart und bittere Pillen verteilt zu haben. Sie zeichnet damit sowohl die Zukunftsaussichten als auch die Vergangenheit schlecht, weil sie noch niemals in der Lage war, ohne die erforderlichen ökonomischen Bedingungen Wohltaten zu verteilen.

Welchen Einfluss hat die Politik überhaupt auf die Vermögensverteilung in der Welt und auf die Entwicklung der Einkommen? Mehr als keinen, aber weniger, als sie in Wahlkämpfen vorgibt. Steuergesetzgebung kann Ungerechtigkeiten auf die Spitze treiben, wie Trump es jetzt im Wählerauftrag plant, oder um sozialen Ausgleich bemüht sein, was freilich nicht aus der Welt schafft, dass ökonomische Macht manche Lasten auf Kunden, Mieter oder Versicherungsnehmer abwälzen kann. Höhere Steuersätze können höhere Staatseinnahmen bewirken, aber auch Betriebsverlagerungen oder Steuerflucht. Staatliche Hilfen können Notlagen lindern, aber nur mit Mitteln, die erst einmal erwirtschaftet und dann vom Staat vereinnahmt wurden. Schutzrechte können Personenkreise besser stellen, aber leider auch erschweren, überhaupt einen Ausbildungs- oder Arbeitsplatz oder eine Wohnung zu bekommen. Kurzum: Gut gemeint ist oft nicht genug.

Es ist richtig, sich über wirtschaftliche Ungerechtigkeiten zu ärgern, zu empören, sie für unmoralisch zu halten, in ihnen einen brandgefährlichen sozialen Sprengstoff zu sehen, sie nicht länger hinnehmen zu wollen, von der Politik zu verlangen, dass sie endlich für Abhilfe sorgt. Aber die Entwicklung tauglicher Instrumente und die Vermeidung kontraproduktiver Effekte bleibt trotzdem die zentrale Aufgabe. Ich höre schon das Hohngelächter marxistisch geschulter Agitatoren: Das sei doch alles ganz einfach, man müsse es nur tun. Seltsam, dass es noch keiner getan hat. Weltweit. Ich habe nirgendwo so krasse Gegensätze zwischen Jungmilliardären und rechtlosen Millionen von Wanderarbeitern erlebt wie im kommunistisch regierten China. In Russland, wo der Kommunismus 70 Jahre für eine gerechte Verteilung des Vermögens hätte sorgen können, habe ich einen Mann kennengelernt, dessen Frau nicht nur ganze Straßenzüge, sondern Stadtteile bis zum Horizont besaß. Und in einem intensiven öffentlichen Gespräch mit Gregor Gysi über den immer schlimmer werdenden Gegensatz von Arm und Reich war dessen Diagnose einfach brillant. Bei der Therapie aber schlich sich eine Unbekannte nach der anderen ein: Ein Vorgehen müsse natürlich international sein, zumindest gesamteuropäisch, am besten weltweit. Die Gefahr aber sei, dass eine einzelne Nation als Wirtschaftsstandort, Handelsplatz und Wohnort selbstverständlich gemieden werden könne, was sogar zu Mindereinnahmen führe etc., aber die Zielsetzung sei klar. Ich konnte ihm nur auf ganzer Linie zustimmen. Daher verwirrt es mich außerordentlich, wenn Gerechtigkeit ein Wahlkampfknüller sein soll, als ob verbindlich geklärt wäre, wie man sie schafft, und nur noch ein Haken druntergesetzt werden müsste.

Es ist ja nun nicht mehr ganz neu, dass sich politische Parteien berufen fühlen, soziale Gerechtigkeit durchzusetzen. Die Sozialdemokratie führt seit ihrer Gründung vor über 150 Jahren das Soziale an der Spitze ihres Namens, bei den Unionsparteien hat immerhin die kleinere Schwester das Soziale auch in den Namen aufgenommen. Die Linke versteht sich als die sozialere Alternative zur SPD, der ihr »Sündenfall Hartz IV« niemals vergeben werden soll, und die Grünen haben sich bei ihrer Gründung, bevor sie die Partei der besserverdienenden Eigenheimbesitzer mit subventioniertem Solardach wurden, auch als Lobby der Sozialhilfeempfänger empfunden. Ja selbst bei der AfD gibt es einen »sozialen« Flügel, der zugleich »national« und »sozialistisch« sein will – wie in Frankreich die Rechte Marine Le Pen und der Linke Jean-Luc Mélenchon, der nicht einmal dazu aufgerufen hat, den Front National in der Stichwahl zu verhindern. Wenn wir also einmal von der FDP absehen, die jede Leistung nach dem erzielten Einkommen bemisst und es deshalb für Leistungsgerechtigkeit hält, hohe Einkommen möglichst ungeschmälert zu belassen, ringen also alle in den Parlamenten vertretenen Parteien darum, sich im Kampf um soziale Gerechtigkeit besonders hervorzutun. Die SPD hatte dazu sogar herausragend gute Chancen. Sie war in den letzten 20 Jahren 15 Jahre lang in der Regierung, man glaubt es kaum. Da gab es 1997 noch ein letztes Jahr Schwarz-Gelb unter Helmut Kohl, dann folgten sieben Jahre Rot-Grün unter Gerhard Schröder mit der SPD als Seniorpartner, dann vier Jahre Schwarz-Rot unter Angela Merkel, die anschließend weitere vier Jahre zusammen mit der FDP regierte und dann nochmals vier Jahre wieder mit der SPD. Sagen Sie bitte nicht: Das weiß doch jedes Kind. Ich fürchte nämlich, dass es sogar manchem namhaften Sozialdemokraten entfallen ist: Drei Viertel der letzten 20 Jahre saß die SPD in der Regierung! Und da gibt es leider aus logischen Gründen nur zwei Möglichkeiten: Entweder hat die SPD zwei Jahrzehnte lang die soziale Gerechtigkeit nicht wichtig genommen – was ich viel entschiedener als sie selbst bestreite – oder aber das Beste gewollt und leider nicht mehr zustande gebracht, weil die Welt tatsächlich so kompliziert ist, wie sie ist. Dann aber müsste die SPD gründlich erklären, was das Beste war und ist, wer sie behindert hat, wie sie es jetzt angehen möchte, um mehr zu erreichen als bisher, und was sie versäumt hat, weil es zeitweise Dringlicheres gab.

Keine Partei behauptet, schon alles verwirklicht zu haben, was sie sich vorgenommen hat. Denn dann wäre sie ja überflüssig. Ich kenne aber keine andere Partei als die SPD, die mit solcher Hingabe 15 eigene Regierungsjahre in die Tonne tritt, das Ergebnis dieser langen Regierungszeit in finstersten Farben schildert und um Vertrauen bittet mit der Begründung, jetzt fühle sie sich den Opfern der Politik – wohlgemerkt ihrer eigenen – ganz nah und verbunden.

Wenn schon anstelle grundlegender Umverteilung nur Symbolpolitik betrieben werden soll, sollten wenigstens die Symbole mit Bedacht gewählt werden. Stichwort »Spitzengehälter«. In derselben *Spiegel*-Ausgabe im Februar 2017, in der die SPD-Kritik an der finsteren Lage der Deutschen die tiefschwarze Titelseite beherrschte, erklärte im Inneren des Heftes der IG-Metall-Vorsitzende und VW-Aufsichtsrat Jörg Hofmann, wie es zum 17-Millionen-Euro-Jahresgehalt für Martin Winterkorn und zur 12,5-Millionen-Euro-Abfindung für das SPD-Mitglied Christine Hohmann-Dennhardt nach 13 Monaten im Dienste des Konzerns kommen konnte. Bei Frau Hohmann-Dennhardt hätten Zusagen von Daimler abgelöst werden müssen (ein Spielerkauf wie im Fußball gewissermaßen) und bei Winterkorn habe »die Kapitalseite« gesagt: »Lasst die Herren gut verdienen, dann machen sie auch einen guten Job.« Die Kapitalseite? Spielt da nicht das Land Niedersachsen eine gewichtige Rolle? Es ist also tatsächlich so: Die Gewerkschaften im Aufsichtsrat und das Land Niedersachsen drängen den Bundesgesetzgeber, endlich mit strengen Regeln und steuerlichen Strafen dafür zu sorgen, dass künftig keine aberwitzigen Gehälter und Abfindungen mehr vereinbart werden dürfen, weil sonst die öffentliche Hand und der starke Arm der Gewerkschaften nochmals im Aufsichtsrat für einen derartigen Skandal gehoben werden. Hier fragt sich der geneigte Leser, ob man das nicht viel schneller und einfacher hätte haben können – und ob Winterkorn und Hohmann-Dennhardt wirklich geeignet sind, den Volkszorn in die gewünschte politische Richtung zu lenken … Sage keiner, das habe man nicht ahnen können. Ich erinnere mich an etliche Gespräche, bei denen Hans-Jochen Vogel

Gewerkschaftsvorsitzende in die Mangel nahm, warum sie denn in Aufsichtsräten unvorstellbaren Gehaltsforderungen zugestimmt hätten. Die Antworten waren wortkarg und substanzarm. Aber der nächste Deutsche Bundestag wird es bestimmt richten.

Wenn es aber ausnahmsweise einmal nicht bei Symbolpolitik bleiben soll, muss man wirklich die Unsummen ins Visier nehmen, die den Reichsten weiterhin in den Schoß fallen oder rechtswidrig belassen werden.

Was der Gesetzgeber tun müsste

Als ich vor einem halben Jahrhundert der SPD beitrat, forderte sie heftig und lautstark ein »soziales Bodenrecht«. Wieder muss ich Hans-Jochen Vogel als Zeugen aufrufen, der damals als junger Oberbürgermeister Münchens sagte, es sei nicht einzusehen, dass einige Grundstückseigentümer mit ihren »sauren Wiesen« ohne jedes eigene Zutun Millionen verdienen, nur weil die Gemeinschaft – also die Steuerzahler – mit zig Millionen Aufwand für Verkehrserschließung und Infrastruktur aus den fast wertlosen Arealen wertvollstes Bauland macht. Er konnte sich dabei auf die Bayerische Verfassung von Wilhelm Hoegner berufen, die klipp und klar verlangte: »Steigerungen des Bodenwerts, die ohne besonderen Arbeits- oder Kapitalaufwand des Eigentümers entstehen, sind für die Allgemeinheit nutzbar zu machen.« Diese Forderung ist jetzt gute 70 Jahre alt und hat Verfassungsrang! Und was ist seither geschehen? Sehr viel! Aber nur auf dem Grundstücksmarkt. Seit damals ist der Grundstückspreis in München um mehr als das 330-fache gestiegen, ohne dass die Eigentümer etwas hätten investieren müssen. Das hat nur der Steuerzahler getan, um dann die mit seinem Geld ermöglichte Wertsteigerung nochmals bezahlen zu müssen, wenn er Grundstücke für Kindergärten, Schulen oder Wohnungen braucht. Dabei hat Grund und Boden aus der Sicht des Gesetzgebers einen gigantischen Vorteil: Er kann nicht so ohne weiteres ins Ausland verlagert werden wie Betriebsstätten ohne Firmensitze oder Wohnorte. Und warum hat sich in der Gesetzgebung nichts getan? Vogel hat es als Städtebauminister versucht, ist aber in sozialliberalen Zeiten an der FDP gescheitert. CDU-Kanzlern war das nie ein Anliegen. Rot-grüne Initiativen sind mir auch nicht bekannt, vielleicht wegen der schwarz-gelben Majorität im Bundesrat. Lange Zeit hat man geglaubt, die große Zeit des Neubaus sei angesichts eines angeblich ausgeglichenen Wohnungsmarktes eh vorbei. Nach der Deutschen Einheit gab es Wichtigeres zu tun. Aber nach der Bankenkrise setzte plötzlich die »Flucht ins Betongold« ein. In einem einzigen Jahr haben sich die Münchner Bauland-Preise verdoppelt.

Es ist also noch nicht zu spät. Auch wenn in den Stadtgebieten die Baulandreserven endlich sind, geht es in allen wirtschaftsstarken Regionen in den Umlandgemeinden weiter. Ein Ende des weltweiten Urbanisierungsprozesses ist gar nicht abzusehen. Also auch kein Ende der Bereicherung reicher Großgrundbesitzer, nicht selten alter Adelsfamilien wie die Thurn und Taxis, die von Fincks oder die Waldburg-Zeil. Und auch kein Ende der Ausplünderung der Steuerzahler. In einem Artikel zum 70. Geburtstag der Bayerischen Verfassung fragte Heribert Prantl in der *Süddeutschen Zeitung*: »Und welcher Teil dieser ungeheuren Steigerung ist ›für die Allgemeinheit nutzbar‹ gemacht worden?« Eine kleine Antwort immerhin kann ich geben. Gleich zu Beginn meiner Amtszeit als Münchner Oberbürgermeister 1994 habe ich die »Sozialgerechte Bodennutzung« in Auftrag gegeben. Die Stadt erklärte mit Stadtratsbeschluss, dass sie neues Baurecht nur noch ausweist, wenn der

Eigentümer, der dadurch begünstigt wird, sich vorher vertraglich verpflichtet, einen Teil des Wertzuwachses abzuführen, um damit die Infrastruktur mitzufinanzieren, die durch das neue Baurecht erforderlich wird. Bislang brachte dies der Stadt über 800 Millionen Euro für soziale Investitionen. Das geschah wohlgemerkt nur auf dem winzigen Teil des Grundstücksmarktes, auf dem neues Baurecht geschaffen werden konnte. Nicht auszudenken, der Gesetzgeber hätte sämtliche Grundstückseigentümer zur Finanzierung der Gemeinschaftskosten auf allen Grundstücken herangezogen, die ja alle vom Wachstum und vom Qualitätszuwachs einer Stadt oder Region profitieren. Was für eine Agenda 2050 in Zeiten der Urbanisierung! Im Mai 2017 wurde das Thema wieder aufgegriffen, aber nicht von einer politischen Partei, sondern von einem Bündnis kleiner Akademien und Initiativen wie der Urbanauten, des Werkbundes und anderen.

Genauso dringlich wie ein soziales Bodenrecht finde ich die Durchsetzung bereits beschlossener und gültiger Steuergesetze. Als Jurist kenne ich die Grauzone zwischen strafrechtlich relevanter Steuerhinterziehung und zulässiger trickreicher Umgehung von Steuergesetzen. Die zweite Möglichkeit gibt es nur, wenn staatliche Kollaborateure helfen oder schlafen. Dazu die beiden krassesten Varianten: Ausgerechnet unter dem EU-Kommissionspräsidenten Jean-Claude Juncker, der ein gebildeter, charmanter und kluger Mann ist, aber eben auch lange Zeit Ministerpräsident und Finanzminister des Großherzogtums Luxemburg war, hat der Zwergstaat das Geschäftsmodell erfunden und praktiziert, Hunderte von Millionen zu kassieren von reinen Briefkastenfirmen, die auf diese Weise Milliarden an Steuern sparen konnten in den Ländern, in denen ihre Betriebsstätten waren, sie ihr Geld verdient haben und ihre Belegschaft ständig eine bessere Infrastruktur, mehr Kultur etc. verlangte. Wie reagiert das seriöse, solidarische und Gerechtigkeit fordernde Europa auf so ein Schurkenstück? Mit der Inthronisierung des Spitzenkandidaten der Europäischen Volkspartei, Jean-Claude Juncker, ins allerhöchste Amt der Europäischen Union! Selbst sein Gegenkandidat Martin Schulz, der doch die Alternative zu diesem Politikverständnis verkörpern will, zeigte sich höchst versöhnlich. Offenkundig hatte nicht Gerechtigkeit Priorität, sondern die »hohe Staatskunst« in der EU-Gremienwelt. Es ist nicht immer nur Verstocktheit, wenn Leute glauben, die da oben würden machen, was sie wollen, und man solle ihnen lieber nicht trauen.

Zweites Beispiel: Im Juni 2011 habe ich als Vorsitzender des Verwaltungsrats der Münchner Stadtsparkasse davon gehört, dass deutsche Banken mit komplizierten Vertragskonstruktionen ausländischen Anlegern bei der »Steuerverkürzung« helfen und anschließend die Beute teilen. Dabei wird die unterschiedliche steuerliche Behandlung von Dividendenerträgen und Veräußerungsgewinnen ausgenutzt. Am 29. Juni habe ich diesen Sachverhalt ausführlich in einem Brief Bundesminister Wolfgang Schäuble mitgeteilt und angeregt, »diese Regelungslücke zu schließen«. Am 19. Juli schrieb sein Staatssekretär Hartmut Koschyk forsch zurück, der Bund sei »auch von den Bundesländern bisher nicht auf diese Problematik hingewiesen« worden, die Thematik werde aber »kurzfristig auf Arbeitsebene weiterverfolgt«. 2016 – rund fünf Jahre später – wurde man tätig. Inzwischen musste der Bundesfinanzminister einräumen, dass die Schätzung eines Einnahmeverlustes von 4 bis 5 Millionen pro Jahr realistisch sei. Durch die Untätigkeit von 2011 bis 2016 können also gut und gern 20 Milliarden Euro verloren worden sein – Steuerschulden ausländischer Anleger, denen deutsche Banken gegen 50 Prozent Beteiligung geholfen haben, wobei das Bundesfinanzministerium über diese Machenschaften unterrichtet war. Jetzt untersucht ein Ausschuss des Bundestags die Versäumnisse, aber das fast »griechisch« anmutende Desinteresse an Steuerschulden ist schon abenteuerlich. Ist es ein Trost, wenn Minister Schäuble aber immerhin mit den Griechen sehr streng ist?

Nur noch ein Hinweis: Während der Finanzkrise wurde von fast allen Seiten die Finanztransaktionssteuer gefordert, damit der Raubtierkapitalismus sich finanziell an den Kosten zur Überwindung der von ihm verursachten Desaster beteiligen muss. Das war 2007. Ein Jahrzehnt später stellt man uns für diese Beteiligung konkrete Schritte im Jahr 2018 in Aussicht. Was wieder alles dazwischenkommen wird, weiß noch niemand. Und die Situation wird sich weiter zuspitzen, wenn nichts passiert: Die Herren des digitalen Kapitalismus, oft sind es deren Algorithmen, bewegen in Sekundenbruchteilen zig Milliarden zwischen den Kontinenten, während die staatlichen Gesetzgeber für jeden Schritt ein Jahrzehnt brauchen. Ist es da verwunderlich, wie das Rennen ausgeht? Da fragt sich der Beobachter: Ist das Unvermögen oder Konfliktscheue oder gar eine Art hilfloser Kollaboration?

Diese Schlaglichter sollen zeigen, worum es mir geht: Gerechtigkeit ist zu Recht eine zentrale Herausforderung an die Politik, zumal die Realität in die entgegengesetzte Richtung läuft. Aber genau das ist das Problem: Wenn die Politik die Zustände auch nur brandmarkt, ohne die Legislaturperioden zum Handeln zu nutzen, schürt sie mit Gerechtigkeitskampagnen kurz vor dem Wahlsonntag nur den Bürgerzorn, statt ihn in konstruktive Bahnen sozialer Verbesserungen zu lenken. 50 Jahre *kein* soziales Bodenrecht auf Bundesebene sind einfach zu viel. Die faktische Steuerfreiheit für geschickt verlagerte Milliardengewinne hätte in den Parlamenten und nicht erst in den Wahlbroschüren angegangen werden müssen. Die Umgehung gültiger Steuergesetze muss von der Politik nicht gerügt, sondern verboten werden. Was hilft Wehklagen, solange es selbst innerhalb der EU, die jede Milliarde gebrauchen könnte, Steuervermeidung für die Großen gibt – ob in Irland für Amazon, in Luxemburg oder auf den Kanalinseln. Der Kauf von Schweizer Steuersünder-CDs war immerhin schon ein Schritt in die richtige Richtung mit ungeheurer moralischer Wirkung, und vor allem ein Beweis, dass zwischen den Wahlen gehandelt werden kann und muss. Aber dies löste nur einen kleinen Teil des Problems. Das Schlimmste wäre, wenn neben der Kluft zwischen Arm und Reich auch die Kluft zwischen Wahlkampfversprechen und Gesetzgebung wachsen würde.

Kapitel 13

Zum Schluss:
Wie souverän ist eigentlich der Souverän?

Zum Schluss eine kleine Einladung zur Selbstkritik, weil wir doch inzwischen wissen, dass wir differenzieren müssen, wenn wir es uns nicht allzu leicht machen und nicht in Schwarz-Weiß-Klischees mit zunehmendem Giftgehalt und Hasseffekt verfallen wollen.

Der Souverän, ganz gleichgültig ob Kaiser, König, Herzog oder Fürsterzbischof, war immer schon ziemlich selbstgerecht, anmaßend, launisch und unfair. Er konnte es sich ja erlauben! So wie Bayerns König Ludwig I. es sein wollte, nämlich »streng und gerecht«, war der real regierende Souverän eher selten. Nun ist aber seit den demokratischen Revolutionen das Volk, genauer gesagt: die Summe aller Wahlberechtigten, selber der Souverän. Mit unglaublichen Machtbefugnissen. Er kann nicht nur bestimmen, wer in den Rathäusern, den Landkreisen, Bezirken und Landesparlamenten das Sagen hat, sondern kann sogar darüber entscheiden, wer im Deutschen Bundestag sitzt und wer die Regierung bilden darf. Ganz wie es ihm beliebt. So viel Macht in einer Hand. Seltsamerweise hat der Souverän diese unter großen Opfern und in langen Kämpfen errungene Macht aber allenfalls zu Beginn mit Lust und Freude ausgeübt, dann wurde er ihrer immer überdrüssiger. Heute, in Zeiten der modischen Politikverdrossenheit, leugnet er sogar seine Aufgabe, alle staatlichen Machtverhältnisse im Lande zu regeln, ja, er leugnet seinen Einfluss und seine Verantwortung und präsentiert sich als ohnmächtiger Untertan, der nur noch zähneknirschend verfolgen kann, wie »die da oben« einfach »machen, was sie wollen«. Die Unschuld des Ohnmächtigen ist ihm lieber als der Einfluss des Souveräns, der er aber nach wie vor ist.

Diese Betrachtungsweise mag verwundern und befremden, ist aber mein ganzer Ernst. In meiner jetzigen Situation als Ruheständler ohne Amt und Würden kann ich zwar die Ohnmachtsgefühle und den täglich neu belebten Groll der politischen Endverbraucher gut verstehen, als ehemaliger politischer Mandatsträger habe ich aber weiß Gott noch plastisch in Erinnerung, dass »die Politiker« keineswegs immer einfach machen können, was sie wollen, eigentlich sogar nur sehr selten, denn es gibt da noch eine größere Macht, die sich gerade vor Wahlen überdeutlich in Erinnerung bringt: Seine Exzellenz, der Souverän. Das Wahlvolk also.

Dieser Hinweis gilt schon als Tabubruch, denn das Volk ist grundsätzlich unschuldig an allem, was die Politiker aus unerfindlichen Gründen so treiben und immer wieder vermasseln. Und da das Volk der Souverän ist, darf man ihm nicht widersprechen, auch nicht, wenn er treuherzig versichert, völlig ohne Einfluss und damit auch ohne Verantwortung zu sein.

Aber wenn gegenwärtig alles schlecht und beklagenswert ist – was ich, wie Sie mittlerweile wissen, gar nicht so sehe –, dann muss doch auch der Souverän, der hier von Verfassungs wegen das Sagen hat und von dem alle Staatsgewalt ausgeht, doch irgendwie auch irgendwas damit zu tun gehabt haben. Lassen Sie mich mit einigen Thesen gegen den Mainstream der Politikverdrossenheit wider den Stachel löcken.

Pflichtvergessene Untätigkeit

Selbst die schlechtesten und motivationsschwächsten Monarchen konnten nicht einfach den Krempel hinschmeißen und dann erleichtert glauben, damit hätten sie ihrer Verantwortung Genüge getan. Nur ein greiser Herrscher konnte einfach abtreten und schadenfroh über die Schulter zurückrufen: »Macht euren Dreck alleene!«. Das haben wir schon im Geschichtsunterricht gelernt: So leicht wird man eine Verantwortung, die man nun einmal hat, nicht los. Der heutige Souverän aber nimmt sich das Recht heraus, einfach keine Entscheidung zu treffen und dann die Vollstrecker seines nicht geäußerten Willens für alle Folgen verantwortlich zu machen. Wir nennen das »Wahlenthaltung«, als ob es eine besonders tugendhafte Handlungsweise wäre. Manche politikverdrossenen Volksredner und Buchautoren fassen das sogar als Beweis einer kritischen Geisteshaltung auf: Ich bin so anspruchsvoll, dass mir nichts und niemand genügt, deswegen muss ich auch nicht So oder So sagen, sondern nur hinterher wehklagen, dass wieder einmal nichts Gescheites herausgekommen ist. Ein großartiges Herrscherwort: Ich habe keine Ahnung, welche Alternative unter den gegebenen Umständen noch die beste oder zumindest ungefährlichste wäre, ich halte alles für mies, aber weil ich mich nicht festlegen will, bin ich auch auf jeden Fall für nichts verantwortlich. So verhält sich der verehrungswürdige Souverän bei immer mehr Wahlen sogar mehrheitlich! Keine Kraft ist bei den meisten Wahlen stärker als die Nichtwählerpartei! Das ist aber keine intellektuell oder moralisch hochstehende Unschuld, sondern pflichtvergessene Untätigkeit! Wer seine eigenen Rechte durch Nichtgebrauch in die Tonne tritt, überlässt das Feld jenen, die sie ihm auch künftig versagen wollen. Die Rechnung ist doch unfassbar einfach: Wenn die Hälfte der aufrechten Demokraten zu Hause bleibt, hat jede undemokratische Stimme doppeltes Gewicht!

Zuständigkeit fürs Angebot

Bei seiner geschmäcklerischen Haltung, er finde im Angebot nichts, was ihm schmecken könnte, tut der Souverän von heute so, als sei er nur Konsument fertiger Produkte, die irgendwelche anderen Institutionen produzieren müssen. Die Wirtschaft zum Beispiel, die Konzerne, die Finanzwelt, die Kirchen, die Medien, die Berufsgruppe der Politiker, die Wissenschaft oder sonst irgendwer. Nur der Souverän will nichts damit zu tun haben, welche Parteien es gibt, welches Personal sie bieten und welche Programme sie mehr oder weniger ernsthaft in die Tat umsetzen wollen. Kleine Zwischenfrage: Wo sollen die Parteien eigentlich herkommen, wenn nicht aus dem Wahlvolk? Nur die Wählerinnen und Wähler haben das Recht, Parteien zu gründen, ihnen beizutreten, mitzuarbeiten oder Funktionen zu übernehmen, mit Wahlverhalten auf sie einzuwirken, damit sie dringende Anliegen endlich aufgreifen oder Schnapsideen fallen lassen. Die rasanten Veränderungen der Parteienlandschaft in verschiedenen europäischen Ländern zeigen doch, wie heftig Einfluss genommen werden kann, beispielsweise durch das Abstrafen großer Altparteien, durch Treue als Stammwähler oder meinungsfreudiger Wechselwähler, durch die Gründung neuer Initiativen, durch die Stärkung neuer Bewegungen, durch Einflussnahme auf die Programmatik. In Österreich mussten zwei Volksparteien einen grünen Kandidaten unterstützen, um aus ihrer Sicht Schlimmeres zu verhüten. In Frankreich kamen die altehrwürdigen Parteien nicht einmal in die Stichwahl. In Griechenland regiert eine Neugründung, die es vor wenigen Jahren noch nicht einmal gab. In Italien werden wir die Parteienlandschaft vermutlich in einem Jahr bereits nicht wiedererkennen. Also bitte! Es ist doch nicht so, dass der Souverän jahrzehntelang vor einem unabänderlichen Sortiment steht und inhaltlich und qualitativ gar keine Auswahl hat. Er kann das Angebot selber bestimmen. Es stammt von ihm. Allerdings wird sich wenig ändern, solange der Souverän nur zu zwei bis drei Prozent bereit ist, dafür einen Finger zu krümmen.

Edelmut kommt selten vor

Gerne begründet der Souverän seine Unlust, ins politische Geschehen einzugreifen, mit seinem Edelmut, der in den Niederungen der Politik ganz zwangsläufig verkümmern werde. In die Politik geht doch nur, wer sich schamlos bereichern oder seine Machtinstinkte ausleben will, nicht jedoch das Volk in seinem Edelmut. Ist das wirklich ein realistisches Selbstbild?

Ein ehemaliger Stadtrat hat mich am Abend meiner ersten Wahl zum Bürgermeister gewarnt, ich solle bloß nicht den Fehler begehen, die Wünsche in der Bürgerpost zur Richtschnur zu machen, weil dort nämlich in Wahrheit gar nicht Gleichheit vor dem Gesetz gefordert werde, sondern ganz im Gegenteil Bevorzugung. Das kam mir entsetzlich zynisch vor, abgehoben und ungerecht. Aber im Laufe der Jahre lernte ich mit jedem Anliegen, das mir brieflich nähergebracht werden sollte, dass er in verblüffender Weise recht hatte. Da ging es in aller Regel nicht um den Wunsch, die Ärmsten der Armen sollten als Erste eine Sozialwohnung bekommen, nein, es ging ganz im Gegenteil darum, dass der eigene Sohn eine erhalten solle, obwohl er ein wenig mehr verdiente, als die Einkommensgrenzen des sozialen Wohnungsbaus erlaubten. Oder der Briefschreiber wollte ein wenig mehr Baurecht, als der Bebauungsplan für dieses Viertel vorsah, oder eine Erlaubnis, eine Wohnung gewerblich zu nutzen, obwohl genau dies auf Druck der Bevölkerung verboten worden war.

Das ist menschlich verständlich, aber die Zweiteilung der Menschheit in die Guten, die kein Amt haben, aber bevorzugt werden wollen, und in die Bösen, die an das Gesetz gebunden sind, auch wenn es keine begünstigende Ausnahme zulässt, erscheint mir doch zu simpel. In unzähligen Fällen richtet sich die Unzufriedenheit des Souveräns gegen Regelungen, die der Souverän mit seinem Erwartungsdruck selber durchgesetzt hat, im konkreten Einzelfall aber nicht zufriedenstellend findet, weil seine Interessen nunmehr andere sind. Lasst uns doch zugeben, dass Interessen im Spiel sind, mit oder ohne Amt, und dass wir Regeln brauchen, damit es rechtsstaatlich zugeht beim Interessenausgleich. Die öffentliche Verwaltung ist nicht unfehlbar, aber ein einzelner Bürgerwunsch ist auch nicht Gottes Wille.

Blick über den Tag hinaus?

Der Souverän kann auch nicht behaupten, dass ihm die Politik einfach zu kurzatmig und zu kurzsichtig sei, wohingegen er lieber über den Tag hinausdenke, weit über die Amtsperiode und die eigene Generation hinaus, weil ihm die Zukunft der Spezies Mensch am Herzen liege. Es tut mir leid, aber ich habe in der politischen Praxis meistens das Gegenteil dieser schönen Selbstbeschreibung erlebt. Wann immer es einzelne Fachbehörden und einzelne politische Kräfte gewagt haben, über weitreichende Entwicklungen nachzudenken, um dann so schreckliche Dinge zu sagen wie diese: dass wir auf manches verzichten müssen, um knappe Ressourcen zu schonen, um sauberes Wasser und reine Luft zu erhalten, um den Klimawandel zu bremsen und möglichst zu stoppen, um den Enkeln eine heile Welt zu hinterlassen, um Fluchtursachen im Keim zu bekämpfen und auch anderen Menschen zu ihrem Recht zu verhelfen, um gefährliche Zuspitzungen von Konflikten zu vermeiden, die sich zu Kriegen um Energiequellen oder auch nur um trinkbares Wasser entwickeln können, reagierte der Souverän sehr ungehalten. Das wolle er nicht hören, dadurch fühle er sich eingeschränkt, bevormundet, zur Kasse gebeten, regelrecht ausgeplündert. Ja, sagt er dann, er sei schon ein sehr sensibler Wachstumskritiker, weil das so nicht weitergehen könne, aber das Wachstum seines Einkommens, seines Wohlstands, seiner Rente, der schulischen Versorgung, der Verkehrserschließung, der sozialen und kulturellen Leistungen müsse selbstverständlich schon munter voranschreiten. Ja, es stimmt schon, die Zunft der Mandatsträger hat mehr die nächste Wahl und weniger die Zeit danach im Auge. Aber es ist nicht zuletzt der Souverän, der keinen weiteren Horizont wünscht. Und im Verhältnis zu den Wirtschaftskapitänen, die nur an den Aktienkurs am nächsten Morgen, den nächsten Quartalsbericht und die nächste Hauptversammlung denken, kommt mir unsere Zunft sogar recht weitsichtig vor.

Den Glauben an die politische Gestaltung einer fernen Zukunft habe ich längst verloren. Ich wäre schon froh, wenn man über wahrscheinliche, wünschenswerte und abzuwehrende Entwicklungen in den nächsten fünf, zehn Jahren auch in Wahlkampagnen offen diskutieren dürfte, ohne wegen unbequemer Wahrheiten abgestraft zu werden. Trump wurde nicht trotz, sondern wegen seiner Leugnung des »global warming« gewählt. Da freute er sich, so Beruhigendes zu hören, der Souverän. Und niemals wird er sagen können, er hätte es nicht besser wissen können. Er hat es sich verboten, mit der Wahrheit über die Zukunft belästigt zu werden.

Beweist ein »falsches Ergebnis« das »falsche System«?

Zu den Stimmen, die unserem »System« den demokratischen Charakter absprechen, gesellte sich 2016 auch Oskar Lafontaine mit einem haarsträubenden Beitrag im Internet. Dass wir nicht in einer Demokratie leben, sagte er tatsächlich, könne man am Ergebnis erkennen: Wenn da Rentenkürzung und Lohndumping herauskomme, sei das nicht im Interesse der Mehrheit, also undemokratisch. Nicht die formale Beteiligung, sondern die Berücksichtigung der Interessen der Mehrheit sei entscheidend.

Nun kann man ihm ja durchaus zustimmen, dass Deutschland angesichts des sehr viel höheren Rentenniveaus in Österreich auf diesem heiklen Gebiet viel falsch gemacht haben muss und dass die Einführung und Erleichterung prekärer Arbeitsverhältnisse als fataler Irrweg angesehen werden darf – aber sind die Wahlen, die diese politischen Beschlüsse ermöglicht haben, deshalb nicht mehr demokratisch, nicht mehr verbindlich? Hängt der Respekt vor demokratischen Wahlergebnissen davon ab, ob die gewählte Regierungsmehrheit mit eigenen Ansichten übereinstimmt?

Wenn selbst einstige Protagonisten der parlamentarischen Ordnung, die sogar Parteichef und Minister waren, unsere Regelwerke derart relativieren oder vollends in Frage stellen, braucht man sich nicht zu wundern, dass immer mehr Teile des Souveräns die eigenen Willensbekundungen nicht mehr ernst nehmen, weil die Wahlergebnisse aus ihrer Sicht nicht in dem als »richtig« erkannten sozialen oder nationalen oder angeblich bürgerschaftlichen Interesse liegen.

Die Angst des Souveräns vor sich selber

Die bitterste Pille zum Schluss: Der Souverän, der seine große Macht so ungern einsetzt und am liebsten leugnet, hat Angst. Eine schreckliche Angst vor schrecklichen Entwicklungen. Die Welt könnte noch mehr aus den Fugen geraten, liberale und offene Gesellschaften könnten noch mehr in die Defensive rutschen, die europäische Einigung scheitern, die Zahl autoritärer Regime weiter zunehmen mit Gefahren für die Pressefreiheit, die Freiheit von Forschung und Lehre, den Rechtsstaat. Aber wer bereitet uns diese Angst? Der Souverän. Das zur Selbstbestimmung berufene Wahlvolk. Das uns Europäern zu unserem ziemlich einhelligen Entsetzen Donald Trump als Präsident der Vereinigten Staaten beschert hat. Das in Großbritannien mit dem Brexit Europa für Jahre gelähmt und um Jahrzehnte zurückgeworfen hat. Das uns in Frankreich mit Marine Le Pen bedroht und in mittlerweile zahlreichen Ländern mit autoritären Figuren eingeschüchtert oder zumindest erschreckt hat. Das in Gestalt türkischer Migranten sogar in unserer Nachbarschaft an der Verwandlung der Türkei in ein autoritäres Regime mitgewirkt hat, prozentual stärker als in der Türkei selbst! Da helfen keine Verschwörungstheorie und kein Schwarzer-Peter-Spiel: Wir haben Angst vor Wahlergebnissen. Übrigens auch jene Menschen, deren Wahlverhalten wir fürchten: Sie fürchten, dass ihr Versuch scheitert, die Verhältnisse in ihrem Sinne zu ändern, also Zuwanderung zu beenden, Grenzen zu schließen, auf diese Weise Sicherheit zu erhöhen und die frei werdenden Mittel für »eigene Leute« verwenden zu können. Ich kann mich an keine Wahl erinnern, vor der so viel Angst umgegangen wäre.

Aber der Angstgegner sind Leute wie wir. Nicht Militärmächte oder Geheimdienste, sondern Wähler. Kann es da Wichtigeres geben, als sich um die politische Kultur und die demokratischen

Spielregeln zu kümmern und Überzeugungsarbeit zu leisten, die viele Jahre so sträflich vernachlässigt wurde?

Und wie heißt sie jetzt, die Alternative? Natürlich nicht wie die Partei, die für sich in Anspruch nimmt, eine Alternative zu sein. Dafür müsste sie verfassungsrechtlich zulässige Vorschläge machen, deren Realisierbarkeit nachweisen und darlegen, mit welchen Partnern sie dies durchsetzen will. Dies tut sie aber nicht einmal in Ansätzen. Sie kann nichts außer hetzen, ihr primitives Weltbild hat einen Sündenbock, der an allem schuld sein soll: den Flüchtling und jeden, der ihm hilft. Zusammenarbeit mit allen anderen »Figuren« im Parlament wird ausgeschlossen, es kann also nur beim Hetzen bleiben, allerdings mit mehr »Staatsknete« als bisher. Und mit schwierigerer Mehrheitsbildung im demokratischen Spektrum. Mich wundert, dass es tatsächlich angeblich »besorgte« Bürger gibt, die einerseits den Untergang des Abendlands und den Ausverkauf Deutschlands fürchten, andererseits aber an den Mehrheiten im Parlament gar nichts ändern, sondern nur mehr Gift verspritzen wollen. Sie wollen keine andere Politik machen, sondern Politik anprangern. Das ist keine Alternative, sondern nur eine Gefahr. Nämlich die Gefahr, dass die schlimmsten Fehler und Entgleisungen Europas im 20. Jahrhundert noch einmal wiederholt werden, mit allen verheerenden Folgen für die Menschen dieses Kontinents, und diesmal ohne die Ausrede, das habe man nicht kommen sehen können.

Nein, die Alternative zum dramatischen Vertrauensverlust des demokratischen Betriebs und zur internationalen rechten Gefahr heißt: Lust auf Sachpolitik. Statt in Selbstzufriedenheit zu baden, sich moralisch überlegen zu fühlen oder die Lage mit grandiosen Verheißungen schönzureden, sollten alle politisch Verantwortlichen die zentralen Probleme wirklich benennen. Nicht Alternativlosigkeit predigen ist das Gebot der Stunde, sondern – im

Gegenteil – echte Alternativen aufzeigen, damit der Bürger wieder ein Wahlrecht hat – zwischen verschiedenen Richtungen, nicht nur zwischen verschiedenen Logos, Slogans oder Gesichtern. Wieder politische Öffentlichkeit *vor* einer Entscheidung herstellen, damit der Bürger nicht nur Fertigprodukte der EU-Erweiterung, der Bundeswehreinsätze, der Bankenrettung, der Milliardenhilfe oder internationaler Sanktionen in den Medien serviert bekommt, sondern solche Aktionen als Ergebnis eines öffentlichen Diskurses oder sogar eines Plebiszites erlebt. Mühsam errungene Freiheiten sollten verteidigt, nicht zugewanderten religiösen Fundamentalismen oder autoritären Haltungen geopfert werden. Schließlich: Lernt ständig dazu, aber steigt dabei nicht aus der eigenen Geschichte aus, als sei man im Wahlkampf ein ganz anderer als in den Jahren davor.

Wir erwarten von der Politik, dass sie besser wird, nicht immer nur lauter, giftiger, spaltender, weltfremder. Also müssen wir sie alle gemeinsam besser machen. Also müssen wir uns einmischen. Jeder mit seinen Möglichkeiten. Und zwar so, dass dabei Probleme wirklich gelöst und dass Abstimmungen auch respektiert werden. Macht also endlich wieder Politik! Schaffen wir eine politische Kultur, die wir auch selbst erleben wollen.

Hans-Jürgen Jakobs
Wem gehört die Welt?
Die Machtverhältnisse im globalen Kapitalismus
680 Seiten, geb. mit Schutzumschlag
ISBN 978-3-8135-0736-2

Sie heißen Larry Fink, Stephen Schwarzman oder Abdullah bin Mohammed bin Saud al-Thani. Mit ihren Billionen schweren Fonds legen Blackrock, Blackstone oder Qatar Investment mehr Geld an als Deutschland erwirtschaftet. Längst dominieren sie die zentralen Felder der Weltwirtschaft. Doch wer sie wirklich sind und welche Ziele sie verfolgen, wusste bisher niemand. In *Wem gehört die Welt?* decken Hans-Jürgen Jakobs und seine Kollegen erstmals systematisch auf, zu welcher Kapital- und Machtkonzentration die Globalisierung geführt hat.

»Ein fulminantes Werk.« *Wirtschaftswoche*

Gabor Steingart
Weltbeben
Leben im Zeitalter der Überforderung
240 Seiten, Klappenbroschur
ISBN 978-3-8135-0519-1

Konflikte und Komplexität überfordern unsere Institutionen und Politiker. Ein aggressiver Finanzkapitalismus zehrt die Wirtschaft aus, die tragende Mitte unserer Gesellschaft wird immer weiter ausgehöhlt.
Warum wir trotzdem nicht verzweifeln müssen und wie wir im Zeitalter der Überforderung gut leben können – das neue Buch von Gabor Steingart bietet beides: schonungslose Analyse und Hoffnung auf eine Zukunft, die wieder Zuversicht verdient.

»Harsche Kritik, schonungslose Analyse – für Steingart die Voraussetzungen zur Veränderung.« *ZDF Aspekte*

Aslı Erdoğan
Nicht einmal das Schweigen gehört uns noch
Essays
Mit einer Einführung von Cem Özdemir
192 Seiten, geb. mit Schutzumschlag
ISBN 978-3-8135-0780-5

»Wir müssen den Mördern die Stirn bieten
und die Opfer zu Wort kommen lassen.«
Aslı Erdoğan, die große türkische Romanautorin und Oppositionelle, ist zur Symbolfigur für die Meinungsfreiheit und das Ausmaß der türkischen Willkürherrschaft geworden. Erstmals liegt eine Auswahl ihrer politischen Essays, die derzeit nicht in der Türkei erscheinen können, in deutscher Übersetzung vor.

»Aslı Erdoğans mutige und sprachlich beeindruckende Texte sind Aufschrei und Widerstand gegen die Diskriminierung in der Türkei.« *Cem Özdemir*

»Die Türkei hat ihre Stimme nötiger denn je.« Karin Krüger, *FAZ*